Simon Winthrop

So werden Sie ein Mentalist

SIMON WINTHROP

. . . .

SO WERDEN SIE EIN
MENTALIST

. . . .

Der Star-Magier erklärt
die geheimen Methoden,
um die Gedanken anderer
zu entschlüsseln

Bibliografische Information der Deutschen Nationalbibliothek:
Die Deutsche Nationalbibliothek verzeichnet diese Publikation in der Deutschen Nationalbibliografie; detaillierte bibliografische Daten sind im Internet über http://d-nb.de abrufbar.

Für Fragen und Anregungen:
info@mvg-verlag.de

6. Auflage 2020
© 2011 by mvg Verlag, ein Imprint der Münchner Verlagsgruppe GmbH
Nymphenburger Straße 86
D-80636 München
Tel.: 089 651285-0
Fax: 089 652096

Die englische Originalausgabe erschien 2011 bei The Berkeley Publishing Group unter dem Titel *How to be a Mentalist*. © 2011 by Simon Winthrop. All rights reserved. The Berkeley Publishing Group ist ein Verlag der Penguin Group.

Übersetzung: Marion Zerbst, Stuttgart
Redaktion: Jennifer Grünwald, München
Umschlaggestaltung: Kristin Hoffmann, München
Umschlagabbildung: iStock
Satz: HJR, Jürgen Echter, Landsberg am Lech
Druck: GGP Media GmbH, Pößneck
Printed in Germany

ISBN Print 978-3-86882-248-9
ISBN E-Book (PDF) 978-3-86415-264-1
ISBN E-Book (EPUB, Mobi) 978-3-86415-284-9

Weitere Informationen zum Verlag finden Sie unter

www.mvg-verlag.de

Beachten Sie auch unsere weiteren Verlage unter www.m-vg.de

Inhalt

Was ist ein Mentalist?

Was glauben Sie: Welcher Mensch kennt Sie am besten? Ihr Mann? Ihre Frau? Vielleicht ein Elternteil, die beste Freundin oder der beste Freund?

Wie gut kennt diese Person Sie wirklich? Normalerweise weiß sie nur das von Ihnen, was Sie ihr erzählt haben oder was sie mit Ihnen erlebt hat. Sie hat also nur einen begrenzten, gefilterten Blick auf Ihre Person.

Und nun stellen Sie sich vor, Sie betreten ein Zimmer und stellen Sekunden später fest, dass Sie durchschaut wurden. Jemand am anderen Ende des Raumes – ein Mensch, dem Sie noch nie begegnet sind – kann Ihnen mehr über Ihr *wahres* Ich erzählen als die Menschen, die Ihnen am nächsten stehen. Diese wildfremde Person errät mit Leichtigkeit Ihren Beruf und Ihre Steuerklasse und weiß, was Sie morgens zum Frühstück essen. Sie weiß, in welchen Bereichen Sie sich eine Menge zutrauen und in welchen Sie nur mit Mühe zurechtkommen. Sie kennt einige Ihrer tiefsten, düstersten Geheimnisse und behauptet vielleicht sogar, mit einem Ihrer verstorbenen Angehörigen kommunizieren zu können.

Es ist, als habe diese Person Sie schon Ihr Leben lang gekannt – oder Sie zumindest ständig beobachtet und in Ihren Kopf hineingeblickt.

Wer ist diese scheinbar allwissende Person?

Ein Mentalist!

Mentalisten bzw. Gedankenleser gibt es schon seit Hunderten von Jahren. So gesehen kann man die Propheten und Orakel früherer Zeiten als die ersten Mentalisten bezeichnen. Im Lauf der Jahre übernahmen sie dann die Rolle des Entertainers. Inzwischen lesen sie auf Volksfesten und Jahrmärkten Neugierigen aus der Hand, die bereit sind, dafür eine große Summe Geld zu bezahlen. Andere treten als Geistheiler oder Medium auf und behaupten, mit Verstorbenen reden oder Gedanken lesen zu können.

Der berühmteste moderne Mentalist ist Patrick Jane, der Held der beliebten Polizei-Dramaserie *The Mentalist*. Patrick Jane, eine fiktive Figur, unterstützt in der Serie die kalifornische Polizeibehörde, das California Bureau of Investigation (CBI), bei der Aufklärung von Mordfällen.

Jede Episode dieser Serie beginnt mit einer Definition des Begriffs »Mentalist«: »jemand, der Scharfsinn, Hypnose und/oder Suggestion einsetzt und die Gedanken und das Verhalten anderer Menschen meisterhaft manipulieren kann«.

Gedächtniskünstler, Hypnotiseur, Suggestionsartist. Meister der Manipulation von Gedanken und Verhalten.

Und Patrick Jane stellt tatsächlich in jeder Episode fast alle diese Eigenschaften unter Beweis. Mit seinen ungewöhnlichen Methoden entlarvt er mehr Verbrecher als die forensische Technologie oder andere konventionelle Untersuchungsmethoden des CBI.

Früher war Patrick Jane ein bekannter Fernsehstar, der behauptete, mit Verstorbenen kommunizieren zu können. Dann brachte ein brutaler Serienmörder seine Frau und seine Tochter um, wütend darüber, dass Patrick sich (wie er annahm) auf betrügerische Weise mit übersinnlichen Fähigkeiten brüstete, die er allerdings nicht besaß. Traumatisiert und voller Reue zog Patrick sich aus der Öffentlichkeit zurück, legte seine theatralische, mystische Identität ab und begann, als Berater bei der Polizei zu arbeiten.

So beginnt die klassische Geschichte eines angehenden Superhelden, der seine Fähigkeiten in den Dienst des Guten stellt. Bis auf die Tatsache, dass sich diese Fähigkeiten erlernen lassen. Auch Sie können ein Mentalist werden, genau wie Patrick Jane.

Mentalist oder Zauberer?

Vermutlich werden Sie sich jetzt fragen, worin eigentlich der Unterschied zwischen einem Mentalisten und einem Zauberer besteht. Nun ja, Mentalisten und Zauberer haben tatsächlich eine Menge gemeinsam. Viele Zauberer sind gleichzeitig auch Mentalisten und umgekehrt. Beide setzen geheime Methoden und verborgenes Wissen ein, um ihr Publikum mit ihren mysteriösen Tricks zu unterhalten. Es gibt nur einen Unterschied: Zauberer behaupten, magische Fähigkeiten zu besitzen, beispielsweise ein zerschnittenes Seil wieder zu einem Ganzen zusammenfügen oder bewirken zu können, dass eine bestimmte Karte ganz oben auf dem Stapel zu liegen kommt, während die Darbietungen eines Mentalisten eher auf intellektuellen Fähigkeiten und Wissen beruhen.

Zu den eindrucksvollsten Fähigkeiten eines Mentalisten gehört es, dass er scheinbar in kürzester Zeit und mühelos in andere Menschen »hineinblicken« kann, ohne ihnen je zuvor begegnet zu sein. Dieses blitzartige Durchschauen seiner Mitmenschen hilft Patrick Jane zum Beispiel beim Umgang mit Tatverdächtigen oder Zeugen, die nicht unbedingt immer die Wahrheit sagen. Vielleicht möchten Sie Patrick Janes Tricks lernen, um die Lügner zu entlarven, die in *Ihrem* Leben ihr Unwesen treiben. Aber seine Fähigkeiten können Ihnen auch als eindrucksvolle Auflockerung einer Party dienen.

Es gibt kaum einen Lebensbereich, in dem Ihnen mentalistische Fähigkeiten nicht auf irgendeine Weise zugutekommen werden. Solche Techniken helfen zum Beispiel bei Besprechungen, bei einem sportlichen Wettkampf oder auch bei einer größeren Investition: Macht der Verkäufer Ihnen ein faires Angebot oder will er Sie nur über den Tisch ziehen?

Wir alle sehnen uns nach mehr Informationen. Aber kann man auch zu viel wissen? Das ist eine interessante Frage, auf die ich später noch näher eingehen werde. Denn ich habe tatsächlich festgestellt, dass die Fähigkeiten eines Mentalisten manchmal auch eine Belastung sein können.

Haben Mentalisten übersinnliche Fähigkeiten?

Manche Menschen halten die Fähigkeit, aus Gegenständen zu lesen, für etwas Magisches. Sie bezeichnen dies als »Psychometrie« oder als die Gabe, Schwingungen und Energien von Objekten wahrzunehmen.

Psychometrie ist eine Form der sogenannten außersinnlichen Wahrnehmung (ASW). Außersinnliche Wahrnehmung bezeichnet die Fähigkeit, auf scheinbar übernatürlichem Weg Informationen über eine Person oder einen Gegenstand zu gewinnen. Der Begriff »Psychometrie« wurde im 19. Jahrhundert von dem Arzt Joseph Rodes Buchanan geprägt. Buchanan stellte die Theorie auf, dass jedes Objekt eine Energie oder »Emanation« ausstrahlt und dass wir daraus Botschaften über diesen Gegenstand oder über seinen früheren oder derzeitigen Besitzer herauslesen können.

Unsinn!

Ich versichere Ihnen, dass Patrick Jane weder ein Hellseher ist noch die Gabe der außersinnlichen Wahrnehmung besitzt. Ich habe übrigens auch keine solchen mysteriösen Fähigkeiten. Ganz im Gegenteil: Patrick nutzt sogar jede Gelegenheit, um »Hellseher« als Schwindler zu entlarven. Nachdem er seine Zuschauer selbst jahrelang an der Nase herumgeführt hat, weiß er, dass selbst die überzeugendsten Hellseher in Wirklichkeit nur raffinierte Schauspieler und Hochstapler sind. Glauben Sie mir: Ein Gegenstand, den man in Ihre Hand legt, strahlt keine Energie aus – zumindest keine, die Ihnen verrät, was der Besitzer dieses Objekts zu Mittag gegessen hat.

Wir alle haben schon einmal etwas gewusst oder gespürt, ohne genau sagen zu können, woher diese Erkenntnis eigentlich kam. Sensibilität und Wahrnehmung sind bei jedem Menschen unterschiedlich ausgeprägt; manche haben zum Beispiel ein sehr gutes Gehör oder einen besonders feinen Geruchssinn, und es ist durchaus möglich, dass wir in manchen

Augenblicken einfach besonders empfänglich für derartige Wahrnehmungen sind.

Aber wir befinden uns hier nicht in einem Comicheft oder einer Fernsehserie, sondern im realen Leben. Und im realen Leben kann man Informationen über den Besitzer eines Gegenstands gewinnen, indem man
schlicht und einfach sein Wahrnehmungsvermögen und seine Beobachtungsgabe schult. Hellseher behaupten, Fähigkeiten zu besitzen, die über
diejenigen eines »normalen« Menschen hinausgehen – Fähigkeiten, die je
nach Situation vorhanden sind und dann wieder nicht. Und sie benutzen
diese sogenannten Energien dazu, ihre Klienten zu bestimmten Lebens-
entscheidungen zu bewegen.

Medien gehen sogar noch einen Schritt weiter: Sie behaupten, mit den
Geistern von Verstorbenen kommunizieren zu können. Auch sie nutzen
diese Fähigkeit, um Menschen bei wichtigen Entscheidungen zu beeinflussen. Außerdem bezeichnen sie ihre Fähigkeit eher als Gabe – also als
etwas, das man nicht einfach lernen kann und das auch nicht immer automatisch zur Verfügung steht. Meiner Erfahrung nach kann jeder Mensch
mit Geistern reden, aber ich habe noch nie jemanden kennengelernt, dem
die Geister geantwortet hätten.

Patrick Jane ist also kein Hellseher, sondern eher ein moderner Sherlock
Holmes, der seine scharfe Beobachtungsgabe nutzt und so weit verfeinert,
dass er darin nahezu unschlagbar wird. Und das kann jeder Mensch lernen.

Wer bin ich?

Vielleicht fragen Sie sich jetzt, wer ich bin und weshalb ich glaube, Ihnen
beibringen zu können, wie man Mentalist wird.

Ich bin selbst Zauberer und Mentalist.

Jahrzehntelang habe ich dieses Handwerk perfektioniert und dabei Geheimnisse entdeckt, die man weder in Büchern, im Internet noch auf

Videos findet. Ich trete seit Jahren als Zauberer und Mentalist auf und habe mit meinen Fähigkeiten viele berühmte Persönlichkeiten unterhalten, zum Beispiel Bruce Willis, Demi Moore, Jack Nicholson, Tom Cruise, Arnold Schwarzenegger und die Clintons.

Was allerdings noch wichtiger ist: Ich bin ein ganz normaler Mensch, so wie Sie auch. Ich habe keine besonderen oder gar übermenschlichen Kräfte, und vor allem besitze ich keine sogenannten paranormalen Fähigkeiten. Ich schlafe, esse und gehe genauso wie Sie. Aber ich habe meine mentalistischen Fähigkeiten verfeinert und weiterentwickelt. Ich kann Ihnen zum Beispiel garantieren, dass meine Sinne viel schärfer sind als Ihre. Und ich habe auch ein besseres und detailgenaueres Gedächtnis. Wenn ich mit Menschen spreche, kann ich sie auf eine Art und Weise »lesen«, wie Sie es nicht einmal bei einer Person schaffen würden, die Sie schon jahrelang kennen.

Das macht mich zum Mentalisten, und deshalb bin ich auch in der Lage, Ihnen zu zeigen, wie Sie ebenfalls ein Mentalist werden können.

Welche Fähigkeiten besitzt ein Mentalist?

In diesem Buch erfahren Sie, welche Eigenschaften und Fähigkeiten Sie erwerben müssen, um ein Mentalist zu werden. Das bedeutet nicht, dass Sie morgen schon in der Lage sein werden, mich bei meiner Show in Las Vegas zu vertreten. Denn sich in solchen Fähigkeiten zu verbessern, erfordert Zeit, Übung und Erfahrung. Doch sobald Sie dieses Buch gelesen haben, besitzen Sie das nötige Grundwissen und können allein weiterüben, um sich in diesen Fähigkeiten zu perfektionieren und immer genauer zu verstehen, wie das menschliche Gehirn funktioniert.

■ *Denken ohne Mühe*
   Bei Patrick Jane wirkt immer alles sehr mühelos. Im ersten Kapitel dieses Buches werde ich Ihnen erklären, wie er das schafft. Außerdem erfahren Sie, wie man Stress abbaut und das Konzentrationsvermögen schärft, damit das Gehirn optimal arbeiten kann.

▪ *Ein perfektes Gedächtnis*
Viele von Patricks Fähigkeiten beruhen auf seiner Erinnerung an frühere Erfahrungen. Dieses Wissen kann er auf die aktuelle Situation anwenden und auf diese Weise bestimmte Schlussfolgerungen ziehen. Er besitzt eine geradezu unheimliche Fähigkeit, sich an Gegenstände eines Tatorts oder an Gesichter zu erinnern, die er schon einmal irgendwo gesehen hat. Solche Fähigkeiten sind sehr hilfreich, wenn es darum geht, Kriminalfälle zu lösen. Außerdem kann man mit einem Supergedächtnis auch Gäste auf einer Party enorm beeindrucken.

▪ *Gute Beobachtung ist der Schlüssel zum Erfolg*
In der Pilotfolge der Serie wird Patrick gefragt: »Haben Sie übersinnliche Fähigkeiten?« Er antwortet: »Nein. Ich bin einfach nur aufmerksam.« Tatsächlich fallen Patrick Jane Dinge auf, die andere Menschen schlichtweg übersehen würden. Er hat seine Beobachtungsgabe so geschult, dass ihm nichts entgeht. Nur wenigen Menschen ist klar, wie viel man lernen kann, indem man einfach nur aufmerksam ist.

▪ *Wie man Lügen entlarvt*
Patrick Jane kann dem CBI vor allem deshalb so gute Dienste leisten, weil er ein menschlicher Lügendetektor ist. Oft ist er bei Verhören anwesend, und seine Partnerin Teresa Lisbon nimmt ihn anschließend beiseite, um von Jane zu erfahren, ob der Tatverdächtige die Wahrheit gesagt hat oder nicht. Ich werde Ihnen in diesem Buch nützliche Tricks verraten, wie man Lügner erkennt und die Wahrheit aus ihnen herausholt.

▪ *So halten Sie Ihr Publikum unter Kontrolle*
Ein Mentalist muss stets Herr der Situation sein – egal, ob er auf der Bühne steht und die Augen aller Zuschauer auf ihn gerichtet sind oder ob er jemanden verhört. In diesem Buch erfahren Sie, wie Sie es schaffen, in jeder Lebenslage gelassen und selbstsicher zu bleiben und dabei gleichzeitig Ihre Mitmenschen aus dem Konzept zu bringen. Der Eindruck, den wir auf andere Menschen machen, beruht zum großen Teil auf äußerem Schein – darauf, was die anderen *wahrnehmen*.

■ *Hypnose*
Als Nächstes werden wir die Gabe der Kontrolle über andere Menschen noch einen Schritt weiterentwickeln: Ich werde Ihnen die Grundzüge der Hypnose erklären und zeigen, was machbar ist und was nicht, wenn man jemanden in Trance versetzt. Patrick Jane setzt (sehr zum Ärger seiner Partnerin Teresa Lisbon) häufig Hypnose ein, um Zeugen und Tatverdächtigen Informationen zu entlocken, die sie unter anderen Umständen nicht so ohne Weiteres preisgeben würden. Ich werde Ihnen erklären, wie Sie sich selbst hypnotisieren können, um Dinge zu bewerkstelligen, zu denen Sie sonst nicht in der Lage wären.

■ *Wie man andere Menschen »liest«*
Es gibt kaum etwas, das ein Publikum so sehr verblüfft wie ein zutreffendes, detailgenaues »Cold Reading«.* Ich werde Ihnen zeigen, wie viel Sie über eine Person erfahren können, indem Sie sie einfach nur beobachten und über bestimmte typisch menschliche Denk- und Verhaltensweisen Bescheid wissen. Patrick nutzt seine Gabe des Cold Readings, um Tatverdächtige zu verwirren und zum Reden zu bringen.

■ *Tricks gehören zum Handwerk*
Zum Schluss werde ich Ihnen verraten, wie Sie all diese Techniken nutzen können, um Ihre Freunde und Ihre Familie mit verblüffenden Tricks in Erstaunen zu versetzen.

Sobald Sie all diese Fähigkeiten beherrschen, sind Sie auf dem besten Weg, sich zu einem ebenso bemerkenswerten und angesehenen Mentalisten zu entwickeln wie Patrick Jane.

---

* Beim sogenannten Cold Reading (»kalte Deutung«) handelt es sich um eine Technik, bei der ein Zauberkünstler, Wahrsager etc. in einer Gesprächssituation versucht, ohne tatsächliches Wissen über seinen ihm unbekannten Gesprächspartner bei diesem den Eindruck zu erwecken, bestimmte Dinge über ihn zu wissen. Dieses angeblich übernatürliche Wissen kann sich der »Gedankenleser« durch das Erscheinungsbild seines Gegenübers, die Verwendung von allgemeingültigen Floskeln, weitverbreitete Wünsche und Ängste, Sowohl-als-auch-Aussagen und vor allem durch genaue Beobachtung der zu lesenden Person aneignen.

KAPITEL 1

Denken ohne Mühe

Die meisten von uns sind in einer Gesellschaft aufgewachsen, in der ihnen von klein auf beigebracht wird, dass der Fleißigste das Rennen gewinnt – egal, worum es in diesem Rennen geht. Deshalb arbeiten wir wie besessen, lassen uns niemals Zeit zum Nachdenken – und was noch wichtiger ist: Wir geben unserem Gehirn auch nie Zeit, sich auszuruhen.

Doch jetzt müssen Sie umlernen: Harte Arbeit ist out – »smarte Arbeit« ist in. Jedenfalls sehen Mentalisten das so.

Genau auf diesem Prinzip beruht Patrick Janes Charisma, sein Charme und seine Fähigkeit, blitzschnell zu denken: Er arbeitet nicht unbedingt mehr als seine Kollegen beim CBI, aber er ist ein kluger Denker. Den Kollegen ist seine gelassene Art manchmal suspekt: Sie bezweifeln, dass er seinen Job wirklich ernst nimmt, doch gegen die Resultate seiner Arbeit lässt sich nichts einwenden. Patricks Jagd auf Verbrecher wäre sicherlich nicht so effektiv, wenn es ihm mehr auf harte Arbeit als auf smarte Arbeit ankäme.

Um die verborgenen Fähigkeiten, die wir alle besitzen, optimal nutzen zu können, müssen wir uns zunächst einmal um unser eigenes Gehirn kümmern, es optimal einsetzen und trainieren wie einen Muskel. Und vor allem: Wir müssen beginnen, unser Gehirn zu lieben und es sehr viel mehr zu respektieren, als wir das bisher tun.

Wie man Stress abbaut

Jeder, der schon einmal einen Polizisten in Aktion gesehen hat, weiß, dass diese Menschen sich ständig in gefährliche Situationen stürzen, vor denen andere instinktiv die Flucht ergreifen würden – und die meisten Verbrechensbekämpfer werden Ihnen bestätigen, dass ihnen das ungeheuren Spaß macht. Ihrer Aussage nach agieren sie bei einem »Adrenalinstoß« effizienter und können sich besser konzentrieren. Auch ihre Gedächtnisleistung verbessert sich, wenn sie »unter Strom« stehen. Das mag stimmen – aber nur, solange ein Leben unter ständiger Hochspannung sie nicht ängstlich und nervös macht. Denn medizinische Untersuchungen zeigen, dass Menschen, die Angst haben, »Stresshormone« wie beispielsweise Kortisol produzieren, die die Gehirnzellen schädigen.

Aber irgendwie stehen wir doch alle permanent unter Stress, oder nicht?

Denn so funktioniert unsere Gesellschaft, ja die gesamte Welt nun mal. Wir sind bereits frühmorgens im Stress, wenn wir unsere Kinder in die Schule schicken müssen, und als Nächstes erwartet uns der Arbeitsstress. In dieser Hektik verbringen wir den ganzen Tag, bis wir wieder nach Hause kommen. Und zu Hause sind wir erneut gestresst, weil wir unsere Kinder dazu überreden müssen, etwas zu Abend zu essen und rechtzeitig ins Bett zu gehen.

Wenn wir dann schließlich selbst im Bett liegen und daran denken, dass genau das Gleiche morgen wieder auf uns zukommt, überfällt uns der Stress von Neuem.

So verbringen wir unser ganzes Leben unter ständigem Druck und leider haben die meisten Menschen sich inzwischen damit abgefunden, dass das unabänderlich ist. Aber es gibt verschiedene Gründe, warum wir uns nicht damit abfinden sollten. Für das Ziel, das wir in diesem Buch verfolgen, ist es wichtig zu wissen, dass Stress unseren Blick auf die Dinge trübt, die wir sehen müssen, wenn wir uns zu Mentalisten entwickeln wollen.

In diesem Kapitel werde ich Ihnen ein paar einfache Methoden zum Stressabbau erläutern. Denn wer unter Stress steht, neigt nachweislich eher dazu, falsche Entscheidungen zu treffen. Erst wenn wir lernen, unseren Stress zu reduzieren, können wir beginnen, mühelos zu denken.

Aber es gibt einen weiteren Grund, weshalb wir innerlich ruhiger werden, müheloser denken und Stress vermeiden sollten: unsere Gesundheit. Denn es ist alles andere als gesund, ständig unter Stress zu stehen. Es besteht ein direkter Zusammenhang zwischen Stress, Nervosität und unserem körperlichen Wohlbefinden. Warum also wollen Sie den Stress dann nicht gleich ganz aus Ihrem Leben verbannen?

WENIGER STRESS – MEHR WOHLBEFINDEN

Sie glauben nicht, dass Stress sich negativ auf Ihre Gesundheit auswirken kann? Es gibt Hunderte, wenn nicht gar Tausende wissenschaftlicher Studien, die eindeutig beweisen, dass Stress zu einer Verschlechterung des Gesundheitszustands beiträgt. Welche negativen Auswirkungen Stress auf Ihr Herz haben kann, wissen Sie wahrscheinlich schon: Er erhöht den Blutdruck und kann zu Herzrhythmusstörungen führen. Außerdem können Ihre Sorgen sich in Kopfschmerzen, Magengeschwüren und Hautproblemen äußern. Aber das ist noch lange nicht alles ...

Ein hoher Stresspegel kann außerdem zur Entstehung von Krebs und Fibromyalgie beitragen und Ihr Immunsystem schwächen, das Sie normalerweise vor Erkältungen und anderen Infektionen schützt.

Das sind nur einige der allerschlimmsten Auswirkungen von Stress. »Bestenfalls« hält er Sie vom Schlafen ab und in diesem nervösen, unausgeruhten Zustand kann Ihr Gehirn unmöglich zur Bestform auflaufen.

Doch um die Magie eines Mentalisten ausüben zu können, müssen Sie geistig und körperlich gesund sein.

WENIGER STRESS – KLARERES DENKEN

Sie haben zu diesem Buch gegriffen, weil Sie ein Mentalist werden möchten. Das heißt, Sie wollen Menschen und Gegenstände »lesen« können. Sie möchten durchschauen, was andere denken. Aber wie wollen Sie die Gedanken anderer Menschen lesen, wenn Ihre eigenen Gedanken von Stress getrübt sind?

Stress kann tatsächlich unser Denken verändern. Ich verwende dafür den Begriff »getrübtes Denken«, und genau so ist es auch. Die Stresswolke, die uns umgibt, kann uns so paranoid machen, dass wir überall nur noch das Negative sehen. Sie kann uns in eine Richtung drängen, die wir bei klarem Verstand niemals einschlagen würden.

Wenn Sie unter großem Druck stehen, erwachsen Ihre Gedanken aus einem Nährboden der Angst, Nervosität und Negativität, und auch Ihre Handlungen sind von solchen Gefühlen geprägt. Diese unausgewogenen, negativen Emotionen sind nicht das Markenzeichen eines wahren Mentalisten, daher müssen wir uns von ihnen befreien, um unsere Ziele zu erreichen.

Der erste Schritt, um unser Stressniveau zu senken und negative Gedanken und Gefühle zu vertreiben, besteht darin zu lernen, richtig zu entspannen und den Augenblick zu genießen. Das geht natürlich nicht von heute auf morgen. Sie können sich nach einem Leben voller Stress nicht einfach sagen: »So, das war's, jetzt höre ich auf mit dem Unsinn und fange an, mich zu entspannen.« Stress ist Alkohol nicht unähnlich: Man kann süchtig danach werden.

Deshalb möchte ich Ihnen helfen, sich von Ihrer Stresswolke zu befreien. Und ich werde Ihnen auch zeigen, wie das geht: durch Meditation.

Was ist Meditation?

Meditationen können Sie zu verschiedenen sinnvollen Zwecken einsetzen, und zwar in fast allen Lebensbereichen. Vor allem aber können Sie Ihr Gehirn mit den Meditationen, die ich Ihnen in diesem Buch zeigen möchte, zu messerscharfem Denken anregen. Sie lernen dabei, sich zu entspannen und gleichzeitig Ihre Konzentration und Ihre geistige Aufmerksamkeit zu steigern.

Ich verbrachte einmal einen Monat an einem der schönsten Orte der Welt: in Bangalore in Indien. Damals wachte ich jeden Morgen in herrlicher Umgebung auf und nahm an verschiedenen Meditations- und Yogakursen teil. Ich lernte wunderbare spirituelle, geistig und körperlich gesunde Menschen kennen und erfuhr, welch positive Auswirkungen es hat, einfach nur still dazusitzen.

Damals sprach ich drei Tage lang kein Wort und hörte während dieser Zeit auch nie die Stimme eines anderen Menschen. Das ist eine ungeheuer wirkungsvolle Übung, die hilft, seine intuitiven Fähigkeiten wirkungsvoll zu verstärken. Angesichts dieser Stille in unserem eigenen Inneren wird uns bewusst, dass Worte gar nicht so wichtig sind, wie immer behauptet wird. Man kann tatsächlich mentalistische Fähigkeiten entwickeln, indem man sich von möglichst vielen inneren Bindungen befreit.

Wenn Sie meditieren, müssen Sie die Energie, die Sie erfüllt, in sich aufnehmen. Dieses In-sich-Aufnehmen wird manchmal auch als Hingabe an den Fluss der Dinge beschrieben. Während Ihre Muskeln sich entspannen, wird auch Ihr Geist ruhiger und Ihre Intuition wird geschärft.

Forscher und Wissenschaftler haben festgestellt, dass das Meditieren enorme Vorteile bringt, zum Beispiel:

■ Es verlangsamt den Alterungsprozess.

■ Es lindert Schmerzen.

■ Es schenkt Energie.

■ Es senkt den Cholesterinspiegel.

■ Es reduziert die Anzahl der Bakterien im Körper.

■ Es verbessert die Durchblutung des Gehirns, schärft auf diese Weise das Denken und verbessert das Gedächtnis.

Also wollen wir jetzt lernen, wie man meditiert!

HALTUNG

Der erste Schritt zu einer richtigen und wirksamen Meditation ist die richtige Haltung. Außerdem ist es sinnvoll, sich dafür ein ruhiges Plätzchen zu suchen, an dem Sie sich entspannen können und nicht durch äußere Ablenkungen gestört werden.

Sie müssen Ihre Wirbelsäule beim Meditieren nicht hundertprozentig aufrecht und steif halten, aber Sie sollten auch nicht krumm sitzen, weil die Energie sonst nicht richtig fließen kann. Während Sie sich eine geeignete Haltung suchen, stellen Sie sich vor, dass Ihr Körper ein Wasserspeier ist, der darauf wartet, dass sich eine Fontäne aus ihm ergießt. Manchmal tröpfelt das Wasser nur ganz leicht, dann wieder sprudelt es aus Ihrem Kopf heraus. Natürlich ist das kein physischer Vorgang, doch wenn Sie es richtig machen, werden Sie dabei spüren, wie etwas in Ihnen loslässt und Energie Sie durchströmt. Um diesen Energiefluss zu optimieren, sollten Sie darauf achten, nicht krumm oder verkrampft, sondern gerade dazusitzen.

Falls diese Visualisierung Ihnen nicht weiterhilft, können Sie sich stattdessen auch ein silbernes Band vorstellen, dessen eines Ende am Scheitelpunkt Ihres Kopfes und dessen anderes Ende an den Sternen befestigt ist, sodass Ihr Kopf senkrecht nach oben gezogen wird und Sie ganz aufrecht (aber nicht unbequem) stehen oder sitzen.

ATMUNG

Es gibt mehrere Atemübungen, die mir sehr geholfen haben, meine Energie ins Gleichgewicht zu bringen. Wenn Sie sich überwältigt oder überfordert fühlen und jemand Ihnen rät, erst einmal »tief Luft zu holen«, sind das keine leeren Worte. Atmung kann eine sehr heilsame Wirkung haben, vor allem, wenn man sie in Verbindung mit anderen Entspannungstechniken einsetzt.

Zunächst wollen wir uns mit der Frage befassen, weshalb die Atmung nicht nur beim Meditieren, sondern auch im täglichen Leben wichtig ist.

Denn es gibt einen direkten Zusammenhang zwischen der Art, wie wir atmen, und der Weise, wie wir uns fühlen. Die Atmung erfüllt in unserem Körper dieselbe Funktion wie der Keilriemen im Auto. Wenn der Keilriemen gerissen ist, »stottert« das Auto und fährt nicht mehr richtig. Ist der Keilriemen dagegen intakt, dann fährt auch das Auto einwandfrei.

Mein Mentor Sri Sri Ravi Shankar praktiziert mit seinen Schülern eine ganz besondere Meditationstechnik, die »Feueratem-Übung«. Es ist stets am besten, sich solche Techniken von jemandem zeigen zu lassen, zumindest beim ersten Mal. Trotzdem will ich Ihnen diese Übung hier beschreiben. Sie besteht aus folgenden Schritten:

■ Die Übung beginnt mit langen, tiefen, ganz natürlichen und bedächtigen Atemzügen. Dabei kniet man entweder oder sitzt mit gekreuzten Beinen, die Hände liegen auf den Knien und die Handflächen zeigen nach oben.

■ Machen Sie weiterhin lange, langsame, tiefe Atemzüge. Achten Sie darauf, nicht in den oberen Brustbereich und die Lungen hineinzuatmen, sondern bei der Atmung das Zwerchfell zu bewegen.

■ Dabei werden Sie spüren, wie Ihr Zwerchfell sich abwechselnd zusammenzieht und wieder ausdehnt wie ein Muskel. Konzentrieren Sie sich auf diese Bewegungen.

■ Nun drücken Sie bei jedem Ausatmen die Luft kräftiger aus Ihrem Brustkorb heraus und saugen Sie sie beim Einatmen tiefer und stärker hinein. Diesen Vorgang bezeichnet man als energetisierte Reinigung, und er fühlt sich fantastisch an.

■ Füllen Sie Ihre Lungen weiterhin mit Luft und pumpen Sie sie wieder hinaus – ein und aus, auf und ab –, immer schneller, wie wenn ein Schneeball den Abhang hinunterrollt und sein Tempo dabei immer weiter beschleunigt. Wahrscheinlich wird Ihnen dabei schwindelig werden, deshalb sollten Sie einen Arzt konsultieren, bevor Sie diese Übung ausprobieren.

■ Nach einiger Zeit (bei Anfängern dauert es wahrscheinlich ungefähr fünf Minuten) haben Sie Ihr Tempo so weit gesteigert, dass Sie nicht mehr weitermachen können. Beginnen Sie nun, Ihr Tempo zu verlangsamen und für fünf Minuten tief und langsam zu atmen.

Wahrscheinlich werden Sie staunen, wie konzentriert und fokussiert Sie sich nach dieser Übung fühlen. Aber der »Feueratem« ist nicht die einzige Atemübung, von der ich sehr profitiert habe. Vielleicht werden Sie mit einer der anderen Methoden, die Sie in diesem Buch lernen, noch bessere Resultate erzielen. Als Nächstes will ich Ihnen von einer Atemtechnik berichten, die ich während meiner Reisen durch Indien gelernt habe: den heilenden Atem.

Mit dieser Übung dürfte es Ihnen gelingen, alle äußeren Ablenkungen von sich abzuschütteln.

Es gibt viele Webseiten und Texte über den heilenden Atem und seine spirituelle Bedeutung. Manche schreiben, man solle während des Atmens nach einem Licht suchen oder daran denken, wie sehr das Universum uns liebt. Aber wir wollen etwas anderes erreichen: Sie sollen verstehen, wie man richtig atmet, um geistig und körperlich zur Ruhe zu kommen.

Man kann den heilenden Atem am besten beschreiben, indem man zunächst einmal aufzählt, was er alles *nicht* ist. Stellen Sie sich vor, Sie sitzen auf dem Fahrrad, vor Ihnen fährt ein weiterer Radfahrer und Sie beobachten, wie er in die Pedale tritt. Wenn Sie sich das bildlich vorstellen können, dann wissen Sie, dass es wahrscheinlich so aussieht, als bewege der Radfahrer sich, wenn seine Füße ganz oben und ganz unten sind, den Bruchteil einer Sekunde gar nicht. Und nun stellen Sie sich vor, Sie betrachten diese Pedalbewegung von der Seite. Hört die Bewegung aus dieser Perspektive jemals wirklich auf oder bewegen sich die Beine des Radlers kontinuierlich im Kreis?

Sie werden feststellen, dass es eine kontinuierliche Kreisbewegung ist, und genau so sollte auch Ihre Atmung während der Übung »heilender Atem« ablaufen. Eine solche kontinuierliche Atembewegung erfordert Konzentration und Geduld. Sie müssen Ihren Geist und Ihren Körper darauf trainieren, einfach nur dazusitzen und den Prozess Ihrer Atmung zu verfolgen. Doch je häufiger Sie das tun, desto eher werden Sie feststellen, dass sich diese Fähigkeit auch auf andere Aktivitäten anwenden lässt – nicht nur auf das Dasitzen und Denken. Die geistige Zielgerichtetheit, die der heilende Atem Ihnen bringt, versetzt Sie in einen Zustand körperlicher und geistiger Harmonie. Sie fühlen sich zentriert und werden sich Ihrer Umgebung viel bewusster.

Es gibt eine weitere, sehr besondere Atemtechnik, die die Gehirnaktivität anregt: das holotrope Atmen. Diese Technik wurde von Christina und Stanislav Grof entwickelt, dem früheren Leiter des Psychiatrischen Forschungszentrums in Maryland und Assistenzprofessor für Psychiatrie an der medizinischen Fakultät der John-Hopkins-Universität.

Wenn Sie noch keine Erfahrung damit haben, wird Ihnen das holotrope Atmen unter Umständen sehr ungewöhnlich vorkommen, aber diese Art der Atmung kann sehr wirkungsvoll sein. Die Übungen sind ziemlich anstrengend. Daher dürfen Sie sie nur ausführen, wenn Sie bei guter körperlicher Gesundheit sind; außerdem sollten Sie vorher einen Arzt um Rat fragen. Es ist wichtig, sich einen qualifizierten und zertifizierten Lehrer zu suchen, der Sie bei dieser Erfahrung führt und begleitet.

Sie sollten das holotrope Atmen nicht allein zu Hause ausprobieren; aber ich kann Ihnen einen ungefähren Eindruck davon vermitteln, was bei einer Übungsstunde abläuft: Sie betreten einen schwach beleuchteten Raum und erhalten eine Decke, ein Kopfkissen und eine Flasche Wasser. Dann legen Sie sich auf den Boden und der Kursleiter gibt Ihnen 30 bis 40 Minuten lang Anweisungen für eine Reihe von Atemübungen. Bei all diesen Übungen atmen Sie ungefähr gleich tief und schnell, bis Sie einen Zustand der Hyperventilation erreichen. Dabei hören Sie kraftvolle Musik, die sich allmählich bis zu einem Höhepunkt steigert und Ihre Energien in Bewegung bringt. Sie nehmen unwillkürlich eine Embryohaltung ein und sehen erstaunliche geistige und visuelle Bilder vor sich. Gleichzeitig überkommt Sie ein ungeheures Gefühl der Befreiung.

Das holotrope Atmen lindert nachweislich körperliche und emotionale Schmerzen, hilft, sich an Vergangenes zu erinnern, führt zu einer intensiveren Selbsterfahrung und erweitert Ihr Bewusstsein, sodass Sie intuitiver und kreativer werden.

INNERE EINSTELLUNG

Eine Meditation kann nur dann wirksam sein, wenn Sie offen dafür sind. Wenn Sie Ihre Meditationsziele erreichen möchten, müssen Sie aufhören, Ihrem negativen Denken immer wieder neue Nahrung zu geben. Nicht alle Menschen sind schlecht; die Illusion, dass nur Sie allein im Recht sind und ständig alles unter Kontrolle haben müssen, macht Ihr Gehirn resistent gegen die positiven Wirkungen der Meditation.

Beim Meditieren werden Sie stets einen unterschwelligen Konflikt zwischen Ihrem Herzen und Ihrem Geist spüren. Ihr Herz wird das Bedürfnis haben, die Meditation fortzusetzen, während Ihr Geist sich dagegen wehrt – denn er wird ziemlich rasch wieder damit aufhören und sich einer anderen Aufgabe zuwenden wollen. Aber es ist wichtig, dieser Versuchung so weit wie möglich zu widerstehen. Als Anfänger werden Sie feststellen, dass Ihre Gedanken irgendwann abschweifen. Kehren Sie mit Ihrer Aufmerksamkeit immer wieder zur Meditation und Ihren Zielen zurück und konzentrieren Sie sich mit ganzem Herzen auf dieses Gefühl und diese Sehnsucht.

Und jetzt geht es los!

Wenn Sie mit dem Meditieren beginnen, sollten Sie jeden Morgen vor dem Frühstück eine zehnminütige Meditationssitzung einplanen. Allmählich werden diese Sitzungen immer länger werden und schließlich bis zu 20 Minuten dauern. Diese Meditation hat eine erfrischende Wirkung; wenn Sie sie also abends praktizieren möchten, dann tun Sie es vor dem Abendessen.

Nun, da Sie sich entschlossen haben zu meditieren, wählen Sie eine bequeme Position, in der Sie aufrecht sitzen können. Falls Sie enge Kleidungsstücke tragen, lockern Sie diese. Wenn Sie sich sehr verspannt fühlen, lehnen Sie den Kopf zurück und gönnen sich eine kleine Selbstmassage, indem Sie Ihren Nacken zuerst nach links und dann nach rechts neigen, ihn anschließend erst nach links und dann nach rechts kreisen lassen und zum Schluss dehnen.

Die Meditation besteht aus den folgenden Schritten:

1. Schließen Sie die Augen. Atmen Sie tief ein und zählen Sie dabei bis fünf. Dann halten Sie den Atem an und zählen bis vier. Zum Schluss atmen Sie langsam aus und zählen dabei bis acht. Wiederholen Sie das insgesamt zehnmal. Erinnern Sie sich noch an die Übung »heilender Atem«, die ich beschrieben habe? Ihre Atmung sollte niemals völlig zum Stillstand kommen. Stellen Sie sich vor, das Pedal eines Fahrrads zu sein, das sich ständig im Kreis bewegt.

2. Entspannen Sie sich nun und atmen Sie normal weiter.

3. Konzentrieren Sie sich in Gedanken auf Ihr Drittes Auge (den Punkt zwischen Ihren Augenbrauen).

4. Lassen Sie das Kinn nicht auf die Brust sinken. Es sollte leicht angehoben sein. Legen Sie die Hände locker in den Schoß (Ihre Handflächen zeigen dabei nach oben). Dadurch werden Sie offener und aufnahmebereiter.

5. Achten Sie darauf, dass Ihr Kopf und Ihre Wirbelsäule aufrecht sind. Dabei knien oder sitzen Sie mit gekreuzten Beinen auf dem Boden.

6. Ihr Mantra ist das Wort »Om«. Wiederholen Sie diese Silbe in Gedanken, ohne sie laut auszusprechen.

7. Rezitieren Sie in Gedanken weiter Ihr Mantra (»Om–Om–Om–Om–Om«). Wenn Ihnen andere Gedanken kommen sollten, die Sie ab-

lenken, warten Sie einfach, bis diese Gedanken sich wieder aufgelöst haben. Wie ich schon gesagt habe: Meditation erfordert Übung und am Anfang wird es Ihnen schwerfallen, keine anderen Gedanken in Ihrem Kopf zuzulassen und sich nur auf Ihr Mantra zu konzentrieren. Lassen Sie Gedanken einfach wieder verschwinden, ohne besondere Aufmerksamkeit auf ihren Auflösungsprozess zu richten. Ihre Meditation sollte nicht in Stress ausarten!

Diese Meditation soll Sie fokussieren, Sie entspannen und für intuitive Eingebungen empfänglich machen. Wenn Sie zwei Wochen lang täglich üben, werden Ihnen Veränderungen an sich selbst auffallen: Sie bekommen einen klareren Kopf und werden sich weniger gestresst fühlen. Vielleicht spüren Sie auch mehr körperliche Kraft und wahrscheinlich werden Sie mehr Energie haben. Außerdem werden Sie aufnahmebereiter und alles, was um Sie herum vorgeht, viel genauer beobachten. Es wird sich so anfühlen, als seien plötzlich all Ihre Sinne geschärft.

Verbindung zwischen Körper und Geist

ERNÄHREN SIE SICH GESUND

Es wird Sie sicherlich nicht überraschen, dass Ihre Ernährung sich auf die Leistungsfähigkeit Ihres Gehirns auswirkt. Unser Gehirn ist wahrscheinlich das gierigste Organ unseres Körpers überhaupt. Es benötigt eine ganz besondere Ernährung. Sobald wir älter werden, kann das Gehirn sich nicht mehr optimal gegen all die täglichen Bedrohungen (beispielsweise freie Radikale, Entzündungen und Zellabbau) wehren. Wenn Gehirnzellen altern, hören sie bisweilen auf, miteinander zu kommunizieren, und dann verlangsamen sich wichtige Prozesse wie unser Denken, die Arbeit unseres Kurzzeitgedächtnisses und die Entstehung neuer Hirnzellen. Eine an Antioxidantien reiche Ernährung hilft Ihnen nicht nur, gesund zu bleiben, sondern hält auch Ihr Gehirn fit. Folgende Nahrungsmittel haben einen hohen Gehalt an Antioxidantien:

∎ *Vitamin A und Betacarotin:* Karotten, Spinat, Melone, Winterkürbis

∎ *Vitamin C:* Zitrusfrüchte, Brokkoli, Erdbeeren

∎ *Vitamin E:* Nüsse, Körner, pflanzliche Öle, Weizen

Ihr Gehirn braucht jedoch nicht nur Antioxidantien, um besser zu funktionieren. Es gibt noch weitere interessante Zusammenhänge zwischen Ihrem Gehirn und dem, was Sie essen:

∎ Wissenschaftliche Untersuchungen deuten darauf hin, dass der Verzehr von Fisch das Gedächtnis schärfen kann. Denn Fischöl enthält in der Regel die mehrfach ungesättigte Fettsäure DHA, die bei der Entwicklung des Gehirns von Kleinkindern eine wichtige Rolle spielt. Intelligenztests zeigen, dass Kinder, die Nahrungsmittel mit einem ausreichenden DHA-Gehalt verzehren, einen höheren IQ haben als ihre Altersgenossen. Außerdem enthält Fisch Omega-3-Fettsäuren, die neue Kommunikationszentren in den Nervenzellen des Gehirns erschließen.

∎ Vielleicht ist Ihnen aufgefallen, dass Patrick Jane nicht raucht. Tatsächlich gibt es eine Untersuchung, die zeigt, dass das Rauchen die Fähigkeit des Gehirns zur richtigen Verarbeitung von Informationen beeinträchtigen kann. Bei Kettenrauchern besteht ein höheres Risiko, dass ihr visuelles und verbales Gedächtnis geschädigt wird. Wenn Sie also das nächste Mal zur Zigarette greifen, denken Sie daran, dass Rauchen nicht nur Ihrer Gesundheit schadet, sondern auch die Funktion Ihres Gedächtnisses beeinträchtigt.

∎ Obwohl die meisten Wissenschaftler begeisterte Kaffeetrinker sind, kann Koffein (ebenso wie Alkohol) Angstzustände und Nervosität verursachen, und das kann Ihr Gehirn daran hindern, Informationen richtig aufzunehmen. Ihr Gedächtnis funktioniert am besten, wenn Sie entspannt und konzentriert sind.

■ ■

KLEINER TIPP FÜR MENTALISTEN

Ein schlechtes Gedächtnis ist oft auf ein negatives Selbstbild zurückzuführen. Schließlich ist für das Gedächtnis Ihr Gehirn zuständig. Um mental gesund zu bleiben, sollten Sie daran glauben, dass Sie alles erreichen können, was Sie wollen. Also polieren Sie Ihr Selbstwertgefühl auf und vertrauen Sie auf Ihre Fähigkeiten – Ihre innere Einstellung sollte Sie dabei unterstützen, Ihre Ziele zu erreichen. Unterstützen Sie Ihre Meditation ruhig durch eine positive Affirmation (zum Beispiel: »Ich kann alles schaffen, was ich mir vornehme.«) Das kann Ihnen helfen, Ihre Ziele zu erreichen.

■ ■

BEWEGEN SIE SICH REGELMÄSSIG

Es gibt eine weitere gute Methode, Stress abzubauen: Herz-Kreislauf-Training, das die Durchblutung anregt und nicht nur für das Herz, sondern auch für das Gehirn gut ist. Wissenschaftliche Untersuchungen haben gezeigt, dass beim Gehen Hormone freigesetzt werden, die die Bildung neuer Gehirnzellen anregen. Wenn bloßes Gehen Sie langweilt, dann beginnen Sie mit einer Sportart, die Ihnen Spaß macht: Basketball, Volleyball, Tennis – etwas, das Sie begeistert.

Körperliche Aktivität senkt zudem das Risiko, einen zu hohen Blutdruck zu entwickeln, der ebenfalls zur Beeinträchtigung der Gedächtnisfunktion beitragen kann. Also tun Sie etwas – fangen Sie an, sich regelmäßig zu bewegen! Das macht Sie nicht nur körperlich fit und gesund, sondern schärft auch Ihr Gedächtnis und steigert Ihre Kreativität (ganz zu schweigen von dem Spaß und dem Gemeinschaftsgefühl, das Sie mit Ihren Teamkollegen und den anderen Wettkämpfern verbinden wird).

Ein gesunder Körper ist eine gute Ausgangsposition, aber Sie müssen Ihr Gehirn gezielt trainieren, damit es sich nicht verschlechtert. Beschäftigen

Sie sich mit Spielen, bei denen man viel denken muss. Unterhalten Sie sich mit Menschen, lesen Sie Sachbücher, hören Sie sich informative Hörbücher an und machen Sie es sich zur Gewohnheit, etwas dazuzulernen und neue Erfahrungen zu sammeln. Denken Sie daran: Einmal abgestorbene Nervenzellen können sich nicht mehr regenerieren. Also benutzen Sie Ihre grauen Zellen lieber, damit sie Ihnen erhalten bleiben.

MUSIK FÜRS GEDÄCHTNIS

Demente Menschen können sich besser an ihre Lebensgeschichte erinnern, wenn man ihnen dabei Musik vorspielt, als wenn sie in einem stillen Raum befragt werden. Das hat ein Experiment von Elizabeth Valentine gezeigt, die als Psychologin an der Londoner Universität tätig ist und als Co-Autorin an neueren wissenschaftlichen Arbeiten zum Thema Musik und Gedächtnis mitgearbeitet hat.

Musik wird immer häufiger begleitend zu traditionellen medizinischen Therapiemethoden eingesetzt, damit die Patienten schneller genesen. Experten zufolge kann Musik unseren Geist beruhigen und beleben.

Britische Wissenschaftler haben mit 23 Probanden im Alter von 68 bis 90 Jahren, die an leichter Demenz litten, einen Test durchgeführt. Dabei wurden im Hintergrund verschiedene Geräusche abgespielt. Während die Wissenschaftler den Versuchsteilnehmern Fragen stellten, spielten sie ihnen entweder eine bekannte Melodie (»Winter« aus Vivaldis *Vier Jahreszeiten*), neue Musik (»Hook« von Graham Fitkin) oder zuvor aufgenommene Hintergrundgeräusche aus einer Cafeteria vor – oder sie befragten ihre Probanden in einem völlig geräuschlosen Raum. Innerhalb eines Zeitraums von vier Wochen wurde jede Versuchsperson in allen vier Situationen getestet.

Die Probanden konnten mehr Fragen richtig beantworten, wenn im Hintergrund Geräusche zu hören waren. Das Ergebnis der Studie: Bei Musik waren ihre Testergebnisse am besten.

»Ob diese Musik ihnen bereits bekannt oder neu war, schien keine Rolle zu spielen. Wahrscheinlich hat die Musik die Probanden in einen Zustand geistiger Wachheit versetzt, sodass sie sich besser konzentrieren konnten«, so die Meinung der Wissenschaftler.

LERNPROZESSE UND EMOTIONEN

Ihre Stimmung spielt eine wichtige Rolle dabei, wie Sie Informationen wahrnehmen, aufnehmen und abrufen. Es werden immer häufiger ganzheitliche Methoden eingesetzt, um Klienten oder Patienten zur Entspannung und zu einer positiven Lebenseinstellung zu verhelfen. Ein harmonisches Gleichgewicht zwischen Körper und Geist wirkt sich eindeutig auf die Funktion unseres Gehirns und die Zugänglichkeit der darin gespeicherten Informationen aus. Das Ziel besteht darin, jede Situation so angenehm wie möglich zu gestalten – dadurch steigen Ihre Chancen, sich an bestimmte Informationen zu erinnern, deutlich an.

Angenommen, Sie bereiten sich auf eine Prüfung vor, die Sie in Angst versetzt. Für die meisten Menschen ist das keine angenehme Art, den Tag zu verbringen. Je unwohler Sie sich dabei fühlen, umso höher ist die Wahrscheinlichkeit, dass Ihr Gehirn versuchen wird, sich dagegen abzuschotten. Also sollten wir versuchen, die Prüfungsvorbereitung zu einer angenehmeren Erfahrung zu machen. Schließen Sie die Augen und stellen Sie sich ein positives Bild vor, eine angenehme Szene oder ein erfreuliches Erlebnis. Ein Biologiestudent könnte zum Beispiel an seine letzte Prüfung im Labor zurückdenken, die hervorragend gelaufen ist. Ein Basketballspieler kann sich den perfekten Wurf ausmalen. Wenn Sie ein entspannendes Erlebnis aus der Vergangenheit mit der gegenwärtigen Situation assoziieren, werden Sie sich viel entspannter und gelassener fühlen, und Ihr Gehirn wird die Informationen, die es lernen soll, in sich aufsaugen wie ein Schwamm.

Das Gleiche können Sie erreichen, indem Sie in Gedanken eine positive Aussage immer wieder affirmieren, zum Beispiel: »Ich bin ein wertvoller Mensch!« Solche Worte können Ihnen bei einer Prüfung, in einer Lernsituation oder auch bei den Kämpfen des täglichen Lebens mehr Selbstvertrauen geben. Nehmen wir zum Beispiel an, Ihr Freund hat gerade mit Ihnen Schluss gemacht und Sie sind am Boden zerstört. Ausgerechnet jetzt müssen Sie eine Präsentation halten, die von vornherein zum Scheitern verurteilt ist, weil Sie sich überhaupt nicht konzentrieren können. Und nun stellen Sie sich das Gesicht Ihres Freundes vor und sagen sich: »Egal, was du sagst oder tust – ich bin trotzdem ein wertvoller Mensch!« Das versetzt Sie in positive Stimmung, lindert den Stress der Situation und hilft Ihnen, mehr von Ihrer geistigen Energie dorthin zu lenken, wo sie hingehört – nämlich auf die Aufgabe, die vor Ihnen liegt.

Sie können Ihre Stimmung auch verbessern, indem Sie Ihr Lernumfeld verbessern. Stellen Sie Duftkerzen oder andere angenehm riechende Gegenstände auf und schaffen Sie einen Entspannungseffekt (durch beruhigende Farbtöne wie beispielsweise Pastellfarben, Erd-, Grün- oder Blautöne). Das sind nur ein paar praktische Beispiele dafür, wie Sie sich beim Erwerb von Wissen oder Informationen besser entspannen können. In einem Umfeld, das Sie nicht unter Kontrolle haben und das spontane Reaktionen erfordert, können Sie diese entspannte Atmosphäre auch einfach durch entsprechende geistige Bilder schaffen (stellen Sie sich zum Beispiel das Blau und die beruhigende Wirkung des Meeres oder eine erfrischend grüne Landschaft vor).

Die erstaunlichen Fähigkeiten des Gehirns

Nun, da Sie Ihr Gehirn entsprechend konditioniert haben, kann es Ihnen genau das liefern, was Sie von ihm wollen, aber natürlich dürfen Sie keine absurden Anforderungen an Ihre grauen Zellen stellen. An all diesen Meditationsübungen ist nichts Mystisches, und ich verspreche Ihnen auch nicht, dass es immer sofort funktioniert. In manchen Büchern steht, dass Sie Ihre Gedanken nur auf Geld zu konzentrieren brauchen, und schon fließt es wie von selbst in Ihre Tasche. Ich mache Ihnen keine derartigen Versprechungen.

Ich glaube aber, wenn Sie sich ein Ziel setzen, sich darauf konzentrieren und es immer im Vordergrund Ihrer Aufmerksamkeit halten, kann Ihr Gehirn geradezu unglaubliche Leistungen erbringen, um Ihnen dabei zu helfen, dieses Ziel zu erreichen. Wenn Sie allerdings lediglich jeden Tag darüber meditieren, dass Sie gern eine Million Euro hätten, werden Sie dadurch nicht zu Geld kommen – vor allem, wenn Sie sich dafür keinen Plan zurechtgelegt haben. Wenn Sie über den Plan meditieren würden, eine Bank auszurauben, könnte das vermutlich eher funktionieren, doch solche Strategien empfehle ich Ihnen auf gar keinen Fall.

Aber Sie können sich durchaus ein realistisches Ziel setzen, zum Beispiel glücklich zu werden, Erfolg zu haben, gesund zu werden oder zu bleiben – und Ihr Gehirn kann Ihnen helfen, dieses Ziel zu erreichen. Ich werde Ihnen zeigen, wie das geht.

STELLEN SIE EINEN PLAN AUF

Was wollen Sie vom Leben? Was möchten Sie gern erreichen? Wie auch immer Ihr Ziel aussehen mag – Sie müssen es genau formulieren und niederschreiben. Einfach nur zu beschließen, dass Sie abnehmen möchten, ist zu ungenau. Beschreiben Sie Ihren Wunsch mit messerscharfer Genauigkeit. Wie viel wollen Sie abnehmen? Bis wann?

Sobald Sie Ihre Zielvorstellung zu Papier gebracht haben, kommt der zweite Schritt: Meditieren Sie zehn bis fünfzehn Minuten pro Tag über dieses Ziel. Nehmen Sie sich vor, es auch wirklich in die Tat umzusetzen und dafür so viel Zeit zu investieren, wie Sie brauchen. Können Sie sich dieses Versprechen geben?

Als Nächstes müssen Sie überlegen, innerhalb welches Zeitraums Sie Ihr Ziel erreichen möchten. Es ist wichtig, sich eine vernünftige Frist dafür zu setzen. Ist es realistisch, innerhalb einer Woche 50 Pfund abnehmen zu wollen? Absolut nicht. Also improvisieren Sie nicht, sondern bemühen Sie sich, einen realistischen Zeitrahmen für Ihr Vorhaben festzulegen.

Der letzte Schritt Ihres Aktionsplans besteht darin, sich zu überlegen, wie Sie feststellen können, ob Sie Ihr Ziel erreicht haben oder nicht. Manchmal ist das ganz leicht zu erkennen. Ihre Waage verrät Ihnen, ob Sie Ihr Wunschgewicht erreicht haben. Aber was ist, wenn Ihr Ziel in der Erfüllung eines emotionalen oder spirituellen Bedürfnisses besteht? Woran merken Sie dann, ob Sie erfolgreich waren oder nicht? Inwiefern müssten Sie sich verändert haben, wenn Sie Ihr Ziel erreicht haben, und woran wollen Sie diese Veränderung erkennen?

Denken Sie daran, Ihr Ziel auf jeden Fall schriftlich festzuhalten. Lesen Sie es sich täglich laut vor und wiederholen Sie es auch in Gedanken.

POSITIVES DENKEN

Die Macht positiven Denkens kann gar nicht hoch genug eingeschätzt werden. Bevor Sie anfangen zu meditieren oder die anderen Schritte zu unternehmen, die ich gleich beschreiben werde, sollten Sie sich erst einmal hinsetzen und sich das Erreichen Ihres Ziels möglichst genau ausmalen. Wie sehen Ihre Schritte zum Erfolg aus? Wie fühlt es sich an, wenn Sie am Ziel angelangt sind?

Können Sie sich das Rennen vorstellen? Und können Sie auch vor Ihrem geistigen Auge sehen, wie Sie siegen?

Vielleicht denken Sie jetzt, das klinge alles ziemlich albern und abgedroschen, doch es funktioniert tatsächlich. Selbst die erfolgreichsten Profisportler können Ihnen bestätigen, dass sie ihr Spiel oder ihren Wettkampf in den Stunden und Minuten vor dem Start gedanklich detailliert durchgehen. Sie sehen vor ihrem geistigen Auge, wie sie den Ball in den Korb werfen oder ins Tor schießen oder wie sie ihrem Gegner den entscheidenden Fausthieb versetzen. Diese positiven Visualisierungen geben ihnen nicht nur das Selbstvertrauen, das sie brauchen, um zu siegen, gleichzeitig konditionieren sie damit auch ihr Unterbewusstsein. Wenn Sie sich mit Ihrem logischen Verstand ausmalen, wie etwas Bestimmtes geschieht, dann glauben Sie auch auf emotionaler Ebene daran, dass es möglich ist, und das erhöht Ihre Erfolgschancen.

Also fangen Sie jetzt gleich damit an. Setzen Sie sich hin und visualisieren Sie Ihren Erfolg. Das ist keine bloße Tagträumerei. Spielen Sie die gewünschten Ereignisse in Gedanken durch. Es sollte sich fast so anfühlen, als seien sie bereits Realität. Spüren Sie es?

Meditieren Sie über Ihr Ziel

Als Nächstes werden wir die Meditationstechniken, die ich beschrieben habe, mit Ihren Visualisierungen verknüpfen.

Lesen Sie die schriftliche Formulierung Ihres Ziels zunächst noch einmal durch und führen Sie dann alle Schritte der Meditationen und Atemübungen durch, die ich Ihnen bereits erklärt habe – nur mit einem Unterschied: Diesmal visualisieren Sie am Ende der Übung Ihr Ziel. Sehen Sie sich selbst in Gedanken auf einer großen Kinoleinwand und stellen Sie sich vor, wie Sie alle Schritte Ihres Masterplans ausführen und damit Ihr Ziel erreichen. Dieser Visualisierungsprozess kann ein paar Sekunden oder auch mehrere Minuten dauern. Wie lange Sie dafür benötigen, bleibt Ihnen überlassen – aber nehmen Sie sich unbedingt genügend Zeit!

Achten Sie darauf, sich möglichst detailliert vorzustellen, wie Sie Ihr Ziel erreichen. Welche Farben sehen Sie dabei? Welche Gerüche steigen Ihnen in die Nase? Wie fühlen Sie sich, wenn Sie einen bestimmten Schritt auf dem Weg zum Ziel hinter sich haben? Kosten Sie all diese Gefühle so intensiv wie möglich aus.

Mit der Zeit werden Ihnen Ihre Visualisierungen im Rahmen dieser Übung immer realer vorkommen. In den ersten Tagen oder der ersten Woche können Sie versuchen, diese geistigen Bilder so vor sich zu sehen, als würden sie auf eine Kinoleinwand projiziert. Später wird es Ihnen eher so vorkommen, als sähen Sie ein Theaterstück vor sich. Ein paar Tage danach sollten sich Ihre inneren Bilder bereits sprichwörtlich im selben Raum befinden wie Sie. Stellen Sie sich vor, dass das alles direkt vor Ihren Augen passiert. Holen Sie die Bilder immer näher zu sich heran und achten Sie genau darauf, was geschieht.

Machen Sie diese Visualisierungsübung jeden Tag. Das kann zu erstaunlichen Resultaten führen. Je häufiger Sie die Übung praktizieren, umso eher werden Ihre Wünsche Realität werden.

SO BÜGELN SIE IHRE MÄNGEL AUS

Der Visualisierungsprozess, den ich gerade beschrieben habe, fällt manchen Menschen leichter, anderen schwerer. Wenn Sie Mühe damit haben oder ihn nicht richtig hinbekommen, verlieren Sie nicht die Geduld! Denken Sie daran: Bei dieser Übung geht es darum, Stress abzubauen, und nicht darum, sich neuen Stress aufzubürden.

Manchen Menschen fällt es eben etwas schwerer, Bilder vor ihrem geistigen Auge zu sehen. Vielleicht sind Sie kein visueller, sondern eher ein auditiver Typ – oder Sie reagieren stärker auf akustische Informationen oder Gefühle.

Wenn Sie mit meiner Visualisierungsübung nicht weiterkommen, schließen Sie bitte die Augen und führen folgende Übung aus:

- ■ Fokussieren Sie Ihr Vorstellungsvermögen und sehen Sie klar und deutlich ein Lineal vor Ihrem geistigen Auge. Visualisieren Sie die scharfen Kanten sowie die Striche und Zahlen auf dem Lineal.

- ■ Konzentrieren Sie sich und sehen Sie klar und deutlich eine Frucht vor Ihrem geistigen Auge. Stellen Sie sich vor, wie diese Frucht schmeckt.

- ■ Fokussieren Sie Ihr Vorstellungsvermögen und sehen Sie ein Glas klar und deutlich vor Ihrem geistigen Auge. Stellen Sie sich vor, wie das Glas vom Tisch abhebt und in der Luft schwebt.

- ■ Konzentrieren Sie sich und sehen Sie grünes Gras vor Ihrem geistigen Auge. Stellen Sie sich das Gefühl des nassen Grases zwischen Ihren Zehen vor.

- ■ Fokussieren Sie Ihr Vorstellungsvermögen und sehen Sie den Mond klar und deutlich vor Ihrem geistigen Auge. Stellen Sie sich vor, wie es wäre, sich auf dem Mond und in der Mondatmosphäre aufzuhalten.

- ■ Konzentrieren Sie sich und sehen Sie eine prominente Person klar und deutlich vor Ihrem geistigen Auge. Stellen Sie sich vor, direkt neben dieser Person zu sitzen. Was verspüren Sie?

■ Fokussieren Sie Ihr Vorstellungsvermögen und sehen Sie eine Kerze vor Ihrem geistigen Auge. Stellen Sie sich vor, wie Sie rasch Ihren Finger durch die Flamme ziehen.

■ Konzentrieren Sie sich und sehen Sie die Sonne klar und deutlich vor Ihrem geistigen Auge. Stellen Sie sich vor, was für ein Gefühl es ist, sich in den warmen Sonnenstrahlen zu aalen.

Wenn es Ihnen leichtfällt, sich die oben beschriebenen Bilder vorzustellen, dann können Sie garantiert alles visualisieren, was Sie benötigen, um Ihre Ziele zu erreichen. Die obigen Übungsanleitungen sollen Ihnen lediglich helfen, so weit zu kommen. Glauben Sie an sich, dann wird es Ihnen auch gelingen.

Wenn Sie jeden Morgen ein Mantra sprechen und abends an Ihren Visualisierungen feilen, werden Sie sich bald genauso gut konzentrieren können und eine ebenso untrügliche Intuition besitzen wie Patrick Jane.

SO BLEIBT MAN KONZENTRIERT

Da Sie Ihren Masterplan nun kennen und Ihrem Ziel immer näher kommen, müssen Sie Ihr Augenmerk fest auf die Zielmarke richten und dürfen sich nicht durch äußere Ablenkungen davon abbringen lassen. Halten Sie sich von negativen Gedanken und Gefühlen und von pessimistischen Menschen fern. Sie werden feststellen, dass es viele Leute gibt, die Sie entmutigen wollen. Also versuchen Sie sich mit positiveren Einflüssen zu umgeben. Macht Ihr Partner oder Freund Sie wirklich zu einem besseren Menschen?

Vor allem aber müssen Sie selbst an sich glauben. Natürlich haben wir alle unsere Höhen und Tiefen – Zeiten, in denen unser Selbstvertrauen ins Wanken gerät. Es wäre fantastisch, wenn wir eine Kristallkugel besäßen, mit der wir in die Zukunft schauen und genau erkennen könnten, wann wir falsche Entscheidungen treffen und den Weg, der für uns richtig ist, verlassen. Angesichts der chaotischen wirtschaftlichen Ereignisse, von denen wir in den letzten Jahren betroffen waren, fände es sicherlich jeder Mensch erstrebenswert, die Entwicklung des Aktienmarkts vorhersehen zu können und zu wissen, wann er kaufen oder verkaufen soll. Aber so funktioniert das im wirklichen Leben nun einmal nicht. In der realen Welt lösen sich, wenn der NASDAQ einen schlechten Tag hat, gigantische Geldsummen in Luft auf. Doch inmitten all dieser Unwägbarkeiten im Weltgeschehen haben wir doch die Kontrolle darüber, wie wir darauf reagieren.

Vor etwa zehn Jahren trat ich bei einer Party von Arnold Schwarzenegger auf. Daraus entwickelten sich im Lauf der Zeit mehrere Engagements bei den Schwarzeneggers und während einer dieser Veranstaltungen machte ich einen Spaziergang mit dem ehemaligen Gouverneur von Kalifornien. Ich plauderte mit ihm und fragte ihn, wie es ihm gehe.

»Mir geht es *immer* fantastisch«, antwortete er.

»Das kann doch gar nicht sein«, stellte ich mich dumm, um ihn herauszufordern. »Wie kann es Ihnen denn *immer* fantastisch gehen?«

»Wer sind Sie, dass Sie behaupten wollen, es gehe mir nicht immer großartig?«, parierte er sofort. »Was an meinem Leben ist denn nicht fantastisch? Ich habe ein schönes Zuhause, eine schöne Frau, eine wunderbare Familie, und außerdem habe ich gerade einen neuen Film gedreht.«

»Aber haben Sie denn niemals schlechte Laune?«, fragte ich, nun schon ein bisschen zurückhaltender, um ihn nicht zu verärgern. »Wenn man in so einer Stimmung ist, sieht die Welt doch alles andere als wunderbar aus.«

Arnold versicherte mir daraufhin, dass auch er ab und zu unter einem Stimmungstief leide. »Das geht allen Menschen so. Aber irgendwann kommt man wieder aus diesem Loch heraus – manchmal früher, manchmal später. Man muss sich nur klarmachen, dass jede Stimmung auf chemischen Substanzen im Gehirn beruht, dass schlechte Laune vorbeigeht und man sich bald wieder gut fühlen wird.«

Diese Worte haben einen tiefen Eindruck bei mir hinterlassen. Ich bedankte mich bei ihm für diese Erkenntnis. Arnold hatte eindeutig gelernt, sein Gehirn so zu trainieren, dass er immer alles positiv sah und sich hundertprozentig auf seine Ziele konzentrierte – genau wie er seinen Körper darauf trainiert hatte, gesund und kräftig zu sein.

Wenn Sie die Erkenntnisse anwenden, die ich Ihnen über Meditation, Atmung und Visualisierungen vermittelt habe, können auch Sie Ihr Gehirn darauf trainieren, die Höhen und Tiefen des Lebens zu meistern. Selbst wenn Sie sich gerade nicht auf ein bestimmtes Ziel konzentrieren, wird dadurch zumindest Ihr Stress nachlassen und die Wolken der Negativität werden sich in Luft auflösen. Und dann werden Sie automatisch viel klarer und effektiver denken können.

Selbst ich als Mentalist erlebe immer noch Höhen und Tiefen. An manchen Abenden spüre ich die Energie im Raum deutlicher als an anderen. Doch in der Regel sind meine Darbietungen besser und meine Aussagen treffsicherer, wenn ich mir vorher Zeit genommen habe zu meditieren und mich zu fokussieren. Getreu dem Motto: »Das Glück ist den Menschen hold, die gut vorbereitet sind.«

Und nun sind *Sie* besser darauf vorbereitet, Ihre mentalistischen Fähigkeiten einzusetzen.

KAPITEL 2

Das Fundament des Mentalisten: ein perfektes Gedächtnis

Beobachtet man Patrick Jane in der Serie *The Mentalist*, wird klar, dass er gewisse Methoden beherrscht, die ihn zu einem wertvollen Berater für das CBI machen. Er merkt zum Beispiel sofort, ob jemand lügt oder die Wahrheit sagt, kann Charaktere mit unfehlbarer Sicherheit einschätzen und besitzt eine geradezu unheimliche Beobachtungsgabe, die ihn stets zu den richtigen Schlussfolgerungen führt. Doch eine Gabe ist das Herzstück aller mentalistischen Fähigkeiten:

Ein *perfektes Gedächtnis*.

Vielleicht denken Sie nun: »Ich habe kein so gutes Gedächtnis wie Patrick Jane – ich könnte das nicht!« Völlig falsch. Natürlich können Sie das! Selbst wenn Sie sich nichts anderes einprägen können, merken Sie sich bitte Folgendes: Kein Mensch kommt mit einem schlechten Gedächtnis zur Welt. Sofern Ihr Gedächtnis keinen physischen Schaden erlitten hat, können Sie es schärfen. Sie brauchen dazu nur etwas Wissen und Übung.

Weshalb muss ich mein Gedächtnis verbessern, wenn ich nicht auf Verbrecherjagd gehen will, werden Sie sich jetzt vermutlich fragen. Dafür gibt es mehrere Argumente. In unserem schnelllebigen Informationszeitalter kann Ihr Erfolg oder Misserfolg davon abhängen, ob Sie in der Lage sind, sich Gesichter, Namen, Fakten, Informationen, Daten, Ereignisse und Umstände zu merken. Mit einem guten Gedächtnis müssen Sie auch keine

Angst mehr davor haben, wichtige Gegenstände zu verlegen, und können mentale Barrieren, die Ihrem Erfolg in Beruf und Privatleben entgegenstehen, überwinden.

Ein Mentalist besitzt die erstaunliche Fähigkeit, beim Betreten eines Raumes sofort Zusammenhänge zwischen Vergangenheit und Gegenwart herzustellen. Er kann Informationen über Menschen und Gegenstände blitzschnell verarbeiten. Andere halten ihn für eine Laune der Natur oder glauben womöglich, dass er Verbindungen zur Geisterwelt hat, doch in Wahrheit hat er einfach nur sein Gedächtnis bis zur Perfektion weiterentwickelt.

■ ▮

DAS GEHEIMNIS DER MENTALISTEN

Hier kommt das erste »große Geheimnis«, das man beherrschen muss, um ein echter Mentalist zu werden: Setzen Sie Ihr Gehirn so ein, dass Ihr Zutrauen zu den Entscheidungen, die Sie treffen, mit der Zeit wächst. Patrick Jane hat Vertrauen zu seinen Schlussfolgerungen und Beobachtungen, weil sein Gehirn so arbeitet, dass er sich seiner Erinnerungen hundertprozentig sicher sein kann. Wenn Ihre Beobachtungen auf genauen, zuverlässigen Erinnerungen basieren, gibt es keinen Platz für Zweifel. Einfaches, selbstsicheres und klares Denken ist der Schlüssel zum Erfolg.

■ ▮

Was ist das Gedächtnis eigentlich?

Unser Gedächtnis besteht aus komplizierten Nervenverbindungen im Gehirn. Man geht davon aus, dass diese Verbindungen Millionen von Daten speichern können. Die Fähigkeit des Gehirns, frühere Erlebnisse und Erfahrungen in ein sinnvolles System zu integrieren, ermöglicht es uns zu lernen und neue Ideen zu entwickeln.

Unser Gedächtnis kombiniert Bilder, Geräusche, Geschmacksempfindungen, Gerüche und Berührungsreize auf sinnvolle, geordnete Weise und speichert sie im Gehirn. Man unterscheidet drei Arten der Informationsspeicherung:

■ Das sensorische Gedächtnis ist ein vorübergehender Zwischenspeicher für Informationen. Wenn Sie eine Straße entlanggehen, auf der sich viele Menschen befinden, wird Ihr Gehör von Geräuschen überflutet. Wenn Sie Ihren Zielort erreicht haben, werden Sie sich aber wahrscheinlich nicht mehr an jedes einzelne Geräusch erinnern, sofern es Sie nicht aus irgendeinem Grund besonders beeindruckt hat – ein Schrei oder Gewehrschuss zum Beispiel würde Ihnen mit Sicherheit als besonders bemerkenswertes Geräusch im Gedächtnis haften bleiben.

■ Das Kurzzeitgedächtnis hat eine Speicherdauer von 20 bis 30 Sekunden und kann nur eine begrenzte Menge an Informationen aufnehmen. Zeugen eines Verbrechens berichten normalerweise die Dinge, an die sich ihr Kurzzeitgedächtnis erinnert. Solche Informationen sind naturgemäß kurzlebig und daher auch relativ unzuverlässig.

■ Im Langzeitgedächtnis werden Informationen für den späteren Abruf gespeichert. Deshalb vergessen Sie bestimmte Dinge wie beispielsweise Ihren Geburtstag niemals und können auf allem, was Sie in Ihrem Leben bereits gelernt haben, aufbauen. Ein gut ausgebildetes Langzeitgedächtnis ist auch für Ermittler wie Patrick Jane hilfreich, denn mit diesem können sie auf frühere Erfahrungen mit anderen Tatverdächtigen und Situationen zurückgreifen und mit diesem Hintergrundwissen die Fälle lösen, mit denen sie sich gerade befassen.

Die menschliche Fähigkeit, Informationen zu verarbeiten, ist begrenzt, daher speichern wir nicht jeden Reiz in unserem Langzeitgedächtnis ab, um ihn später wieder abrufen zu können. Es gibt viele Dinge, die Sie gestern, letzte Woche, letzten Monat oder letztes Jahr erlebt haben und an die Sie sich heute nicht mehr erinnern können. Das ist die Folge *mangelnder*

Aufmerksamkeit. Eine der häufigsten Ursachen mangelnder Aufmerksamkeit ist Desinteresse.

Ein Mensch kann für viele Dinge ein »schlechtes Gedächtnis« haben, sich aber manchmal genau an kleine Details bestimmter Situationen, Gespräche usw. erinnern – aus dem einfachen Grund, weil er sich dafür interessiert. Dieses Phänomen bezeichnet man als *unfreiwillige Aufmerksamkeit.* Diese Art von Aufmerksamkeit bedarf keiner besonderen Bemühung, weil sie auf unserem persönlichen Interesse, unserer Neugier oder auf bestimmten Bedürfnissen beruht. Vielleicht kennen Sie jemanden, der noch genau weiß, wer bei der letzten Fußballweltmeisterschaft welches Tor geschossen hat, aber vergisst, seine Aktentasche mitzunehmen, wenn er ins Büro geht. Das liegt daran, dass dieser Mensch sich vermutlich mehr für Sport interessiert als für seine Arbeit.

So jemand täte gut daran, sich in einer anderen Art von Aufmerksamkeit zu üben: der *freiwilligen Aufmerksamkeit,* dank der wir uns mit Gegenständen, Themen, Menschen usw. beschäftigen können, für die wir uns nicht unbedingt interessieren. Das erfordert Mühe, ist jedoch der Grund, weshalb jemand, der kein angeborenes Interesse an Medizin oder Naturwissenschaften hat, trotzdem ein erfolgreicher Arzt werden kann: Er steckt einfach seine ganze Energie in die Aufgabe, sich diese Materie anzueignen.

Jeder Mensch ist zu unfreiwilliger Aufmerksamkeit in der Lage, aber nur bei wenigen Personen ist die Gabe der freiwilligen Aufmerksamkeit gut ausgebildet. Viele dieser Menschen sind hervorragende Ermittler, so wie Patrick Jane: Sie können die kleinsten Details an einem Menschen, Ort oder Gegenstand beobachten, gedanklich verarbeiten und abspeichern. Es ist zwar nichts dagegen einzuwenden, wenn man sich hauptsächlich auf seine unfreiwillige Aufmerksamkeit verlässt, doch eine gut entwickelte freiwillige Aufmerksamkeit kann Ihnen im Leben viele Türen öffnen. Sie kann Ihnen zum Beispiel helfen, Ihren Chef zu beeindrucken, macht Sie zu einem redegewandten Gesprächspartner und sorgt außerdem dafür, dass Sie einen besseren Überblick über Ihre Finanzen behalten. Patrick Jane kommt mithilfe seiner freiwilligen Aufmerksamkeit den abscheulichsten Verbrechen auf die Spur; aber Sie können diese Fähigkeit auch einfach dazu nutzen, Ihr Alltagsleben zu verbessern.

Um ein aufmerksamerer Mensch zu werden, müssen Sie sich in der Kunst der freiwilligen Aufmerksamkeit üben. Hier ein paar erfolgreiche Strategien dazu als Starthilfe:

- *Üben Sie.* Konzentrieren Sie sich auf einen Gegenstand, eine Person oder Situation, die Sie absolut uninteressant finden, und prägen Sie sich jedes Detail daran so lange ein, bis Sie diesen Gegenstand, diese Person oder Situation genau beschreiben können. Pflücken Sie eine Blume. Berühren Sie sie. Riechen Sie daran. Ertasten Sie ihre Oberflächenstruktur. Wie viele Blütenblätter hat sie? Wie lang ist ihr Stiel? Welche Farbe und Form haben die Blütenblätter? Achten Sie bei allem, was Sie in Ihrer Umgebung beobachten, genau auf alle Details: zum Beispiel bei den Orten, die Sie besuchen, den Menschen, die auf der Straße an Ihnen vorbeigehen, usw. Sie werden staunen, wie viele Kleinigkeiten Ihnen plötzlich auffallen.

- *Halten Sie Ablenkungen von sich fern.* Obwohl Sie sicher von Multitasking gehört haben, ist es in Wirklichkeit sehr schwierig, sich auf mehrere Dinge gleichzeitig zu konzentrieren. Nehmen wir einmal an, Sie sind Jurastudent und bereiten sich auf Ihr Examen vor: Sie werden den Lernstoff garantiert nicht richtig in sich aufnehmen können, wenn nebenher das Radio läuft oder wenn Sie gleichzeitig auch noch dem Geplauder Ihrer Freunde im Nebenzimmer zuhören. Wenn Sie versuchen, sich etwas einzuprägen, sollten Sie Ablenkungen nach Möglichkeit von sich fernhalten.

- *Konzentrieren Sie sich.* Nehmen wir an, Sie bereiten sich auf eine wichtige Präsentation vor, die Sie am nächsten Tag halten müssen. Gleichzeitig wird Ihnen eine neue Mitarbeiterin vorgestellt. Obwohl man Ihnen ihren Namen genannt hat, können Sie sich danach beim besten Willen nicht mehr daran erinnern. Das liegt daran, dass Sie sich auf etwas konzentriert haben, was Ihnen in diesem Augenblick sehr viel wichtiger war. Deshalb hat der Name der neuen Mitarbeiterin sich Ihrem Gedächtnis nicht eingeprägt – er war für Sie in dieser Situation nur eine banale, nebensächliche Information. Wenn Sie sich solches Verhalten zur Gewohnheit machen, werden Sie auf Ihre Mitmenschen bald sehr distanziert oder gar unnahbar wirken. Jemand, der niemals einen Namen vergisst, macht allerdings immer einen guten Eindruck. Wenn Sie sich also etwas einprägen möchten – sei es ein Name, eine Hausnummer oder ein bestimmtes Datum –, müssen Sie Ihre Konzentration ganz bewusst auf diese Information richten und sie in Ihrem Gedächtnis abspeichern.

- *Rufen Sie sich selbst zur Ordnung.* Das passiert jedem ab und zu: Sie arbeiten an einer Aufgabe und sind zwar physisch anwesend, in Gedanken aber ganz woanders. Immer, wenn Sie merken, dass Sie geistig abschweifen, rufen Sie sich mental zur Ordnung: »Stopp!« Dieses Stopp-Signal lenkt Ihre Aufmerksamkeit wieder auf die Aufgabe zurück, mit der Sie gerade beschäftigt sind. Denken Sie daran: Gute Konzentration ist eine unentbehrliche Voraussetzung für ein gutes Gedächtnis!

- *Seien Sie interessiert.* Wenn Ihnen Ihre Tätigkeit Spaß macht, werden Sie eher ein gutes Gedächtnis entwickeln. Also versuchen Sie bei allem, was Sie tun, mit ganzem Herzen dabei zu sein, sonst werden Sie wahrscheinlich nicht viel davon im Gedächtnis behalten. Schon Leonardo da Vinci hat gesagt: »So wie das Essen wider Willen der Gesundheit schadet, verdirbt auch das Lernen, ohne es zu lieben, die Erinnerung, sodass man am Ende nichts behält.«

- *Machen Sie sich eine mentale Notiz.* Unterbrechen Sie das, was Sie gerade tun, und konzentrieren Sie sich ganz auf den Gedanken oder Eindruck, den Sie sich merken möchten. Allein das genügt schon, um ihn Ihrem Gedächtnis einzuprägen. Denn wenn Sie in diesem Augenblick daran denken, dass Sie die betreffende Information später noch brauchen werden, »weiß« Ihr Gedächtnis, dass es sich um etwas Wichtiges handelt. Wenn Sie sich das nächste Mal etwas merken müssen, zum Beispiel einen Termin oder eine Telefonnummer, halten Sie einen Moment inne, nehmen Sie diese Information bewusst in Ihr Gedächtnis auf und sagen Sie sich dabei:»Nimm das zur Kenntnis!« Sie werden staunen, was Ihr Unterbewusstsein alles leisten kann.

▪ ▪

GEDÄCHTNISÜBUNG FÜR MENTALISTEN
Wie man sich Dinge einprägt

Um Ihre Erinnerung an kleinste Details zu verbessern, versuchen Sie abends noch einmal alle Ereignisse des Tages an Ihrem geistigen Auge vorüberziehen zu lassen. Dadurch wird Ihre Aufmerksamkeit während des Tages geschärft und Sie werden sich alles besser einprägen können, sodass es jederzeit wieder abrufbar ist.

Versuchen Sie diese Übung abends zu machen, wenn Sie sich locker und entspannt fühlen. Aber machen Sie sie *vor* dem Zubettgehen. Das Bett ist zum Schlafen da und nicht zum Denken! Setzen Sie sich an einen ruhigen, ungestörten Ort und konzentrieren Sie sich eine Viertelstunde lang auf alle wichtigen Ereignisse der vergangenen Stunden. Schon nach ein paar Tagen werden Sie feststellen, dass Sie sich an immer mehr Einzelheiten erinnern können. Von Mal zu Mal werden Ihre Erinnerungen klarer und genauer werden.

Anfangs wird es Ihnen möglicherweise schwerfallen, sich daran zu erinnern, was Sie zum Frühstück gegessen haben oder wie die Bedienung im Café aussah. Doch sobald Ihr Unterbewusstsein sich daran gewöhnt, auf diese Weise eingespannt zu werden, achten Sie auf alles, was Ihnen im Laufe Ihres Tages begegnet, genauer. Das ist eine Fähigkeit, ohne die Ermittler weltweit in einer schwierigen Lage wären.

▪ ▪

SO VERFEINERN SIE IHRE MENTALEN FÄHIGKEITEN

Nachdem wir die Grundlagen der Informationsspeicherung behandelt haben, wollen wir uns damit beschäftigen, wie Erinnerungen in den dunklen Winkeln Ihres Gehirns verloren gehen können – und was man tun kann, um sie wiederzuerlangen.

Klugheit ist nicht gleichbedeutend mit einem guten Gedächtnis oder Erinnerungsvermögen, auch wenn viele Menschen das glauben. Um ein gutes Gedächtnis entwickeln zu können, müssen Sie lediglich wissen, wie Ihr Gehirn funktioniert, und das Beste daraus machen. Multiple-Choice-Fragen sind zum Beispiel beliebte Gedächtnistests. Wer bei solchen Tests die Note Eins bekommt, muss aber nicht übermäßig klug sein und sich auch nicht wirklich für die Sachverhalte, um die es dabei geht, interessieren; oft haben Studenten, die bei diesen Tests sehr gut abschneiden, einfach nur ein hervorragendes Gedächtnis für geringe Mengen an Informationen, können aber unter Umständen gar nicht erklären, warum ihre Antworten richtig sind.

Wie absolvieren diese Menschen die Tests, ohne sich wirklich für die Materie zu interessieren? Sie haben die Kunst erlernt, Informationen zu speichern und dann reflexartig wiederzugeben. Das ist eine Fähigkeit, die auch *Sie* lernen können, Sie müssen dazu nur wissen, wie man mit kleinen Datenmengen umgeht. Wenn Ihnen zum Beispiel jemand eine Liste mit zehn Wörtern oder Begriffen vorliest, werden Sie sich hinterher wahrscheinlich nicht mehr an alle zehn erinnern können. Vermutlich werden Ihnen von den zuerst vorgelesenen Begriffen am meisten im Gedächtnis haften bleiben, dann noch ein paar aus der Mitte und einer oder zwei vom Ende. Dieses Phänomen bezeichnet man als *Primacy-Recency-Effekt*. Man merkt sich am ehesten die ganz zu Anfang oder ganz am Ende erfassten Informationen: Der erste bzw. letzte Eindruck zählt.

Primacy und *Recency* sind Automatismen unseres Gehirns. Mit anderen Worten: Für die meisten Menschen stellt es kein Problem dar, sich an die ersten oder letzten Wörter einer Liste zu erinnern, weil ihr Gedächtnis darauf programmiert ist, diese Begriffe festzuhalten und abzuspeichern. Schwierigkeiten bereiten eher die Begriffe in der Mitte der Liste.

■ ■

KLEINER TIPP FÜR MENTALISTEN

Um sich beim Auswendiglernen einer Liste den Primacy-Recency-Effekt zunutze zu machen, müssen Sie den goldenen Mittelweg finden. Wenn Sie stundenlang an etwas arbeiten, werden Sie feststellen, dass Sie sich hinterher kaum noch an die Dinge erinnern, mit denen Sie in der Mitte Ihres Arbeitsprozesses – also zwischen *Primacy* und *Recency* – beschäftigt waren. Wenn Sie allerdings bei der Arbeit zu viele Pausen einlegen, wird Ihr Gehirn die Stufe der *Primacy* gar nicht erst erreichen, weil es ständig unterbrochen wird. Deshalb ist es am besten, nach 30 bis 50 Minuten intensiver Arbeit oder eingehenden Studiums eine Pause zu machen und sich auszuruhen. So kann Ihr Gehirn sich regenerieren und das Gleichgewicht zwischen *Primacy* und *Recency* wird optimiert.

■ ■

WICHTIGE MNEMOTECHNIKEN

Sie werden feststellen, dass es einfacher ist, sich an ein Wort zu erinnern, das sich innerhalb einer Liste mehrfach wiederholt, mit den anderen Begriffen zusammenhängt *oder* sich davon abhebt (wie beispielsweise das Wort »Rubinrot« in einer Liste mit Gemüsearten ein Fremdkörper ist). Doch am besten gelingt es, sich an alle Wörter einer Liste zu erinnern, wenn man sich einer *Mnemotechnik*, also einer Gedächtnisstütze bedient, um sich das Gesehene oder Gehörte einzuprägen.

Assoziation

Die wirksamste Mnemotechnik besteht darin, das, was man sich merken möchte, gedanklich mit etwas anderem zu verbinden, das man bereits kennt. Je mehr solcher Assoziationen man herstellen kann, umso größer ist die Chance, sich hinterher an die gelernten Begriffe zu erinnern. Zwei beliebte Assoziationstechniken bedienen sich der Verwendung von *Akronymen* und *Akrosticha*.

■ Ein *Akronym* ist ein Kurzwort aus den Anfangsbuchstaben der Begriffe, die man sich merken möchte. So kann das Akronym SMART beispielsweise als Gedächtnisstütze für die Definition einer guten Zielvorgabe dienen: **S**pezifisch – **M**essbar – **A**usführbar – **R**ealistisch – **T**ermingerecht. Manchmal ist ein Akronym bekannter als der vollständige Begriff: zum Beispiel bei RAM (**R**andom **A**ccess **M**emory) oder TÜV (**T**echnischer **Ü**berwachungs-**V**erein).

■ Ein *Akrostichon* ist ein erfundener Satz, in dem jeweils der erste Buchstabe eines Wortes der Wortfolge eine Gedächtnisstütze für den Begriff darstellt, den man sich merken möchte. So ist der Merksatz für Planeten »**M**ein **V**ater **e**rklärt **m**ir **j**eden **S**onntag **u**nseren **N**achthimmel« ein Akrostichon für die richtige Reihenfolge der Planeten Merkur, Venus, Erde, Mars, Jupiter, Saturn, Uranus, Neptun und »**E**in **A**nfänger **d**er **G**itarre **h**at **E**ifer« ein Akrostichon für die Saiten einer Gitarre.

Visualisierung und Imagination

Geistige Bilder sind visuelle Entsprechungen bestimmter Begriffe oder Lerninhalte, die Ihnen bei der Gedächtnisbildung helfen können. Ein Bild kann uns zum Beispiel an ein Wort erinnern, das dann wiederum weitere Bilder in uns aufsteigen lässt. Die Konstruktion dieser mentalen Bilder scheint beim Lernen und beim Erinnern gelernter Informationen zu helfen. Verknüpft man Bilder und Wörter miteinander, kann man sich die Inhalte, die man lernen möchte, leichter einprägen.

Nehmen wir beispielsweise die Naturwissenschaften. Die meisten naturwissenschaftlichen Bücher behandeln komplizierte Sachverhalte, die Menschen, die sich nicht täglich mit wissenschaftlichen Themen beschäftigen, in Erstaunen versetzen. Glücklicherweise arbeiten solche Bücher häufig mit Bildern, um wissenschaftliche Phänomene zu erläutern, die man mit bloßem Auge nicht sehen kann, wie etwa die Struktur eines Bakteriums oder Virus. Viele wissenschaftliche Ideen und Konzepte lassen sich gut mithilfe grafischer Elemente und anderer visueller Hilfestellungen veranschaulichen.

Ein Ermittler kann diese Fähigkeit einsetzen, indem er Informationen über den Schauplatz eines Verbrechens liest und sich das Gelesene dabei möglichst lebhaft vorstellt. Wenn im Bericht über den Tatort beispielsweise zerbrochenes Glas und Blut auf dem Fußboden erwähnt wird, würde der Ermittler innehalten, dieses Bild vor seinem geistigen Auge sehen und es dann in seinem Gedächtnis abspeichern. Diese Fähigkeit, sich den Tatort so vorzustellen, wie er zum Zeitpunkt des Verbrechens ausgesehen hat, hilft ihm später beim Verhören von Tatverdächtigen und erleichtert es ihm, die einzelnen Puzzleteile zu einem sinnvollen Ganzen zusammenzusetzen.

Nachfolgend finden Sie ein paar Methoden, mit deren Hilfe Sie ein gutes bildliches Vorstellungsvermögen erwerben können:

■ Lernen Sie, nicht nur in Worten, sondern auch in Bildern zu denken. Wenn Sie ein Buch oder einen Zeitungsartikel lesen, halten Sie zwischendurch inne und rekonstruieren Sie das beschriebene Szenario in Ihrem Kopf. Das regt Ihr Gedächtnis an und Sie werden sich später leichter an die Worte erinnern können. Stellen Sie sich zum Beispiel die Zerstörungen nach einer Naturkatastrophe bildlich vor. Wie sehen die Gebäude aus? Gibt es Bereiche, die von der Katastrophe unberührt geblieben sind, oder ist alles in Sichtweite zerstört? Irren Menschen und Tiere auf dem Schauplatz der Naturkatastrophe umher oder wirkt das Ganze eher wie eine Geisterstadt?

■ Wenn Sie neue Ideen verinnerlichen, assoziieren Sie diese mit einem Bild, das für Sie von Bedeutung ist. Mit anderen Worten: Greifen Sie auf Dinge zurück, die Sie bereits kennen oder die Ihr Gehirn leicht visualisieren kann. Wenn Sie zum Beispiel das französische Wort für »Strand« lernen möchten, stellen Sie sich Ihren Lieblingsplatz am Meer vor und sehen Sie vor Ihrem geistigen Auge, wie Sie dort stehen und vor sich hinsagen: »*La plage, la plage* ...«

■ Beim Lesen eines technischen Handbuchs visualisieren Sie, wie Sie die im Buch vorgegebenen Anweisungen ausführen. Dadurch werden die Wörter und Sätze lebendig.

Wort- oder Zahlengruppen bilden

Informationen zu sinnvollen Gruppen zu ordnen ist für Ihre Merkfähigkeit sehr wichtig. Sie können beispielsweise Wörter zu Paaren gruppieren, wobei es keine Rolle spielt, ob Sie Synonyme oder Gegensätze wie beispielsweise »ehrlich« und »unehrlich« oder »Mann« und »Frau« miteinander kombinieren. Dieser Trick hilft Ihnen, sich Begriffe leichter zu merken, weil sie sich gegenseitig eine Bedeutung verleihen.

Sich Wörter auf diese Weise einzuprägen, ist gar nicht so schwierig – aber kann man auch Ziffern in Gruppen einteilen, um sich besser an sie zu erinnern? Das scheint schon ein bisschen schwieriger zu sein. Und dabei ist das für die meisten alltäglich; schließlich gruppiert man die Ziffern einer Telefonnummer ja auch immer zu Dreier- und Viererkombinationen. An eine siebenstellige Zahl wie 5557391 würden Sie sich vielleicht nicht so mühelos erinnern, aber wenn Sie sie in zwei kleinere Gruppen unterteilen, zum Beispiel 555-7391, kommt Ihnen das plötzlich gar nicht mehr so schwierig vor. Wie man sich Zahlen merkt, darauf werde ich an späterer Stelle in diesem Kapitel noch näher eingehen.

Sinneseindrücke

Wussten Sie, dass sinnliche Wahrnehmungen beim Abspeichern von Informationen in Ihrem Gedächtnis eine wichtige Rolle spielen? Das bezeichnet man als »Gedächtnis der Sinneswahrnehmungen«. Obwohl alle fünf Sinnesorgane an der Gedächtnisbildung beteiligt sind, würden Sie, wenn Sie Ihre Sinneseindrücke genau analysieren, wahrscheinlich feststellen, dass Sie die meisten Eindrücke durch Ihre Augen und Ohren erlangen.

Optische Eindrücke

Wir empfangen ständig Tausende verschiedene optische Eindrücke. Die meisten dieser Bilder prägen sich unserem Gedächtnis nicht nachhaltig ein, weil wir sie kaum beachten und uns nicht sehr für sie interessieren. Wir glauben zwar, die Dinge in dem Augenblick, in dem wir sie anschauen, zu sehen, doch in Wirklichkeit sehen wir immer nur ein paar Aspekte von dem, was wir gerade vor uns haben. Wenn Sie Ihr Wahrnehmungsvermögen nicht richtig schulen, werden Sie in Ihrem Alltagsleben wahrscheinlich viele Menschen, Orte und Dinge anschauen, ohne sie wirklich zu *sehen*. Wie Sie sich sicherlich vorstellen können, sind Detektive, Polizisten und andere Verbrechensbekämpfer sehr versiert darin, ihre visuelle Beobachtungsgabe einzusetzen – und zwar überall und in jeder Lebenslage.

Doch bei den meisten Menschen ist diese Beobachtungsgabe nicht sehr stark ausgeprägt, sie lässt uns sogar dann im Stich, wenn wir uns unbedingt an etwas erinnern müssen und uns verzweifelt darum bemühen. So weiß man beispielsweise, dass Augenzeugen eines Verbrechens in ihren Berichten notorisch unzuverlässig sind. Der eine beschreibt einen Straßenräuber als groß, während der andere ihn als klein bezeichnet. Ein Zeuge behauptet, der Dieb habe rote Schuhe getragen, der andere will Stiefel an seinen Füßen gesehen haben. Das sind typische Beispiele dafür, dass man etwas anschauen kann, ohne es tatsächlich zu sehen. Manche Ereignisse spielen sich so schnell ab, dass unser Gehirn beim besten Willen nicht damit Schritt halten kann, auch wenn wir es noch so sehr versuchen – es sei denn, wir sind darin geschult, alles genau zu beobachten, zu erinnern und anschließend zu berichten.

Sie können Ihr Gehirn darauf trainieren, klare optische Eindrücke aufzunehmen. Dazu müssen Sie Ihre Aufmerksamkeit lediglich auf die Dinge richten, die Sie gerade vor sich haben, und versuchen, sie klar und deutlich wahrzunehmen. Einige Zeit später üben Sie dann, sich die betreffenden Gegenstände in allen Details wieder ins Gedächtnis zu rufen. Das können Sie mit sämtlichen Objekten in Ihrer Wohnung, Ihrem Büro oder auch im Freien praktizieren, solange Sie die Zeit und Energie haben, sich auf die Details zu konzentrieren. Schauen Sie einen Gegenstand oder eine Szene 30 Sekunden lang aufmerksam an und notieren Sie dann alles, woran Sie sich erinnern können, auf ein Blatt Papier. Anschließend schauen Sie noch einmal hin – waren Ihre Eindrücke richtig? Fällt Ihnen beim zweiten Hinsehen vielleicht etwas auf, das Sie beim ersten Mal übersehen hatten? Wenn ja: Ist es ein wichtiges oder ein unbedeutendes Detail?

Akustische Eindrücke

Ihr Gehirn nimmt selbst die leisesten Geräusche von Dingen oder Personen wahr, für die es sich interessiert, während es andere akustische Eindrücke gleichzeitig total ignoriert. Eine schlafende Mutter wacht zum Beispiel vom leisesten Geräusch ihres Babys auf, während sie das Dröhnen eines vorbeifahrenden Autos, das Klingeln ihres Weckers oder das Gebell eines Hundes seelenruhig verschlafen kann.

Viele Geräusche erreichen unser Ohr, prägen sich unserem Gedächtnis aber nicht ein. Wenn wir eine laute Straße entlanggehen, nimmt unser Gehirn nur einige wenige Eindrücke in sich auf, und zwar meistens diejenigen, die für uns neu und ungewohnt sind. In einer Menschenmenge ist das durchaus sinnvoll, doch wenn wir uns an etwas erinnern sollen, was bei einer Besprechung oder in einem persönlichen Gespräch gesagt wurde, reden wir uns hinterher häufig damit heraus, es nicht gehört zu haben. Um einen besseren Gehörsinn zu erwerben und sich das, was Sie hören, auch besser einprägen zu können, müssen Sie Ihr Gehör trainieren und weiterentwickeln.

Niemand kann auf jedes Geräusch achten; und das wäre auch gar nicht sinnvoll. Doch wenn Sie genau achtgeben, können Sie Ihren Gehörsinn verbessern und sich bestimmte Geräusche und Gesprächsinhalte einprägen. Dabei werden Ihnen folgende Techniken helfen:

- Lernen Sie aufmerksamer zuzuhören, indem Sie sich Wörter, Wortgruppen oder ganze Sätze bewusst einprägen. Wenn Sie das nächste Mal bei der Arbeit oder auf einer Party in ein Gespräch verwickelt werden, das Sie nicht sonderlich interessiert und bei dem Sie normalerweise nur mit halbem Ohr zuhören würden, nehmen Sie sich fest vor, sich mehrere Redewendungen des Sprechers mithilfe der bereits besprochenen mentalen Bilder einzuprägen. Sie werden staunen und von sich selbst beeindruckt sein, wenn Sie feststellen, dass Sie sich auf diese Weise sogar an die langweiligsten Gespräche mühelos erinnern können.

■ Achten Sie auf die kleinen Gesprächsfetzen, die an Ihr Ohr dringen, wenn Sie die Straße entlanggehen, und versuchen Sie sich ein oder zwei Sätze davon zu merken, als wollten Sie sie hinterher einem Freund weitererzählen. Achten Sie auf den Tonfall der Menschen, die Sie um sich herum sprechen hören. Sie werden staunen, wie viel leichter Sie sich das Gesagte dann merken können.

■ Lassen Sie sich von einem Freund einige Verse eines Gedichts vorlesen und versuchen Sie, sich diese einzuprägen. Wenn Sie das regelmäßig praktizieren, wird sich Ihre Fähigkeit der freiwilligen Aufmerksamkeit für Geräusche und gesprochene Worte sehr verbessern. Aber vor allem sollten Sie die Wörter und Geräusche, die Sie sich eingeprägt haben, in Gedanken so oft wie möglich wiederholen. Dadurch gewöhnen Sie Ihr Gehirn daran, sich für auditive Sinneseindrücke zu interessieren.

Doppelt genäht hält besser

Bisweilen nehmen wir gleichzeitig visuelle und auditive Eindrücke auf, zum Beispiel beim Lesen. In solchen Situationen speichern wir den Klang und die Form der Buchstaben zusammen in unserem Gedächtnis ab. An das, was wir uns in dieser Kombination einprägen, werden wir uns hinterher viel besser erinnern als an Dinge, die wir nur mit einem einzigen Sinnesorgan aufgenommen haben.

Lehrer helfen ihren Schülern, sich Wörter einzuprägen, indem sie sie diese Wörter laut sprechen und anschließend aufschreiben lassen. Auf die gleiche Art und Weise kann man sich auch Namen, Ereignisse oder Ideen einprägen und so das Erinnerungspotenzial verdoppeln. Deshalb empfinden manche Schüler es auch als hilfreich, zusammen mit einem Freund oder in einer Gruppe zu lernen. Die Informationen stehen vor ihnen im

Buch, aber indem man über die Ideen diskutiert und sich daraus Gespräche entwickeln, wird ihnen eine ganz neue Dimension verliehen, wenn sie im Gedächtnis abgespeichert wird. Mit dieser Methode können Sie übrigens auch eines Ihrer schwächeren Sinnesorgane stärken: Wenn Sie sich normalerweise gut daran erinnern können, was Sie gesehen oder gelesen haben, gehörte Informationen aber immer wieder vergessen, dann versuchen Sie, bestimmte Dinge, die Sie gesehen oder gelesen haben, mit anderen Menschen zu besprechen – denn dadurch werden diese optischen Informationen mit Ihrem akustischen Gedächtnis verbunden. Das ist für Sie nicht nur ein zusätzliches Hilfsmittel, auf das Sie zurückgreifen können, es stärkt außerdem Ihr akustisches Gedächtnis für den künftigen Gebrauch. Deshalb sprechen die Figuren in der Serie *The Mentalist* auch so oft über den Tatort und die Tatverdächtigen und diskutieren ihre Theorien, wie sich das Verbrechen abgespielt haben könnte. Das ist ein essenzieller Bestandteil der Arbeit von Polizisten und hilft ihnen, die wichtigsten Aspekte der einzelnen Fälle herauszuarbeiten.

Komplexere mentale Fähigkeiten

Wenn Patrick Jane beginnt, seine Umwelt und die Menschen zu beobachten, vertieft er sich völlig in die betreffende Situation und die dazugehörigen Sinneswahrnehmungen, um sich hinterher besser daran erinnern zu können. Doch bei manchen Bravourstücken seines perfekten Erinnerungsvermögens können selbst Gedächtnisexperten sich nur wundern. Seine Fähigkeit, sich lange Reihen scheinbar unzusammenhängender Zahlen zu merken, erinnert zum Beispiel fast schon an einen Zaubertrick. Aber dahinter steckt in Wirklichkeit gar keine Zauberei, sondern nur cleveres Denken!

In der Folge »Tisch 43« gewinnt Patrick viel Geld im Kasino und gibt zu, dass ihm das nur gelang, da er die Karten zählte. Seine Kollegen halten es zunächst für unmöglich, dass er sich tatsächlich merken kann, wo sämtliche Karten platziert wurden, er erklärt jedoch, dass dies möglich ist, indem er die Karten einfach zu einem Teil seines »Gedächtnispalasts«

macht. Dieser Gedächtnispalast ist »ein Ort, den man so klar und deutlich im Gedächtnis hat, dass man darin herumlaufen kann. Jeder Mensch hat einen anderen Gedächtnispalast, aber er muss stets groß und detailliert und sehr plastisch sein.«

Eine andere Bezeichnung für diese Gedächtnispalast-Technik lautet »Loci-Methode« (von Lateinisch: *locus*, »Ort«). Diese Technik wird bereits seit Jahrhunderten eingesetzt, um sich lange Reden einzuprägen. Dem antiken griechischen Dichter und Redner Simonides von Keos wird das Verdienst zugeschrieben, diese Mnemotechnik entwickelt zu haben. Angeblich veranstaltete Simonides eines Abends eine große Gesellschaft für zahlreiche Gäste. Als er das Gebäude für ein paar Minuten verließ, um frische Luft zu schnappen, stürzte der ganze Bankettsaal in sich zusammen. Nach dieser Katastrophe waren viele Leichen für die Freunde und Angehörigen nicht mehr identifizierbar. Simonides half bei der Zuordnung der Verunglückten, indem er sich daran zu erinnern versuchte, wo sie an jenem Abend gesessen hatten. Zu diesem Zweck setzte er die Loci-Methode ein.

Ich werde Ihnen nun zeigen, wie Sie sich Stein für Stein Ihren eigenen Gedächtnispalast erbauen können.

DER GEDÄCHTNISPALAST

Das Wichtigste bei der Konstruktion Ihres Gedächtnispalasts ist sein Fundament: Sie müssen ihn an einem Ort erbauen, den Sie so gut kennen wie Ihre Westentasche. Wählen Sie als Grundlage dafür Ihre Wohnung, das Haus, in dem Sie aufgewachsen sind, Ihren Arbeitsplatz oder die Strecke, die Sie jeden Tag zur Arbeit fahren. Jedenfalls sollten Sie sich diesen Ort ganz genau vorstellen können, jedes Detail davon im Kopf haben und sich lebhaft ausmalen können, wie Sie von einem Zimmer ins andere gehen bzw. die Strecke entlangfahren.

Nun müssen Sie die Liste der Dinge, die Sie sich einprägen möchten, mit den Orten in Ihrem Gedächtnispalast verknüpfen. Nehmen wir an, Sie wollen sich Ihre Einkaufsliste für den Heimwerkermarkt merken: eine Dose rote Farbe, mehrere Pinsel, eine Gartenschaufel, Blumenerde und einen Hammer. Wenn Sie Ihren Gedächtnispalast in Ihrem eigenen Zuhause platziert haben, sehen Sie zunächst einmal Ihre Haustür vor Ihrem geistigen Auge. Das ist eine einfache Assoziation: Stellen Sie sich vor, dass über die ganze Haustür rote Farbe verspritzt ist. Wenn Sie das Haus betreten, stehen Sie vor einer Treppe. Stellen Sie sich vor, wie die Pinsel auf den Treppenstufen tanzen. Ihre Borsten sind wie kleine Beinchen, die die Tanzschritte ausführen. Das klingt vielleicht albern, aber je ausgefallener die Bilder sind, die Sie sich ausmalen, desto besser werden Sie sich später daran erinnern können. Nachdem Sie an der Treppe vorbeigegangen sind, betreten Sie die Küche. Stellen Sie sich vor, wie Ihr Mann mit einer Gartenschaufel Müsli aus einer Schüssel isst. Sie gehen an ihm vorbei, werfen einen Blick ins Badezimmer und sehen, dass die Badewanne voller Erde ist. Schließlich betreten Sie Ihr Wohnzimmer und stellen fest, dass die Fernbedienung Ihres Fernsehers mit einem Hammer zerschmettert wurde.

Anfangs werden Sie etwas Zeit dafür brauchen, sich diese Bilder einzuprägen. Doch sobald Sie Ihren Gedächtnispalast besser kennenlernen, wird Ihnen diese Methode zunehmend leichter fallen und Sie werden Ihre geistigen Bilder immer rascher miteinander assoziieren können.

DIE VERKNÜPFUNGSMETHODE

Diese Methode habe ich aus den Büchern von Harry Lorayne gelernt. Harry ist ein legendärer Magier und Gedächtnistrainer, der früher in der *Tonight Show* mit Johnny Carson auftrat. Er schrieb mehrere erfolgreiche Bücher über Mnemotechnik, zum Beispiel *Der schnelle Weg zum guten Gedächtnis*.

Bei seiner Technik prägen Sie sich Ihre Liste ein, indem Sie die einzelnen Punkte durch bildhafte Vorstellungen miteinander verknüpfen. Nehmen wir an, Sie möchten sich folgende drei Namen merken:

■ George Washington

■ John Adams

■ Thomas Jefferson

Um sich den Namen Washington einzuprägen, assoziieren Sie ihn einfach mit dem Wort »waschen«. Der Name Adams erinnert Sie vielleicht an den Adamsapfel eines Mannes. Also stellen Sie sich für die erste Verknüpfung einen Mann mit vorstehendem Adamsapfel vor, der sich den Hals mit Wasser und Seife wäscht. Möglicherweise denken Sie bei dem Namen Jefferson an eine Ihrer Lieblingsbands der 1960er-Jahre: Jefferson Airplane. Stellen Sie sich als Nächstes vor, wie ein Mann mit riesigem Adamsapfel den Jefferson-Airplane-Song »Somebody to Love« singt.

Natürlich wird nicht jeder Mensch mit diesen Bildern arbeiten können. Jeder muss seine eigenen Assoziationen finden, mit deren Hilfe er sich die Begriffe am besten einprägen kann. Ich setze dazu normalerweise eine Kombination aus mehreren verschiedenen Techniken ein. Um Ihnen zu veranschaulichen, mit welchen Methoden ich persönlich am besten zurechtkomme, will ich Ihnen die Geschichte von einem meiner Auftritte erzählen.

SIMONS MNEMOTECHNIK UND DAS PEG-SYSTEM

Vor ein paar Jahren wurde ich zu einem Auftritt im Eishotel im schwedischen Jukkasjärvi eingeladen. Das ist ein herrlicher Ort, an dem alles aus Schnee und Eis besteht – ich habe sogar in einem Bett aus Eis geschlafen. Meine Auftritte dort waren Höhepunkte meiner Karriere.

An einem dieser Abende setzte ich meine Gedächtnistechniken ein, um das Publikum zu verblüffen. Ich bat einige Zuschauer, zu mir auf die Bühne zu kommen und mir die Namen von Personen (lebenden oder toten), Orten oder Gegenständen zuzurufen. Das waren sehr kreative Menschen: Sie begnügten sich nicht mit ganz normalen, alltäglichen Begriffen, sondern überboten sich gegenseitig mit ihrem Einfallsreichtum.

Bevor wir uns die Liste der Wörter ansehen, möchte ich Ihnen erklären, wie ich es schaffe, mir solche Begriffe in der richtigen Reihenfolge zu merken. Ich benutze dazu eine Methode namens »PEG-System«, auch Zahl-Reim-System genannt, mit der man sich Listen äußerst effektiv einprägen kann. Dazu überlegt man sich »PEG-Wörter«, die für Zahlen bzw. für eine bestimmte Reihenfolge stehen. Bei meinem Auftritt an jenem Abend musste ich mir eine Liste von 20 Begriffen merken. Also assoziierte ich zunächst einmal jede der Zahlen von 1 bis 20 mit einer bildlichen Vorstellung. Das geht am besten, indem man den Klang des betreffenden Zahlworts mit einem ähnlich klingenden Begriff verknüpft. Welches Wort klingt so ähnlich wie »eins«? Ihnen wird dabei vermutlich etwas anderes einfallen als mir; wenn das so ist, dann bleiben Sie bei Ihrem Begriff. Im Folgenden finden Sie die Liste der Wörter, die ich mit den Zahlen von 1 bis 20 assoziiere. Die meisten dieser Begriffe werden im PEG-System relativ häufig verwendet.

1 = Bein

2 (zwo) = Zoo

3 = Brei

4 = Stier

5 = Strümpf(e)

6 = Hex(e)

7 = Sieb

8 = Jacht

9 = Scheune

10 = Zähne

11 = Elf(e)

12 = Wolf

13 = Weizen

14 = würzen

15 (fuffzehn) = »wuff!«

16 = schlecht sehen

17 = sitzen

18 = ächzen

19 = sich schnäuzen

20 = Wanze

Gehen Sie diese Liste in Gedanken durch. Wahrscheinlich werden Sie sich nicht alle Assoziationen auf Anhieb merken können. Am besten werden Ihnen vermutlich diejenigen Zahlen-Begriffspaare im Gedächtnis haften bleiben, die sich reimen. Wenn es Paare geben sollte, die Sie sich einfach nicht einprägen können, könnte das ein Hinweis darauf sein, dass Sie sich für die betreffende Zahl eine eigene Assoziation überlegen sollten.

Um diese Bilder noch besser in meinem Gedächtnis zu verfestigen, integriere ich sie zusätzlich in meinen Gedächtnispalast. Das heißt, ich habe jedes Zahlen-Begriffspaar mit einem markanten Punkt auf dem Weg zu meinem Haus in Las Vegas verknüpft. Dadurch, dass ich diese Bilder mit Gegenständen assoziiere, die für mich eine besondere Bedeutung haben, kann ich mir die Assoziationen leichter merken. Es ist schwierig, mit dem PEG-System zu arbeiten, wenn Sie dazu keine geistigen Bilder benutzen, die Ihnen sehr vertraut sind. Und so funktioniert es:

1 = Bein = Vor dem Haus, in dem ich wohne, steht ein Straßenschild. An diesem hebt der Nachbarshund immer das Bein.

2 (zwo) = Zoo = Ganz in der Nähe meines Hauses befindet sich ein kleiner Zoo. Wenn ich aus meinem Auto aussteige, sehe ich den Pfeil mit der Aufschrift »Zoo«.

3 = Brei = Wenn es regnet, verwandelt sich das Laub auf dem Weg zu meiner Haustür in eine Art Brei. Vorsicht – Rutschgefahr!

4 = Stier = Wenn ich von der Arbeit nach Hause komme, hole ich mir als Erstes eine Dose Red Bull aus dem Kühlschrank, um wieder neue Energie zu tanken. Schon beim Anblick des Stiers auf der Dose fühle ich mich fitter.

5 = Strümpf(e) = Dann gehe ich ins Wohnzimmer und ziehe die Schuhe aus, um meine Füße, die jetzt nur noch mit Strümpfen bekleidet sind, hochzulegen.

6 = Hex(e) = Während ich im Sessel sitze, läuft im Fernsehen eine Folge der Serie »Sabrina – total verhext!«

7 = Sieb = Als Nächstes sehe ich nach, was meine Freundin heute zum Abendessen vorbereitet. Sie steht in der Küche, ein großes Sieb mit Nudeln in der Hand.

8 = Jacht = An der Wand unserer Essecke hängt ein Foto von einem Jachthafen, den wir letztes Jahr im Urlaub besucht haben. Die Jachten glänzen in der Sonne.

9 = Scheune = Nach dem Abendessen gehe ich meistens in die Scheune, hole Hacke und Spaten und arbeite ein bisschen im Garten.

10 = Zähne = Dann putze ich mir die Zähne.

11 = Elf(e) = Im Fernsehen läuft nun ein Film mit Elfen.

12 = Wölfe = Wenn es dunkel wird und die Fenster geöffnet sind, kann ich in meinem Haus in den Außenbezirken von Las Vegas die Kojoten heulen hören. Es klingt ein bisschen unheimlich, fast wie Wolfsgeheul.

13 = Weizen = Vor dem Schlafengehen bereitet meine Freundin mir noch eine Portion Müsli aus Weizenflocken zu.

14 = würzen = Sie würzt das Müsli mit Ingwer und Honig.

15 (fuffzehn) = »wuff!« = Der Nachbarshund bellt immer vor Freude darüber, dass er Gassi gehen darf.

16 = schlecht sehen = Er ist nachtblind und kann im Dunkeln schlecht sehen. Deshalb darf er jetzt nicht mehr von der Leine.

17 = sitzen = Nach einem anstrengenden Tag sitze ich gern vor dem Fernseher.

18 = ächzen = Manchmal entfährt mir nach einem besonders anstrengenden Tag ein kleines Ächzen.

19 = sich schnäuzen = Abends bekommt meine Freundin meistens ihre Hausstauballergie-Attacken. Ich lege mich neben sie ins Bett und höre, wie sie anfängt, sich zu schnäuzen.

20 = Wanze = Ich kuschle mich in mein bequemes, warmes Bett und denke daran, wie gut es mir geht. Mit wohligem Schaudern erinnere ich mich an meinen letzten Afrikaurlaub, wo meine Freundin und ich uns in einer Herberge mitten im Busch das Bett mit Wanzen teilen mussten ...

Nun, da Sie wissen, wie Sie sich die Reihenfolge der Punkte auf dieser Liste merken können, sind Sie bereit für den nächsten Schritt: nämlich für die Liste der Gegenstände, die meine Zuschauer im Eishotel mir damals zugerufen haben. Diese Liste lautete folgendermaßen:

Kaninchen

Hund

James Bond

violett

Porsche Boxster

Laptop

Vanilla Sky

Skelett

Museum

Nashorn

Ted Nugent

Kalender

roter Geldbeutel

53 Dollar

Gymnastik

Dubai

Leiter

silberner Ballon

Flachbildschirm

1983

Um mir diese Begriffe in der richtigen Reihenfolge merken zu können, überlegte ich mir, mithilfe welcher bildlichen Vorstellungen ich die PEG-Wörter für die Zahlen mit den Punkten auf der Liste assoziieren könnte. Einige dieser Assoziationen mögen Ihnen komisch oder sogar makaber erscheinen, aber ich verwende eben die mentalen Bilder, mit denen ich am besten arbeiten kann. Denken Sie daran: In der Regel ist es am besten, das eigenartigste Bild zu verwenden, das Ihnen einfällt. Denn verrückte Dinge kann man sich leichter merken als alltägliche.

1. Kaninchen: Ich sehe, wie ein großes, weißes Kaninchen an dem Straßenschild vor meinem Haus das Bein hebt.

2. Hund: Meine Nachbarshündin hat sich in einen Kojoten aus dem Zoo in der Nähe meines Hauses verliebt und zieht jetzt wie verrückt an der Leine, weil sie zu ihm möchte.

3. James Bond: In meinem Garten steht Sean Connery. Er sieht hungrig aus. Ich weiß, dass meine Freundin für heute Abend Kartoffelbrei gekocht hat, und lade ihn zu einer Portion ein.

4. Violett: Meine Freundin hat die Dose Red Bull, die in meinem Kühlschank steht, violett angemalt, weil sie die Blau- und Rottöne, in denen die Dosen sonst immer leuchten, einfach nicht mehr sehen kann.

5. Porsche Boxster: Der elegante Porsche kracht mitten durchs Fenster in mein Wohnzimmer hinein und landet vor meinen Füßen, die inzwischen nur noch in Strümpfen stecken.

6. Laptop: Heute sehe ich mir auf dem Laptop eine Folge der Serie »Sabrina – total verhext« an.

7. Vanilla Sky: Prüfend hebt meine Freundin das Sieb gegen das Küchenfenster, um zu sehen, ob es auch wirklich sauber ist. Durch die feinen, silbernen Maschen des Siebs leuchtet der Abendhimmel. Er duftet intensiv nach Vanille.

8. Skelett: In meiner Essecke, genau vor dem Bild mit dem Jachthafen, steht ein Skelett. Ich wundere mich, warum meine Freundin so ungastlich war. Wieso hat sie dem armen Mann nicht schon längst etwas zu essen angeboten?

9. Museum: Während ich weg war, hat meine Freundin ein Gemälde aus unserem Wohnzimmer, das sie schon immer scheußlich fand, in der Scheune eingelagert.

10. Nashorn: Als ich ins Badezimmer gehe und mir die Zähne putzen will, steht ein Nashorn vor mir. Ich putze sein Horn gleich mit.

11. Ted Nugent: Der Elf im Fernsehen sieht aus wie Ted Nugent.

12. Kalender: Kaum wird es dunkel, fangen die Kojoten wieder an zu heulen. Ich schaue auf den Kalender und denke daran, dass es bald Zeit für unsere Wüstentour wird, die wir in ein paar Wochen machen wollen.

13. Roter Geldbeutel: Diesmal serviert meine Freundin mir mein Weizenflockenmüsli in einem roten Geldbeutel, weil alle Schüsseln schmutzig sind.

14. 53 Dollar: Weil ihr außerdem auch noch die Gewürze ausgegangen sind, würzt sie mein Müsli mit 53 Dollarscheinen.

15. Gymnastik: Statt Gymnastik geht mein Nachbar täglich mit seinem Hund spazieren.

16. Dubai: Im Fernsehen läuft eine Sendung über Dubai. Aber ich sehe heute schlecht und kann sie daher nicht verfolgen.

17. Leiter: Heute steht vor dem Fernseher eine Leiter. Was will mir meine Freundin damit sagen?

18. Silberner Ballon: Ich ächze, weil dieser Tag besonders anstrengend für mich war. Da kommt ein silberner Ballon dahergeflogen. Ich steige ein und schwebe in ihm davon.

19. Flachbildschirm: Während ich höre, wie meine Freundin sich im Schlafzimmer schnäuzt, weil sie wieder einmal ihre Hausstauballer-

gie hat, setze ich mich vor den Flachbildschirmfernseher und schaue mir noch einen Krimi an. Bei dem Geschnäuze kann ich sowieso nicht einschlafen.

20. 1983: Als ich dann schließlich doch ins Bett gehe, sind ganz viele Wanzen darin und grinsen mich schadenfroh an. Sie haben sich so aufgestellt, dass ihre Leiber zusammen die Jahreszahl 1983 bilden.

Einige meiner Assoziationspaare werden für Sie leicht nachvollziehbar sein, andere werden Sie als total eigenartig empfinden. Da wir alle unsere ganz persönlichen Eigenheiten und Erfahrungen haben, werden Ihre Assoziationen anderen Leuten wahrscheinlich ziemlich eigenartig oder lustig vorkommen. Machen Sie sich nichts daraus. Erschaffen Sie sich den Gedächtnispalast, mit dem Sie am besten arbeiten können.

So verrückt manche meiner Assoziationen Ihnen vermutlich vorkommen werden – sie haben mir dennoch geholfen, mir die Liste der Begriffe, die mir meine Zuschauer im Eishotel nannten, gut einzuprägen. Ich konnte mich an alle Wörter erinnern und sie in der richtigen Reihenfolge wiedergeben.

Bitte nicht vergessen ...

Je bewusster uns ist, *wie* unser Informationssystem aufgebaut ist, umso mehr wird uns dieses System bei Aufgaben wie dem Auswendiglernen oder Erinnern von Begriffen und Fakten helfen. Mit anderen Worten: Die Menschen sind verschieden; deshalb werden die Methoden, mit denen ein anderer versucht, sich etwas einzuprägen, bei Ihnen vielleicht nicht so gut funktionieren wie bei dieser anderen Person.

Hier ein paar Tipps für den Anfang:

■ Lernen Sie, Situationen, Details und Erfahrungen zu analysieren. Versuchen Sie, aus allem die relevanten Fakten auszuwählen, und sortieren Sie unnötige Daten oder Informationen aus.

- ■ Werden Sie sich darüber klar, wie Ihr Gedächtnis funktioniert. Gehören Sie zu den Menschen, die sich Informationen am besten merken können, wenn sie sie in sinnvolle Kategorien einteilen, oder können Sie besser lernen, indem Sie bestimmte Anweisungen befolgen oder sich an einem mentalen Bild orientieren? Benutzen Sie die Methode, mit der Sie am besten arbeiten können!

Lassen Sie sich nicht entmutigen, wenn es Ihnen nicht gelingt, innerhalb kürzester Zeit zum Mentalisten zu werden! Denn das ist ein sehr individueller Prozess. Jeder Mensch kann sein Gedächtnis verbessern, doch dazu braucht man Engagement und Durchhaltevermögen, und manches muss man einfach ausprobieren.

KAPITEL 3

Das Auge des Mentalisten: ein geschulter Blick fürs Detail

Wir alle kennen die Berichte über unschuldige Menschen, die aufgrund irrtümlicher Augenzeugenberichte verurteilt wurden. Laut Informationen von Innocence Project – einer Organisation, die sich dafür engagiert, den Freispruch für unrechtmäßig angeklagte Menschen zu erwirken und das Justizsystem zu reformieren – haben falsche Augenzeugenberichte bei über 75 Prozent aller Verurteilungen eine Rolle gespielt, die später aufgrund von DNA-Beweisen wieder aufgehoben wurden.

Solche Irrtümer können auf verschiedene Faktoren zurückzuführen sein: schlechte Sichtverhältnisse, falsche Hinweise des Zeugen und ein unzuverlässiges Gedächtnis, um nur ein paar zu nennen. Aber es steckt auch eine grundlegende Wahrheit dahinter: Die meisten Menschen beobachten tatsächlich nicht immer alles, was um sie herum vorgeht, aufmerksam. Wir sind eben nicht auf Beobachtung programmiert. Und es ist schwierig, sich später an etwas zu erinnern, worauf man nicht von vornherein genau geachtet hat.

Aber Patrick Jane ist kein durchschnittlicher Augenzeuge. Ihm entgeht kaum ein Detail. Er sieht und beachtet Dinge, über die die meisten Menschen nicht weiter nachdenken würden.

Setzen Sie all Ihre Sinne ein!

In Wirklichkeit braucht ein Mentalist mehr als nur einen scharfen Blick. Er muss *alle* seine Sinne einsetzen, um sich einen guten Gesamtüberblick über das Geschehen zu verschaffen.

In Episode 16 der ersten Staffel von *The Mentalist* (»Schwarz wie die Nacht«) verliert Patrick Jane durch einen Unfall vorübergehend das Augenlicht und muss während der gesamten Episode eine Augenbinde tragen. Seiner unheimlichen Fähigkeit, Menschen zu durchschauen und alles zu erfassen, was um ihn herum vorgeht, tut das jedoch keinen Abbruch. Im Gegenteil: In geblendetem Zustand hat Patrick scheinbar eine schärfere Beobachtungsgabe als die meisten Menschen, denen alle fünf Sinne zur Verfügung stehen. Wir benutzen unsere Augen häufig lediglich als Krücke.

In der Episode »Schwarz wie die Nacht« ist Patrick tatsächlich blind, wenn auch nur für kurze Zeit. Doch viele Mentalisten versetzen ihr Publikum mit ihrer Beobachtungsgabe in Erstaunen, indem sie sich die Augen verbinden lassen und die Person oder Situation, um die es geht, in blindem Zustand »lesen«.

Wenn Sie das nächste Mal auf einer Party eingeladen sind, nehmen Sie sich einen Augenblick Zeit, um die Wahrnehmungsfähigkeit all Ihrer Sinnesorgane zu testen. Wahrscheinlich sehen Sie auf der Party eine Menge Männer in Anzug und Krawatte und Frauen in Cocktailkleidern und High Heels. Und vielleicht sehen Sie auch eine Bar, vor der Gäste auf ihre Drinks warten.

Was hören Sie währenddessen? Zweifellos unterhalten sich die Menschen um Sie herum. Wenn Sie diese Gespräche jedoch ein paar Sekunden lang ignorieren, können Sie dann das leise »Plopp« hören, mit dem der Barkeeper eine neue Weinflasche entkorkt? Oder den Verkehr, der draußen vorbeirauscht? Das Schlurfen müder Füße auf dem Parkett?

Welche Gerüche nehmen Sie wahr? Die Vorspeisen locken Sie wahrscheinlich schon den ganzen Abend. Aber riechen Sie auch das Parfüm der Frau, die neben Ihnen steht? Steigt Ihnen ein Hauch des Putzmittels in die Nase, das benutzt wurde, um den Saal für die Party vorzubereiten?

Können Sie, wenn Sie die Vorspeisen probieren, einige der Zutaten herausschmecken? Erkennen Sie, welche Weinsorte Sie trinken, oder können Sie nur zwischen Weißwein und Rotwein unterscheiden?

Als Sie einem anderen Gast die Hand geschüttelt haben, ist Ihnen aufgefallen, wie rau seine Handfläche war? Oder als der Rock einer Frau Sie am Bein streifte: Konnten Sie spüren, aus welchem Material er bestand?

Wenn wir uns nur auf unsere Augen verlassen, entgehen uns all diese anderen Beobachtungen und potenziellen Chancen, etwas über unsere Mitmenschen zu erfahren. Versetzen Sie sich einmal in Patrick Janes Situation: Ihnen wird ein Beweisstück ausgehändigt. Glauben Sie, dass Patrick sich in diesem Augenblick an das meisterhafte Sherlock-Holmes-Szenario in *Das Zeichen der Vier* erinnert und seine superscharfe Beobachtungsgabe nutzt, um die verborgenen Geheimnisse dieses Gegenstands zu enthüllen?

Achten Sie auf jeden Hinweis

In diesem Buch geht es hauptsächlich um das »Lesen« – also um die Fähigkeit, einem Menschen zum ersten Mal zu begegnen oder einen Gegenstand zum ersten Mal in der Hand zu halten und ihm dabei auf Anhieb eine Menge Informationen zu entlocken.

Oft gelingt es Patrick Jane, einen skeptischen Menschen zu überzeugen, indem er auf Anhieb ein Urteil über ihn fällt. Das ist eine wichtige Strategie von Mentalisten.

Vermutlich kommt es Ihnen etwas sonderbar vor, mentalistische Fähigkeiten einzusetzen, die aus dem Instrumentarium selbst ernannter Medien und übersinnlich begabter Menschen entlehnt sind – beispielsweise Cold Readings (mehr darüber erfahren Sie in Kapitel 7) –, aber Sie sollten diese Fähigkeiten nicht für betrügerische Praktiken halten. Schließlich wurden die Techniken und Strategien der Mentalisten von einer der berühmtesten literarischen Gestalten der Welt auf brillante Art und Weise eingesetzt – und in den Dienst der Gerechtigkeit gestellt. Viele Techniken der messerscharfen Beobachtung und Schlussfolgerung, die ich in diesem Buch beschreibe und mit denen auch Patrick Jane arbeitet, sind den Sherlock-Holmes-Romanen entnommen.

In der ersten Szene von Sir Arthur Conan Doyles Buch *Das Zeichen der Vier* händigt Dr. Watson Sherlock Holmes eine Taschenuhr aus, die er vor Kurzem geerbt hat – und fordert Holmes auf, den Charakter des verstorbenen Besitzers dieser Uhr zu beschreiben.

Nach einer kurzen Pause äußert Holmes die Vermutung, dass die Uhr Watsons älterem Bruder gehört hat.

> »Dein Bruder war ein sehr unordentlicher und leichtsinniger Mann«, sagt Holmes. »Er hatte gute Zukunftsaussichten, aber er hat seine Chancen vertan, lebte eine Zeit lang in Armut, kam zwischendurch immer wieder einmal zu Reichtum, begann schließlich zu trinken und starb.«

Holmes hatte recht!

Das gleiche Phänomen erleben wir auch bei Patrick Jane immer wieder. Man legt ihm einen Gegenstand vor (in der Folge »Tisch 43« handelt es sich dabei um eine abgetrennte Hand), und er kann scheinbar aus dem Nichts Informationen über die Vorgeschichte und den Besitzer dieses Objekts liefern, so wie es auch in den Geschichten von Holmes und Watson immer wieder vorkommt. Manchmal kann ein Mentalist sich beim »Lesen« eines Objekts auch auf das Umfeld oder auf Gespräche stützen. Doch oft stehen ihm keine derartigen zusätzlichen Informationen zur Verfügung und er kann seine Schlussfolgerungen nur aus dem Gegenstand selbst ziehen.

Patrick Jane geht dabei folgendermaßen vor:

Kommen wir noch einmal auf das Beispiel der abgetrennten Hand in »Tisch 43« zurück. Die Episode beginnt damit, dass das Ermittlerteam auf einer Landstraße einen grausigen Fund macht: Es handelt sich dabei eindeutig um die Hand eines Mannes, und in deren Handfläche wurde die Zahl 43 geschrieben. Patrick lässt sich auf seine Knie nieder, um sich die Hand genau anzusehen, macht dabei mehrere Beobachtungen und riecht sogar daran. Ja, Sie haben richtig gelesen: Er riecht an der abgetrennten Hand. Man muss alle Sinne einsetzen.

Da die Tinte bereits verblasst ist und die Buchstaben recht klein sind, kommt Patrick zu dem Schluss, dass die Zahl 43 wahrscheinlich nicht vom Mörder in die Handfläche geschrieben wurde. Vermutlich hat das Opfer sie selbst auf seiner Hand vermerkt. Die Zahl steht auf der rechten Hand, also ist davon auszugehen, dass das Opfer Linkshänder war.

Seine Nase verrät Jane, dass die Hand des Ermordeten nach Mandelöl-Feuchtigkeitscreme und Tabak riecht und dass er ein Eau de Cologne mit Moschusduft benutzt hat. Außerdem fällt ihm auf, dass das Opfer professionell manikürte Fingernägel und weiche Handflächen hatte. All das deutet darauf hin, dass der Mann wohlhabend war.

Schließlich macht Patrick seine Kollegen auf eine blassere Linie am kleinen Finger aufmerksam. Eindeutig hatte das Opfer an diesem Finger einen Ring getragen. Im Allgemeinen, so Patrick Jane, deuten Ringe am kleinen Finger darauf hin, dass der Träger ein extrovertierter Mensch sei.

Nach dieser gründlichen, wenn auch etwas eigenartigen Untersuchung der Hand des Ermordeten erklärt Patrick, dass sie jemandem gehörte, der »im oberen Management in der Hotel- oder Glücksspielbranche tätig war«.

Einer der CBI-Agenten, Kimball Cho, zweifelt an der Fähigkeit des Mentalisten, das alles herausfinden zu können, indem er sich die Hand einfach nur ansieht und an ihr schnuppert, und lässt sich auf eine Wette um bescheidene 35 Cent ein, die er Patrick zahlen will, wenn dieser mit seinen Schlussfolgerungen recht behält.

Man sollte sich jedoch nie auf eine Wette mit Patrick Jane einlassen. Natürlich stellt sich am Ende der Episode heraus, dass er mit all seinen Aussagen recht hatte. Wenn nicht, wäre es wohl auch keine so erfolgreiche Fernsehserie ...

Dies ist jedoch nicht einfach ein realitätsfremder Fall, der fürs Fernsehen konstruiert wurde. In Wahrheit sind Patrick Janes Schlussfolgerungen durchaus vernünftig und realistisch. Das kann ich Ihnen beweisen, indem ich Ihnen ein weiteres Beispiel präsentiere. Nehmen wir an, der Gegenstand, den Sie »lesen« sollen, ist eine ganz normale silberne Uhr. Wie wollen Sie das bewerkstelligen? Haben Sie die Fähigkeiten dazu? Natürlich.

Fangen wir an. Ich werde Ihnen nun Schritt für Schritt meine Geheimnisse enthüllen. Wir beginnen mit der Kunst, Gegenstände zu lesen, und werden dann noch tiefer in die raffinierte Welt der Mentalisten eintauchen.

Innehalten, nachdenken, beobachten

Nehmen Sie sich eine Sekunde Zeit und denken Sie darüber nach, welche Informationen Sie aus einem Gegenstand herauslesen würden, der vor Ihnen liegt.

In diesem Fall handelt es sich um eine silberne Uhr. Welche Geschichte erzählt Ihnen diese Uhr?

Zunächst einmal können Sie ein paar einfache Beobachtungen anstellen. Früher hätten Sie diese Dinge wahrscheinlich als selbstverständlich hingenommen oder wären gar nicht auf die Idee gekommen, innezuhalten und sie zu beobachten. Glänzt das silberne Gehäuse der Uhr oder hat es einen matten Schimmer? Ist das Silber angelaufen? Ist das Gehäuse an einer Seite stärker abgenutzt als an der anderen? Trägt die Uhr ein Markenzeichen oder einen Vermerk, an dem man ablesen kann, aus welcher Zeit sie stammt?

All diese Informationen können Ihnen helfen, herauszufinden, woher die Uhr stammt und wem sie gehören mag.

Nehmen Sie sich so viel Zeit, wie Sie benötigen, um sich die Uhr genau anzusehen. Sprechen Sie bei der Beschreibung Ihrer Beobachtungen nicht zu schnell, denn was Sie einmal gesagt haben, lässt sich nicht mehr zurücknehmen.

Nehmen wir an, Sie stellen fest, dass die Uhr an manchen Stellen abgerieben ist, als sei sie mit anderen Oberflächen in Berührung gekommen. Trotzdem glänzt sie. Wenn die Uhr durch häufiges Tragen abgenutzt ist, verrät Ihnen dieser Glanz, dass es sich dabei um ein Lieblingsstück seiner Besitzerin handelt – sie hing so sehr an ihrer Uhr, dass sie sie immer wieder mit einem Silbertuch poliert hat, damit sie ihren hübschen Glanz nicht verliert. Und wenn die Besitzerin eine so enge Beziehung zu dieser Uhr hatte, handelt es sich dabei möglicherweise um ein Geschenk oder Familienerbstück.

Wenn Sie die Besitzerin der Uhr nicht vor sich haben, können Sie beispielsweise darauf achten, wie lang oder kurz die Bänder der Uhr sind, um daraus auf den Umfang des Handgelenks der Frau zu schließen. Ein schmaleres Handgelenk deutet normalerweise auf eine zierlichere Person hin.

Welche Farben oder Formen entdecken Sie an der Uhr? Oft lässt sich ein Zusammenhang zwischen bestimmten Farben und der Grundstimmung einer Person feststellen. Hellere Farben werden häufig von freundlichen, optimistischen Menschen getragen, während dunkle Farben auf eine pessimistischere Persönlichkeit hindeuten.

Dadurch, dass Sie die Uhr in der Hand gehalten haben, können Sie bereits sagen, dass ihre Besitzerin wahrscheinlich eine eher zierliche Frau ist, die die Uhr als Geschenk erhalten oder geerbt hat. Sie betrachtet diese Uhr als eines ihrer Lieblingsschmuckstücke und trägt sie häufig. Sie ist ein relativ glücklicher, zufriedener Mensch.

So viele Erkenntnisse – und dabei sind Sie dieser Person noch nie begegnet! Nun wollen wir etwas weitergehen. Nicht alle Hinweise erschließen sich durch bloße Beobachtung. Sie müssen den zu analysierenden Gegenstand richtig studieren! Das heißt, Sie müssen auch den Kontext in Ihre Beobachtungen einfließen lassen.

Wenn Sie gut aufgepasst haben, wissen Sie bereits, dass Gegenstände, die von Linkshändern getragen werden, sich an anderen Stellen abnutzen als Objekte, die ein Rechtshänder trägt. Halten Sie die Uhr mit dem Gehäuse und dem Verschluss nach rechts und untersuchen Sie die Abnutzungen und Verfärbungen an der Innenseite. Wenn der untere Teil der Innenseite verfärbt ist und der obere Teil der Innenseite glänzt, als sei er poliert, kann man davon ausgehen, dass die Uhr am linken Handgelenk getragen wurde: Die natürlichen Fette der Haut haben eine chemische Reaktion verursacht, durch die die Innenseite der Uhr sich im Lauf der Zeit verfärbte, doch die ständige Reibung des oberen Teils der Innenseite am Handgelenk der Trägerin hat dazu geführt, dass sich diese Verfärbung abnutzte; folglich muss sie die Uhr am linken Handgelenk getragen haben. Und daraus können wir wiederum schließen, dass die Frau Rechtshänderin ist. Wenn Sie sich eingehend mit Beobachtungen befasst haben, wissen Sie womöglich, dass Brillen mit einem schmalen Gestell jemandem gehören müssen, der einen schmaleren Kopf hat, und Menschen mit schmalem Kopf sind normalerweise kleiner als Personen mit breitem Kopf. Und Sie werden auch wissen, dass jeder Typ Mensch seine Schuhe ein bisschen anders abträgt.

Und so gibt es noch unendlich viele hilfreiche Beobachtungen, die nicht leicht zu erlernen sind. Es ist besser, sich diese Schlussfolgerungen durch jahrelanges geduldiges Beobachten zu eigen zu machen. Sie müssen Ihre Mitmenschen Tag für Tag genau studieren, um einen Blick für all diese Besonderheiten zu bekommen, und dabei immer daran denken, dass diese Ihnen später dabei helfen können, Gegenstände richtig zu »lesen«.

Als Nächstes beschäftigen wir uns damit, was wir tun können, wenn wir die zu lesende Person vor uns haben. Wie können wir unseren Eindruck von dieser Person in unsere Beobachtungen einfließen lassen?

▪ ▪

BEOBACHTUNGSÜBUNG FÜR MENTALISTEN
Ein Bild sagt mehr als tausend Worte

Diese Übung eignet sich gut für eine Gruppe angehender Mentalisten.

Wählen Sie aus einer Zeitschrift ein Foto aus, auf dem viel zu sehen ist, und lassen Sie dann alle Übungsteilnehmer nacheinander möglichst viele Details dieses Fotos notieren. Wenn Sie ihnen dafür ein Zeitlimit setzen möchten, können Sie das tun, es ist allerdings sehr wichtig, jedem Teilnehmer genügend Zeit zu geben, damit er das Foto eingehend studieren kann.

Sobald jeder seine Beobachtungen niedergeschrieben hat, vergleichen Sie die Notizen der Teilnehmer miteinander. Sind einigen vielleicht Dinge aufgefallen, die Sie nicht bemerkt haben? Denken Sie darüber nach, weshalb Ihnen bestimmte Details entgangen sind, und überlegen Sie, wie Sie sich darauf trainieren können, beim nächsten Mal genauer hinzusehen.

▪ ▪

Wie man Menschen beobachtet

Wie ich schon gesagt habe: Wir konnten sehr viele Informationen über die silberne Uhr gewinnen, ohne ihre Besitzerin vor uns zu haben. Wie wäre es, wenn wir zusätzlich eine Person und deren Interaktionen mit der Umgebung beobachten könnten? Das kann uns viel genauere Einsichten liefern.

Aufschlussreiche Hinweise über einen anderen Menschen sind buchstäblich über seinen ganzen Körper verteilt. Wir können zum Beispiel feststellen, ob jemand Kontaktlinsen trägt, indem wir auf den Druck und die Spannung direkt unterhalb seines Augenlids achten. Denn bei

Kontaktlinsenträgern ist die Haut unterhalb des Lids stärker gespannt oder gedehnt.

Auch ein Blick auf die Schuhe Ihres Gegenübers verrät Ihnen eine Menge über diese Person. Sind die Schuhe abgewetzt? Schmutzig? Könnte es sich dabei um Arbeitsschuhe handeln? Sind die Schuhe teuer? Wenn Sie das nicht gut beurteilen können, besuchen Sie die Schuhabteilungen verschiedener Kaufhäuser. Lernen Sie zwischen verschiedenen Materialien, Modellen und Oberflächenstrukturen zu unterscheiden. Besuchen Sie »billige« und »teure« Schuhgeschäfte und vergleichen Sie die Produkte, die dort angeboten werden, miteinander. Beschäftigen Sie sich ausgiebig mit den charakteristischen Merkmalen teurer Designerschuhe.

Einmal kam eine Schuhverkäuferin mit der Bemerkung auf mich zu, dass ein Paar Halbschuhe von Gucci mir gut stehen würden. Ich probierte sie an (sie waren wirklich fantastisch), doch dann warf ich einen Blick auf das Preisschild. Fast 350 Euro. Sie können sich sicherlich denken, dass ich diese Schuhe nie wieder vergessen habe, und als ich sie später einmal an einem Herrn in meinem Publikum bemerkte, sprach ich ihn darauf an. Ich weiß, dass Menschen, die viel Geld in Schuhe investieren, in der Regel nichts dagegen einzuwenden haben, Aufmerksamkeit zu erregen – manchmal legen sie es sogar geradezu darauf an. Meine Beobachtung verriet mir also eine ganze Menge über den finanziellen Status und die Persönlichkeit dieses Mannes.

Sie müssen den Menschen, der vor Ihnen steht, mit Ihren Blicken förmlich sezieren.

Schauen Sie sich seine Hände an. Sind sie schwielig? Wenn ja – was verrät Ihnen das? Wahrscheinlich arbeitet er viel mit seinen Händen oder hebt häufig Gewichte. Wenn er körperlich nicht gut in Form ist, können Sie das Gewichtheben als Ursache für die Hornhäute an seinen Händen ausschließen.

Wie sehen die Fingernägel aus? Sind sie gepflegt oder abgebissen? Ich persönlich hasse mich dafür, dass ich an meinen Nägeln kaue. Ich weiß nur allzu genau, dass das ein Zeichen von Nervosität ist; häufig bedeutet es, dass jemand sich aus irgendeinem Grund Sorgen macht. Wenn es mir gut geht und ich ruhig, entspannt und fokussiert bin, beiße ich normalerweise auch nicht an den Nägeln.

Auch die Hautfarbe verrät eine Menge über einen Menschen – zum Beispiel über seine Erbanlagen oder seine Nationalität. Vielleicht bedeutet sie aber auch nur, dass die betreffende Person ein Sonnenanbeter ist. Menschen, die viele Stunden in der Sonne verbringen, haben zusätzlich zur dunkleren Hauttönung auch mehr Krähenfüße. Ein solcher Mensch arbeitet wahrscheinlich im Freien – oder er hat eine Menge Geld und verbringt viel Zeit am Strand.

Oder sieht die Haut Ihres Gegenübers nicht sonnengebräunt aus, sondern eher künstlich braun? Wenn Sie den Verdacht haben, dass die Person eine Tönungscreme oder einen Selbstbräuner verwendet, können Sie davon ausgehen, dass ihr Aussehen für sie sehr wichtig ist.

Wenn eine Frau sich sehr auffallend oder sogar etwas verrückt kleidet – zum Beispiel Hotpants oder ein Muster in schrillen Farben trägt –, können Sie daraus schließen, dass Sie entweder ein künstlerisch veranlagter Typ oder bezüglich der aktuellen Mode nicht auf dem Laufenden ist. Tief ausgeschnittene Blusen und kurze Röcke deuten häufig darauf hin, dass diese Frau sich in ihrem Körper wohlfühlt. Wenn sie eine Strumpfhose trägt, können Sie sich überlegen, ob sie gern konservativ und korrekt gekleidet sein möchte oder ob sie ihre Beine nicht zeigen will.

An der Art, wie ein Mensch seinen Gürtel schnallt, sich seine Krawatte umbindet oder seine Armbanduhr trägt, können wir erkennen, ob er Rechts- oder Linkshänder ist. Wir können auch darauf achten, welche Hand er beim Gestikulieren hauptsächlich verwendet.

Sobald Sie all das herausgefunden haben, können Sie einen Schritt weitergehen. Da Rechts- bzw. Linkshändigkeit ein Hinweis auf die Gehirnfunktion ist, lässt dieses scheinbar unwichtige Detail Rückschlüsse auf die Persönlichkeit Ihres Gegenübers zu. Nur einer von zehn Menschen ist Linkshänder, also ist es einfacher und sinnvoller, uns bei der Vertiefung eines Readings auf die Informationen zu stützen, die wir über diese kleine

Bevölkerungsgruppe haben. Die meisten Menschen nutzen beim Denken vorwiegend ihre linke, rationale Gehirnhälfte, Linkshänder dagegen stützen sich in erster Linie auf ihre kreative rechte Gehirnhälfte. Sie sind eher künstlerisch und musisch veranlagt und neigen zu unkonventionellem Denken.

Linkshänder haben schon seit Jahrhunderten einen ziemlich schlechten Ruf. Selbst in der Bibel werden der rechten Hand positivere Eigenschaften zugeschrieben als der linken. Zumindest steht dort an keiner Stelle, dass sich der Ehrenplatz »zur linken Seite Gottes« befindet. Auch die meisten Werkzeuge sind auf die Bedürfnisse von Rechtshändern zugeschnitten. Linkshänder müssen spezielle Scheren, Dosenöffner und Korkenzieher benutzen oder umlernen, um diese Arbeiten mit der rechten Hand erledigen zu können. Trotzdem sind bzw. waren einige der erfolgreichsten und klügsten Köpfe der Welt Linkshänder – zum Beispiel Bill Clinton, Mahatma Gandhi, Robert Redford, Mark Twain, Kurt Cobain und Jimi Hendrix.

Wie können Sie sich diese Information zunutze machen? Wenden Sie Ihr Wissen über die beiden Gehirnhälften beispielsweise auf das Leben »Ihres« Linkshänders an und leiten Sie daraus ein paar allgemeine Schlussfolgerungen ab. Ein Reading für einen Linkshänder könnte sich so anhören:

»Ich glaube, Sie sind eine starke, eigenständige Persönlichkeit, und ich spüre bei Ihnen auch eine große Familienverbundenheit. Sie sind ein großzügiger Mensch und sorgen sich ein bisschen darüber, nicht genug für andere zu tun. Ich kann mir vorstellen, dass Sie etwas Kreatives vorhaben. Vielleicht werden Sie etwas schreiben? Das sehe ich nicht so genau ... Welches Hobby oder künstlerische Projekt haben Sie vor Jahren aufgegeben, würden es aber gerne wieder aufnehmen?«

Achten Sie darauf, nicht zu viele direkte Ja/Nein-Fragen zu stellen, denn wenn Sie Gedanken lesen können, erwartet man von Ihnen, dass Sie alle Antworten bereits wissen. Liefern Sie Ihrem Gesprächspartner stattdessen lieber die Informationen, die Sie haben, und lassen Sie ihn dann die Details ergänzen. Beenden Sie das Reading stets mit ein paar positiven Aussagen, damit Ihr Gesprächspartner zufrieden ist.

An all diese Fragen und Beobachtungsmöglichkeiten zu denken, ist für einen unerfahrenen Mentalisten möglicherweise beängstigend, es ist jedoch unbedingt erforderlich. Zwar können wir auch aus einem Gegenstand nützliche Informationen über dessen Besitzer ableiten, aber natürlich ist es aufschlussreicher, eine Person zu »lesen«, die direkt vor einem steht, und dabei auch den ganzen Kontext zu berücksichtigen. Für sich allein genommen werden Ihre Beobachtungen Ihnen vielleicht nicht das Gefühl geben, ein guter Mentalist zu sein, doch zusammen ergeben Ihre Informationen über den Gegenstand und die Person mitsamt ihrer Kleidung eine zutreffende Beurteilung, die Ihrem Publikum gefallen wird.

WIE MAN IN GESICHTERN LIEST

Ein großer Teil meiner Arbeit als Mentalist basiert auf sogenannten Mikroausdrücken: flüchtigen, unwillkürlichen Gesichtsausdrücken meines Gegenübers. Wenn ich die Mimik deute, kann ich einen Menschen viel besser durchschauen. Mikroausdrücke sind kleine, kaum merkliche Bewegungen der Gesichtsmuskeln, die man macht, wenn viel auf dem Spiel steht und man die Bewegungen von Mund, Augen oder Stirn daher nicht unter Kontrolle halten kann.

▪ ▪

DER MENTOR DES MENTALISTEN

Patrick Jane studiert mit Sicherheit die Mikroausdrücke der Tatverdächtigen, die er verhört, doch Dr. Cal Lightman aus der amerikanischen Fernsehserie *Lie to Me* wendet diese Technik häufiger an. In der Serie wird Lightman als führender Täuschungsexperte der Welt vorgestellt und setzt viele von Patrick Janes Beobachtungstechniken auf offenkundigere, wissenschaftlichere Art ein. Mikroausdrücke stehen eindeutig im Mittelpunkt dieser Fernsehserie.

▪ ▪

■ ■

Diese unwillkürlichen Gesichtsausdrücke wurden schon vor über 40 Jahren entdeckt und diskutiert. Paul Ekman – dessen Forschungen Dr. Cal Lightman in seiner Tätigkeit teilweise aufgreift – hat einen großen Teil seiner Karriere damit zugebracht, diese verräterischen Gesichtsmuskelbewegungen zu erforschen und zu katalogisieren und gilt daher als Koryphäe auf diesem Gebiet. Seine Studien gehen weit über die Dinge hinaus, die ein Mentalist wissen muss.

■ ■

In Kapitel 4 werde ich näher auf autonome Augenbewegungen eingehen, und das ist im Wesentlichen alles, was Sie als Mentalist über Mikroausdrücke und Lügendetektion wissen müssen. Autonome Augenbewegungen verraten Ihnen, was Ihr Gesprächspartner gerade denkt, Sie brauchen dabei nur auf seine Augenbewegungen beim Sprechen zu achten. Je nachdem, ob eine Person nach oben, nach unten oder nach vorn schaut, können Sie erkennen, ob sie gerade auf visuelle, auditive oder emotionale Erinnerungen bzw. Gedanken zugreift. Wenn Sie diese Technik beherrschen, haben Sie ein sehr wirksames mentalistisches Werkzeug in der Hand.

Patrick Jane weiß genau, dass die Augen Fenster zur Seele eines Menschen sind. Wenn man ihn fragt, woran er erkennt, dass ein Tatverdächtiger die Wahrheit spricht und den Mord nicht begangen hat, sagt er oft einfach: »Ich sehe es in seinen Augen.«

Der Theorie zufolge können Mikroausdrücke sieben verschiedene Emotionen verraten: Glück, Angst, Traurigkeit, Verachtung, Wut, Abscheu und Überraschung. Sie können so flüchtig sein, dass man sie kaum bemerkt, manchmal sind sie jedoch bewusster und verräterischer.

Hier ein paar der wichtigsten Methoden, um diese sechs Schlüsselemotionen anhand von Mikroausdrücken zu erkennen:

■ Glück – Wenn ein Mensch glücklich ist, lächelt er. Aber es ist leicht, ein Lächeln vorzutäuschen, obwohl manche Menschen das besser können als andere. Wenn man erkennen will, ob jemand wirklich glücklich ist, muss man auf seine Augen achten. Bilden sich beim Lächeln Krähenfüße und bewegt sich die Haut rund um die Augen? Wenn nicht, ist das Lächeln nicht echt.

■ Angst – Dieses Gefühl können Sie erkennen, indem Sie auf die Lippen, Augen und Augenbrauen einer Person achten. Ziehen sich die Lippen waagerecht zu den Ohren hin, heben sich die Augenbrauen? Auch die Augenlider eines ängstlichen Menschen sind angehoben und angespannt.

■ Traurigkeit – Anzeichen von Traurigkeit oder Niedergeschlagenheit können Sie ebenfalls an den Augen erkennen. Wenn jemand seine Augenlider und Augenbrauen hängen lässt, ist er wahrscheinlich traurig. Ein weiteres typisches Zeichen dafür ist ein richtungsloser Blick. Auch ein »Schmollmund« lässt sich nicht so leicht vortäuschen.

■ Verachtung – Wenn sich nur eine Gesichtshälfte Ihres Gegenübers bewegt, ist das ein deutliches Zeichen für Verachtung. Wenn die Lippen sich lediglich auf der linken Seite bewegen und vielleicht sogar so aussehen, als zuckten sie, dann empfindet dieser Mensch Verachtung. Bei dieser verräterischen Bewegung kann es sich um ein kaum merkliches Kräuseln der Lippen, aber auch um eine Schrägneigung des ganzen Kopfes handeln.

■ Wut – Wütende Menschen neigen dazu, ihren Blick und ihre Augenlider nach unten zu richten. Die Augenbewegung ist ein subtiles Anzeichen von Zorn, manchmal beobachten Sie zusätzlich dazu das offenkundigere Verzerren des Mundes.

■ Abscheu – Diese Empfindung erkennt man an der Oberlippe und Nase einer Person. Wenn jemand die Oberlippe hochzieht und dabei seine Zähne entblößt, deutet das auf Ekel oder Abscheu hin. Häufig wird diese Bewegung von einem Naserümpfen begleitet.

Wie bereits erwähnt, sind diese Mikroausdrücke nicht immer leicht zu erkennen. Oft sind sie so flüchtig, dass sie dem unerfahrenen Mentalisten entgehen, aber sie sind wertvolle Hinweise, denn nur ein Mensch mit sehr starkem Willen und Geistesgegenwart kann auf eine Stresssituation reagieren, ohne sich durch einen dieser Mikroausdrücke zu verraten.

Bereit für den nächsten Schritt

Nun, da wir gelernt haben, Hinweise an Gegenständen und Menschen mithilfe unserer Sinne wahrzunehmen, können wir noch tiefer in die Materie einsteigen. Beobachtung ist bei jeder Ermittlung und jedem wissenschaftlichen Prozess ein wichtiger Schritt. Ohne scharfe Beobachtung wissen wir nicht, welche Fragen wir stellen oder welche Schlussfolgerungen wir ziehen sollen. Deshalb ist genaue und gründliche Beobachtung so wichtig.

Und nun wollen wir herausfinden, ob unsere Beobachtungen uns helfen, die Wahrheit zu entdecken.

KAPITEL 4

Lügen, nichts als Lügen ...

»Lügen sind oft viel plausibler und sprechen den menschlichen Verstand mehr an als die Realität, denn der Lügner hat den großen Vorteil, vorher zu wissen, was seine Zuhörer erwarten oder gern hören möchten.«

– HANNAH ARENDT

Stellen Sie sich vor, Sie könnten erkennen, ob jemand lügt oder die Wahrheit sagt. Wie nutzen Sie diese Fähigkeit in Ihrem Alltagsleben? Bei einer wichtigen Besprechung? Oder beim Kauf eines Autos?

Haben wir es wirklich nötig, uns auf diese Weise gegen unsere Mitmenschen zu wappnen?

Wir alle kennen den berühmten Witz unter Rechtsanwälten: »Woran merkt man, dass ein Rechtsanwalt lügt? Ganz einfach: Seine Lippen bewegen sich.«

Spaß beiseite: Die Fähigkeit, verlogene oder betrügerische Menschen zu entlarven und richtig mit ihnen umzugehen, kann eine der wichtigsten Waffen in Ihrem Leben sein. Sie wird dazu beitragen, Ihre Beziehungen, Ihr Berufsleben und Ihre täglichen Kontakte mit anderen Menschen zu verbessern. Dieses Wissen ist ebenfalls äußerst hilfreich für Manager, Arbeitgeber und in allen Alltagssituationen, in denen es wichtig ist, die Wahrheit von einer Lüge zu unterscheiden – und zwar deshalb, weil Sie sich dadurch vor Betrug, Gaunereien und anderen Vorspiegelungen falscher Tatsachen schützen können.

* * *

Patrick Jane merkt sofort, ob jemand ehrlich ist oder ihn täuschen möchte. Das verdankt er in erster Linie seiner Fähigkeit der »intuitiven Beobachtung«. Mithilfe dieser Gabe gelangt er zu Schlussfolgerungen, die er aus seiner Umgebung und aus dem Verhalten der Menschen in seinem Umfeld ableitet.

Wenn Sie ein echter Mentalist werden möchten, müssen all diese verschiedenen Techniken in Ihrem Gehirn zu einem nahtlosen Ganzen verschmelzen. Sie müssen die nützlichen Ideen, Konzepte und Strategien, die ich Ihnen in diesem Buch vermittle, innerhalb eines Sekundenbruchteils abrufen können.

Die Techniken, mit deren Hilfe Patrick Jane feststellt, ob jemand die Wahrheit sagt oder nicht, werden häufig auch von Privatdetektiven und Polizeibeamten eingesetzt, um Lügner zu entlarven – zum Beispiel, wenn jemand vortäuscht, unter Hypnose zu stehen.

■ ■

LÜGENDETEKTION – SEGEN ODER FLUCH?

Möchten Sie es wirklich immer so genau wissen, wenn jemand Sie belügt? Wahrscheinlich nicht. Manchmal kann Unwissenheit auch ein Segen sein. Denn wenn Sie in der Lage sind, Wahrheit und Lüge voneinander zu unterscheiden, werden Sie verletzt sein, wenn jemand Sie offenkundig belügt. Sobald Sie Lügen erkennen können, gibt es kein Zurück mehr.

■ ■

Verschiedene Arten von Lügnern

Bevor wir lernen können, Lügen zu durchschauen, müssen wir uns klarmachen, dass es verschiedene Arten von Lügnern gibt.

Vielleicht haben Sie schon einmal gehört, wie ein Freund einen seiner Mitschüler beschuldigte, ein »zwanghafter Lügner« zu sein. Kinder sagen zwar oft Dinge, von denen sie nichts verstehen, aber es stimmt tatsächlich, dass viele Menschen schon in sehr jungen Jahren Verhaltensmuster eines zwanghaften Lügners entwickeln: Das heißt, sie lügen einfach aus Gewohnheit.

Folgende Arten von Lügnern werden Ihnen im Lauf Ihres Lebens möglicherweise begegnen:

■ Zwanghafte Lügner – Diese Menschen lügen aus Gewohnheit, für sie ist das völlig normal. Sie tischen ihren Mitmenschen fortwährend größere oder kleinere Lügen auf. Oft haben sie diese Gewohnheit bereits in der Kindheit erworben – vielleicht, weil sie damals gezwungen waren zu lügen.

■ Krankhafte Lügner – Während zwanghafte Lügner die Unwahrheit sagen, weil sie es gewohnt sind und das Lügen einfach zu einem Teil ihrer Lebensweise gemacht haben, definiert man krankhafte Lügner als Menschen, die immer wieder lügen, um das zu erreichen, was sie wollen. Ihnen ist es – im Gegensatz zu den zwanghaften Lügnern – wichtig, eine Situation mithilfe manipulativer Techniken unter Kontrolle zu bekommen.

■ Gelegenheitslügner – Wie ich später noch näher ausführen werde, sagen alle Menschen hin und wieder die Unwahrheit. Manche lügen öfter als andere, um einer verzwickten Situation zu entkommen. Oft rühren diese gelegentlichen Lügen von der Angst her, bestraft zu werden.

■ Professionelle Lügner – Zu dieser Kategorie gehören beispielsweise Autohändler und Rechtsanwälte. Nein! Natürlich bezeichne ich nicht jeden Autohändler und jeden Anwalt als Lügner, es gibt allerdings tatsächlich Menschen, bei denen das Lügen zum Beruf gehört. Solche Leute lügen Sie an, um Ihnen etwas zu verkaufen oder ein Geschäft mit Ihnen abzuschließen. Ob im Konferenzraum oder im Lebensmittelladen – ein solcher Mensch will Ihnen unbedingt etwas einreden und schreckt dabei vor nichts zurück.

Patrick Jane ist selbst ein professioneller Lügner. In seiner bewegten Vergangenheit hat er mit seinen Lügen Menschen hinters Licht geführt, die leichtgläubig genug waren, seinen Behauptungen Glauben zu schenken. Doch seit dem Mord an seiner Familie nutzt er seine Fähigkeiten im California Bureau of Investigation nur noch zum Wohl der Menschen. Er hat einen Weg gefunden, mithilfe von Lügen die Wahrheit aufzudecken. Und wer eignet sich besser zum menschlichen Lügendetektor als jemand, der selbst meisterhaft lügen kann?

So trainieren Sie Ihr inneres Radarsystem

Wir alle glauben, ein gutes Radarsystem für die Lügen unserer Mitmenschen zu haben. Manchmal ist es eine Art Bauchgefühl. Häufig erkennen wir an der Körpersprache oder der Art und Weise, wie jemand etwas sagt, dass er lügt.

Wir alle besitzen die angeborene Fähigkeit zu merken, wenn jemand lügt. Denn fast jeder Lügner verrät sich durch bestimmte Zeichen, die wir oft instinktiv erkennen, ohne uns dessen bewusst zu sein.

Aber was wäre, wenn Sie genau wüssten, auf welche Warnsignale Sie achten müssen? Wenn Ihnen zum Beispiel klar wäre, dass jemand, der in eine bestimmte Richtung schaut, sich an etwas erinnert, was tatsächlich geschehen ist? Wenn diese Person aber in eine andere Richtung sieht, versucht sie sich eine Begebenheit auszumalen, die in Wirklichkeit gar nicht stattgefunden hat? Natürlich wäre das ein hilfreiches Werkzeug für Sie.

Solche Signale gibt es tatsächlich.

VERRÄTERISCHE KÖRPERSPRACHE

Die Körpersprache eines Menschen zu beobachten ist die Methode, die am häufigsten eingesetzt wird, um eine Lüge zu entlarven.

Auch hier ist es wichtig, sich vor Augen zu halten, dass ein einzelnes körpersprachliches Signal nicht ausreicht, um einen Menschen der Lüge zu überführen. Um ein echter Mentalist zu werden, muss man mehrere verschiedene Techniken miteinander kombinieren und seinen eigenen intuitiven Beobachtungsstil entwickeln. Doch wenn Ihnen auffällt, dass jemand fortwährend sein Gesicht berührt, vor allem, wenn er den Mund bedeckt oder seine Nase anfasst, ist das ein deutlicher Hinweis darauf, dass diese Person nicht ganz unbefangen ist – und zwar deshalb, weil sie Ihnen gerade eine Lüge auftischt. Diese nonverbalen Anhaltspunkte ermöglichen uns in Kombination mit anderen wichtigen Beobachtungen die Schlussfolgerung, dass jemand vermutlich nicht so ehrlich zu uns ist, wie wir es uns erhoffen.

Setzen Sie zunächst Ihre periphere Sicht ein und achten Sie auf Veränderungen in der Körpersprache Ihres Gesprächspartners. Das Tolle an diesem »peripheren Blick«, wie wir es nennen, ist, dass man die Person nicht direkt anzustarren braucht.

Nutzen Sie diese Beobachtungstechniken zunächst, um festzustellen, ob Ihr Gesprächspartner offen für eine Kommunikation mit Ihnen ist oder sich innerlich verschließt. In welcher Gemütsverfassung befindet er sich? Achten Sie vor allem auf Veränderungen in seiner Körperhaltung: Bewegt er sich näher zu Ihnen hin oder von Ihnen weg? Auch eine Schrägneigung des Kopfes oder ein Vorwärtsbeugen ist ein Hinweis darauf, wie bereit Ihr Gesprächspartner ist, mit Ihnen in Kontakt zu treten.

Wenn er sich näher zu Ihnen hinbewegt, ist das ein offensichtliches und eindeutiges Anzeichen dafür, dass er das, was Sie sagen oder tun, akzeptiert und positiv darauf reagiert. Auch Kopfnicken ist ein klares Signal der Zustimmung und Akzeptanz.

Wenn Ihr Gesprächspartner dagegen verschlossen oder frustriert wirkt oder sich Ihnen nicht richtig zuwendet, indem er zum Beispiel mit dem Telefon oder Schlüsselbund herumspielt, will er Ihnen nicht verraten, was er wirklich denkt. Ein Mensch, der sich so verhält, wird Sie wahrscheinlich belügen oder Ihnen zumindest Informationen vorenthalten. Eine Veränderung des Atemmusters oder ein Stirnrunzeln kann ebenfalls bedeuten, dass jemandem bei dem Gespräch mit Ihnen nicht wohl zumute ist.

Jemand, der lügt, fühlt sich in dieser Situation meistens unbehaglich. Das führt zu einem Anstieg der Pulsfrequenz und des Blutdrucks. Patrick Jane berührt die Menschen, die er verhört, häufig am Handgelenk. Tatverdächtige sind meistens etwas angespannt, doch das hat nichts zu bedeuten. Patrick hat sich bereits die Information verschafft, die er braucht: Wenn der Puls seines Gesprächspartners »fadenförmig« (also schwach und kaum tastbar) ist, dann weiß er, dass diese Person nicht die Wahrheit sagt.

Manche Menschen haben eventuell eine gewisse Scheu davor, nach dem Handgelenk ihres Gesprächspartners zu fassen, wenn sie den Verdacht haben, belogen zu werden. Doch es gibt noch deutlichere Anzeichen für einen Blutdruckanstieg. Bei den meisten Menschen äußert er sich in einer Rötung der Haut. In der Episode »Beste Freundinnen« weist Patrick darauf hin, dass ein Tatverdächtiger errötete, als er ganz offensichtlich eine falsche Angabe zu seinem Gewicht machte. Manchmal erkennt man diese rötliche oder rosa Färbung deutlich an den Händen und Handgelenken, wenn sie nicht bereits im Gesicht der Person zu erkennen ist. Auch eine Veränderung der Körpertemperatur ist ein deutlicher Hinweis darauf, ob jemand die Wahrheit sagt oder nicht. Wenn jemandem plötzlich sehr warm wird, er zu schwitzen beginnt oder sich einen wärmeren Pullover überziehen muss, dann ist garantiert irgendetwas faul.

Bei einem Lügner ist der Bewegungsradius unwillkürlich bis zu einem gewissen Grad eingeschränkt. Er nimmt weniger Raum ein als ein ehrlicher Mensch und gestikuliert auch weniger mit Armen und Händen. Schließlich möchte niemand auffallen, wenn er nicht die Wahrheit sagt. Es entspricht der menschlichen Natur, sich eher im Hintergrund zu halten, wenn man etwas zu verbergen hat. Dann versuchen wir uns so klein wie möglich zu machen und hoffen, nicht beachtet zu werden – so wie das Kind, das sich die Augen zuhält und sich unter seiner Bettdecke zu einer Kugel zusammenrollt, um von dem imaginären Monster unter seinem Bett nicht entdeckt zu werden.

Wenn Ihnen also auffällt, dass jemand in seiner Gestik und körperlichen Präsenz plötzlich sehr viel weniger imposant wirkt als sonst, ist das ein deutliches Warnsignal dafür, dass diese Person lügt.

Zwar liefert keiner dieser Anhaltspunkte Ihnen die hundertprozentige Gewissheit, einem Lügner auf der Spur zu sein, doch das sind die ersten Schritte, um ihn zu überführen. Wenn Sie auf der Suche nach der Wahrheit sind, sollten Sie also zunächst einmal auf diese Hinweise achten, bevor Sie sich anderen Betrachtungen zuwenden.

■ ■

TATSACHE ODER MYTHOS?

Jemand, der Sie anlügt, sieht Ihnen dabei meistens nicht in die Augen.

Das ist ein *Mythos!*

Eine der meistverbreiteten falschen Vorstellungen über Lügner besagt, dass sie ihrem Gegenüber nicht in die Augen sehen. Das klingt zwar logisch, stimmt aber häufig nicht. Denn die meisten Lügner wissen um diesen Irrglauben und werden sich gerade deshalb so verhalten, wie ein ehrlicher Mensch es ihrer Meinung nach tun würde. Sie halten häufig intensiven Blickkontakt, den sie keine Sekunde lang unterbrechen. Es wurden Studien durchgeführt, die die Frage untersuchten, ob sich beim Lügen die Pupillen erweitern, dabei hat sich jedoch herausgestellt, dass erweiterte Pupillen kein eindeutiger Hinweis auf eine Lüge sind. Wenn sich die Augen eines Menschen überhaupt nicht bewegen, ist das normalerweise aber ein ziemlich sicheres Zeichen dafür, dass er nicht die Wahrheit sagt.

■ ■

EMOTIONALE GESTIK

Ein weiterer guter Hinweis auf ein Täuschungsmanöver ist der zeitliche Ablauf und die emotionale Reaktion eines Tatverdächtigen auf ein wichtiges Stichwort. Die Reaktion eines Lügners erfolgt häufig verzögert, und wenn sie schließlich doch kommt, wirkt sie gezwungen und verzerrt. Anschließend ebbt die Reaktion wieder ab – ohne in sich schlüssigem zeitlichen Ablauf.

Auch der Duktus eines Gesprächs hängt häufig von der Aufrichtigkeit seines Inhalts ab. Wenn wir uns vor Augen halten, dass wahre Tatsachen stets sofort und leicht abrufbar sind und erlogene Informationen erst in dem Augenblick entstehen, in dem unser Gegenüber sie ausspricht, wird uns klar, warum das Sprechtempo ein so wichtiger Hinweis ist. Wenn wir die Wahrheit sagen, können wir in gleichmäßigem Tempo sprechen. Bei polizeilichen Verhören lässt sich häufig beobachten, wie ein Tatverdächtiger Zeit zu schinden versucht – denn diese Zeit braucht er, um seine Lügengeschichte zu erfinden. Wenn Sie auf das Gesprächstempo achten, wird Ihnen irgendetwas komisch vorkommen, wenn Ihr Gesprächspartner lügt. So etwas lässt sich zwar nur schwer mit Worten beschreiben, aber man spürt es. Durch Ihre Lebenserfahrung sind Sie bereits zum Experten in dieser Fähigkeit geworden, schließlich setzen Sie sie jeden Tag ein, ohne sich dessen bewusst zu sein. Nun ist es an der Zeit, einmal bewusst darauf zu achten und diese Gabe in Ihren mentalistischen »Werkzeugkasten« zu integrieren.

Wir können unmöglich alle unsere Gesten und Bewegungen kontrollieren. Wenn Sie genau achtgeben, werden Sie merken, dass das, was Sie sehen, und das, was Sie hören, einander manchmal zu widersprechen scheint. Dies ist ein Zeichen dafür, dass Ihr Gesprächspartner nicht die Wahrheit sagt. Daran erkennen Sie, dass seine linke und seine rechte Gehirnhälfte sich bemühen, die Unwahrheit, die er erzählt, »zusammenzuhalten«; doch in Wirklichkeit ist es für einen Menschen nahezu unmöglich, all seine Aktionen zu kontrollieren, dass sie natürlich wirken – es sei denn, er sagt die Wahrheit.

Deshalb achtet Patrick Jane immer genauestens auf die Menschen in seiner Umgebung. Wenn er einen Zeugen oder Tatverdächtigen verhört, beobachtet er ihn mit Argusaugen – auch wenn er sich das nicht anmerken lässt. Wenn sein Gesprächspartner nur einmal kurz zögert oder unaufrichtig wirkt, hakt er sofort nach und kommt während seines Verhörs immer wieder auf diesen Punkt zu sprechen.

Eine vorgetäuschte emotionale Reaktion ist oft sehr leicht zu erkennen. Ein falsches Lächeln zum Beispiel beschränkt sich häufig auf Bewegungen rund um die Lippen. An einem natürlichen Lächeln dagegen ist das ganze Gesicht beteiligt: Kiefer und Wangen bewegen sich, die Haut rund um die Augen wirft Falten und die Augenbrauen ziehen sich leicht nach unten. Das gilt mehr oder weniger für alle Reaktionen. Wenn ein glücklicher, erstaunter, bekümmerter oder bewundernder Ausdruck sich lediglich auf einen bestimmten Bereich des Gesichts konzentriert, ist er wahrscheinlich nur vorgetäuscht.

VERBALE SIGNALE

Wenn ein Gespräch Ihnen unnatürlich vorkommt, stimmt dabei wohl tatsächlich etwas nicht. Erwähnt Ihr Gesprächspartner zu viele Details – oder womöglich zu wenige?

Ein Lügner legt oft sehr wenig Wert auf Details und wird Ihnen eher eine allgemein gehaltene Antwort geben in der Hoffnung, dass Sie sich die Einzelheiten des Geschehens selbst zusammenreimen. Wenn Ihr Gegenüber jedoch zu viele Details beschreibt, ist das ebenfalls verräterisch. Wirken seine Ausführungen langatmig, kann das daran liegen, dass er sein Gehirn nach der besten, kreativsten Antwort durchsucht. Eine andere Verzögerungstaktik besteht darin, viele Kehllaute wie »Hmmm« oder »Ähm« ins Gespräch einzubauen, um Zeit für die Erfindung einer Lügengeschichte zu gewinnen.

Eine Änderung des Tonfalls ist ein weiteres verräterisches Anzeichen dafür, dass Ihr Gesprächspartner zumindest einen Teil seiner Antworten konstruiert. Ungeübte Lügner klingen oft einfach falsch. Sie sprechen sehr leise, nuscheln oder bringen Wörter durcheinander. Manchmal ist das, was sie sagen, schwer hörbar oder verständlich. Wenn nur alle Lügner es uns so leicht machen würden, sie zu entlarven!

Eine gute Methode herauszufinden, ob jemand lügt, besteht darin, plötzlich das Gesprächsthema zu wechseln. Patrick Jane hält seine Tatverdächtigen ständig mit plötzlichen Themenwechseln in Atem. Mitten in einem spannungsgeladenen Verhör fragt er seinen Gesprächspartner plötzlich, wo er denn seine Armbanduhr gekauft hat, oder macht ihm ein Kompliment über seine schöne Wohnung. Ein Lügner wird dieser neuen Wendung des Gesprächs bereitwillig folgen und sich dabei sichtlich entspannen. Denn jemand, der etwas auf dem Kerbholz hat, freut sich über jedes neue Gesprächsthema, einen Unschuldigen dagegen wird dieser plötzliche Themenwechsel eher verwirren und er wird auf das vorherige Thema zurückkommen wollen. Wenn Sie diese Methode praktizieren, werden Sie feststellen, dass Ihre Interpretation dieser Signale teilweise von Ihren früheren Erfahrungen mit demselben Gesprächspartner abhängt – und davon, wie Sie die Gesprächssituation gefühlsmäßig einschätzen.

SICHERE ERKENNUNGSZEICHEN

Und nun bitte ich Sie, Folgendes zu tun: Ich habe einen Spickzettel für Sie zusammengestellt, der Ihnen verrät, woran Sie erkennen können, ob ein Mensch lügt. Bitte lesen Sie die folgenden Informationen langsam und gründlich durch. Am besten ist es, wenn Sie sie dreimal komplett lesen, um sie sich möglichst gut einzuprägen.

Betrachten Sie diese Kurzübersicht als Ihren besten Freund, der Ihnen den Einstieg in die Lügendetektion erleichtert.

Lippen. Wenn Ihr Gesprächspartner nach einer Aussage die Lippen kräuselt, ist das ein nahezu sicherer Hinweis auf eine Lüge. Konzentrieren Sie Ihren Blick auf jenen Bereich der Lippen, der direkt unterhalb der Nase liegt. Dort wird Ihnen ein rasches Zucken auffallen. Daran erkennen Sie, dass Ihr Gesprächspartner Ihnen gleich eine Antwort auftischen wird, die er sich vorher zurechtgelegt hat. Genau auf dieses verräterische Zeichen zu achten ist eine hervorragende Strategie, aber darauf zu *hören*, ist sogar noch besser. Ihr Gesprächspartner wird seine Stimme vor dem Antworten nämlich leicht heben.

Atmung. Wenn jemand sich aufregt oder innerlich unter Strom steht, atmet er in der Regel tiefer und schneller, gleichzeitig erhöht sich seine Pulsfrequenz. Das Blut steigt ihm ins Gesicht und er beginnt zu schwitzen. Die Angstreaktion führt dazu, dass sein Speichelfluss versiegt.

Selbstberührungen. Achten Sie darauf, ob Ihr Gegenüber sich am Gesicht berührt, zum Beispiel an den Ohren oder am Nacken. Das verrät eine ganze Menge. Dagegen legen Lügner nur sehr selten die geöffnete Hand auf ihre Brust oder ihr Herz.

Stimme und Tonfall. Klingt Ihr Gesprächspartner aggressiv, dämpft er seine Stimme, wirkt sein Tonfall passiv oder sehr heftig? Das könnten Hinweise darauf sein, dass an seiner Aussage irgendetwas faul ist, doch wenn ein Mensch eine Menge Übung im Lügen hat, dürfte es schwierig sein, an seiner Stimme oder seinem Tonfall zu erkennen, ob er die Wahrheit sagt oder nicht. Und es gibt noch ein weiteres Problem: Jeder Mensch kann einen Lügendetektortest bestehen, wenn er *selbst* daran *glaubt*, die Wahrheit zu sagen. Und nur *sein eigener Glaube* an den Wahrheitsgehalt seiner Aussage lässt sich auch an seiner Stimme ablesen.

Schnelles Augenzwinkern. Wenn Lügner ihre Unwahrheiten von sich geben, sind sie aufgeregt. Diese Aufregung äußert sich in schnellen Augenbewegungen, was wiederum zu häufigerem Zwinkern führt. Auch wenn jemand die Augen zusammenkneift, führt er nichts Ehrliches im Schilde, denn damit möchte er vermeiden, vom Ermittler wahrgenommen zu werden. FBI- und CIA-Agenten beobachten dieses Phänomen ziemlich häufig: Ein Verdächtiger, der weiß, dass ihm jemand auf die Schliche zu kommen droht und ihm tief in die Augen sieht, kneift automatisch die Augen zusammen, weil er Angst hat, dass sein Blick ihn sonst verraten würde.

Bedecken des Mundes mit der Hand. Ein Lügner wird zuallererst seinen Mund bedecken, um sicherzugehen, dass ihm nicht versehentlich eines seiner Geheimnisse »herausrutscht«. Können Sie sich noch daran erinnern, wann Sie das zuletzt getan haben? Das ist ein Signal unseres Unterbewusstseins dafür, dass wir kein absolutes Vertrauen zu uns selbst haben können, wenn wir unter Druck stehen. Wer so etwas tut, verrät sich.

Zusammengepresster Mund. Die Zähne sind zusammengebissen und die Lippen aufeinandergepresst. Auch die Kiefer sind angespannt – ein Zeichen dafür, dass Ihr Gegenüber unter Stress steht und sich Sorgen macht.

Geöffneter Mund. Das ist ein ausgezeichneter Trick, um einen scharfen Beobachter abzulenken. Der Lügner öffnet die Lippen und lässt seine Zunge seitlich herausschnellen, damit sein Gegenüber darauf achtet und sich nicht mehr so sehr auf die Dinge konzentriert, auf die es eigentlich ankommt.

Entsetzter Mund. Wenn der Mund eines Menschen so weit offen steht, dass eine Fliege auf seiner Zunge landen könnte, zeigt er damit offen und unmissverständlich, dass er sich in einem Beinahe-Schockzustand befindet und nicht fassen kann, was er gerade gesehen oder gehört hat.

Verschränkte Arme. Dahinter verbirgt sich nicht unbedingt eine Lüge, aber vielleicht kommen Sie bei diesem Menschen einer anderen Unwahrheit auf die Spur, nach der Sie ursprünglich gar nicht gesucht hatten. Denn diese Haltung zeigt Widerstand an oder deutet darauf hin, dass Ihr Gesprächspartner irgendetwas zurückhält – höchstwahrscheinlich die Wahrheit.

Nehmen Sie sich einen Moment Zeit, um diese Informationen in aller Ruhe zu verarbeiten. Es ist wichtig, dass Sie die Prinzipien, die ich Ihnen zu vermitteln versuche, wirklich genau verstehen. Atmen Sie tief ein und füllen Sie Ihre Lungen mit Luft. Entspannen Sie sich in dem Wissen, dass Sie Ihren geistigen Horizont soeben um ein paar wichtige mentalistische Techniken erweitert haben. Die Mühe, die Sie investiert haben, um diese Tricks zu lernen, wird sich zehnfach auszahlen.

Denken Sie immer daran, dass Sie diese Techniken im Grunde genommen bereits meisterhaft beherrschen, denn unterbewusst haben Sie sie schon Ihr Leben lang angewendet. Jetzt ist es an der Zeit, dies bewusst zu tun.

Das Wichtigste ist, sich durch diese Faustregeln nicht zu Verallgemeinerungen verleiten zu lassen. Nur weil jemand sich zufällig gerade am Ohr gekratzt hat, muss er noch lange kein Lügner sein. Sie sollten *alle* meine Methoden einsetzen und dabei gleichzeitig auch auf Ihr Bauchgefühl hören.

Die meisten menschlichen Lügendetektoren sind sich darüber einig, dass man auf eine Kombination aus Körpersprache, motorischer Aktivität und weiteren verräterischen Hinweisen achten muss, um wirklich gut einschätzen zu können, ob jemand lügt oder die Wahrheit sagt.

∎ ∎

ÜBUNG FÜR ECHTE MENTALISTEN

Nehmen Sie sich etwas Zeit, um unter www.youtube.com nach Videos von Skandalen zu suchen, in die Prominente verwickelt waren. Konzentrieren Sie sich dabei vor allem auf Situationen, in denen jemand, der im Rampenlicht der Öffentlichkeit steht, die Unwahrheit gesagt hat. Die klassischen Beispiele, auf die ich in meinen Seminaren und Workshops zurückgreife, sind die neuesten Dopingskandale im Sport und Bill Clintons Rede, in der er behauptet, »keinen Sex« mit Monica Lewinsky gehabt zu haben. Beobachten Sie die Körpersprache der Menschen, von denen wir heute wissen, dass sie damals gelogen haben. Versuchen Sie gemeinsame Merkmale zu erkennen, zum Beispiel Berührungen im Gesicht – allerdings nicht am Herzen oder Brustkorb. Fällt Ihnen auf, dass diese Menschen sich nie mit geöffneter Hand am eigenen Körper berühren? In solchen Situationen, in denen Lügner unter großem Druck stehen, sollten wir ausschließlich auf ihre nonverbale Kommunikation achten. Denn die verbale Kommunikation ist in solchen Situationen oft so gut einstudiert, dass es sich nicht lohnt, sein Augenmerk darauf zu richten. Doch gerade weil der Lügner sich in diesem Augenblick so sehr auf seine verbalen Aussagen konzentriert, ist seine nonverbale Kommunikation von unfreiwilliger Ehrlichkeit. Anhand dieser verräterischen Körpersprache können wir unsere Fähigkeiten als menschliche Lügendetektoren verfeinern.

∎ ∎

AUTONOME AUGENBEWEGUNGEN

Die Augen sind tatsächlich die Fenster unserer Seele. Mithilfe der folgenden Informationen werden Sie besser durchschauen können, wann und warum jemand versucht, Sie zu täuschen. Wenn Sie die bereits gelernten Lektionen mit den Regeln kombinieren, die ich Ihnen in diesem Kapitel vermitteln möchte, werden Sie besser durchschauen, was Ihr Gegenüber gerade denkt.

Stellen Sie jemandem eine Frage und achten Sie anschließend darauf, in welche Richtung sich seine Augen bewegen. Ob er nach oben oder nach unten, nach links oder nach rechts blickt, zeigt Ihnen nämlich, aus welcher Hirnregion er seine Informationen abruft.

Augenbewegungen können Ihnen zum Beispiel verraten, ob Ihr Gesprächspartner in seinem Gehirn gerade nach visuellen oder auditiven Informationen sucht – und ob er sich an etwas erinnert oder in seinem Gedächtnis ein neues Bild oder Geräusch konstruiert.

Diese sogenannten autonomen Augenbewegungen gehören zur NLP-Theorie. NLP ist die Abkürzung für »neurolinguistische Programmierung«. Diese Methode wurde in den 1970er-Jahren von dem Mathematiker Richard Bandler und dem Linguisten John Grinder entwickelt. Diese beiden Wissenschaftler interessierten sich dafür, wie unser Verhalten und unsere Gedanken miteinander interagieren, wenn wir mit anderen Menschen kommunizieren.

Sie entdeckten, dass die Richtung, in die wir unsere Augen bewegen, eine ganze Menge verraten kann. Ihre Erkenntnisse sind in der Abbildung auf der nächsten Seite zusammengefasst.

Wie wir uns diese wichtigen Informationen zunutze machen können, möchte ich Ihnen anhand eines Beispiels erläutern.

Nehmen wir an, Teresa Lisbon, die Partnerin des Mentalisten Patrick Jane, fragt den Haupttatverdächtigen nach seinem Alibi: »Wo waren Sie in der Tatnacht?«

Der Gesprächspartner versucht, in seinem Gehirn ein visuelles Bild zu konstruieren.

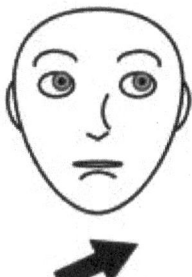

Er versucht ein Bild abzurufen, das in seinem Gedächtnis gespeichert ist.

Auditives Konstruieren. Die Person versucht sich vorzustellen, wie ein bestimmtes Geräusch klingen würde.

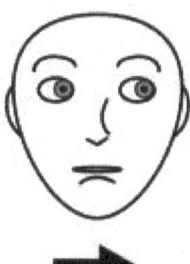

Die Person versucht, ein Geräusch abzurufen, das sie schon einmal gehört und in ihrem Gedächtnis abgespeichert hat.

Der Gesprächspartner versucht ein Gefühl aus seinem Gedächtnis abzurufen. Vielleicht möchte er sich daran erinnern, wie er sich gefühlt hat, als etwas Bestimmtes passierte.

Er führt einen inneren Dialog oder ein Selbstgespräch.

»Ich bin übers Wochenende in mein Ferienhaus gefahren, um zu angeln«, antwortet der Bösewicht. Dabei schaut er nach links. Diese Blickrichtung deutet auf eine erfundene Antwort hin: Er konstruiert in Gedanken ein Bild oder Geräusch. Hätte der Tatverdächtige seinen Blick stattdessen nach rechts gewandt, würde das bedeuten, dass er sich an ein Geräusch oder Bild erinnert. Dann würde Patrick Jane davon ausgehen, dass der Mann die Wahrheit sagt. Unser Hobbyangler hat also eindeutig etwas zu verbergen!

Jemand, der zuerst nach oben schaut, anschließend den Blick nach unten wendet und ihn während des Gesprächs die meiste Zeit gesenkt hält, versucht einen Gedankengang abzuschließen oder zu Ende zu denken.

Doch wie alle anderen Signale sollten Sie auch die Augenbewegungen Ihres Gesprächspartners nicht als einziges Kriterium dafür verwenden, ob er die Wahrheit sagt oder lügt.

Neben den Augenbewegungen gibt es eine noch zuverlässigere NLP-Methode, die Ihnen verrät, was für ein Typ Ihr Gegenüber ist. Da diese Methode weniger verallgemeinernde Rückschlüsse aus den Reaktionen eines Menschen ableitet, ist sie häufig treffsicherer. Mit »Typ« meine ich, ob die betreffende Person ein auditiver, visueller oder kinästhetischer Typ ist. Auch das können Sie teilweise aus der Richtung ableiten, in die ein Mensch schaut, wenn er etwas sagt oder eine Frage beantwortet. Diese Erkenntnis können Sie dann nutzen, um eine Beziehung zu dieser Person aufzubauen. Außerdem können Sie mithilfe Ihres Wissens über den Persönlichkeitstyp eines Menschen dafür sorgen, ob er sich wohlfühlt oder nicht.

■ *Visueller Typ (Blickrichtung nach oben).* Visuelle Typen verstehen die Worte, die sie hören, anhand der Bilder in ihrem Kopf. Sie erschaffen in ihrem Gehirn Bilder von bestimmten Ideen oder Konzepten und reagieren sehr genau darauf, weil sie in ihrem Kopf tatsächlich »ein Bild malen«.

■ *Auditiver Typ (Blickrichtung geradeaus).* Auditive Typen denken in Worten. Solche Menschen treffen ihre Entscheidungen häufig danach, wie etwas klingt und ob sie es gern hören oder nicht. Ein auditiver Typ würde zum Beispiel sagen: »Das klingt gut« oder »Dein Wort in Gottes Ohr«.

■ *Kinästhetischer Typ (Blickrichtung nach unten).* Kinästhetische Typen begründen ihre Entscheidungen darauf, wie sich etwas anfühlt. Normalerweise sind dies sehr emotionale Menschen, die sich schnell eine Meinung über Sie bilden.

Patrick Jane kann ein ausgesprochener Charmeur sein. Das verdankt er in erster Linie seiner Gabe zu erkennen, ob sein Gegenüber ein visueller, auditiver oder kinästhetischer Typ ist. Auf dieses Wissen stimmt er seinen Gesprächsstil dann ab. Oft setzt er dieses Talent dazu ein, seinem Gesprächspartner ein gutes Gefühl zu vermitteln, damit er ihn dann leichter überrumpeln kann, wenn der richtige Zeitpunkt dafür gekommen ist. Ab und zu nutzt er seine Menschenkenntnis aber auch, um jemanden ganz bewusst in Rage zu versetzen, sodass er sich von seiner feindseligsten Seite zeigt. Auch dieses Verhalten kann sehr aufschlussreich sein; deshalb macht Patrick sich diesen Trick gern zunutze, um Lügner zu überführen.

Wie man Lügner entlarvt

Nun haben wir bereits ziemlich viele Anhaltspunkte dafür gewonnen, wann jemand lügt. Aber was fangen wir mit diesen Informationen an? Oder genauer gesagt: Wie können wir einen Lügner überführen? Wie müssen wir ihn verbal angreifen, um unser Ziel zu erreichen – ob dieses Ziel nun darin besteht, dass er seine Lüge zugibt, oder ob wir einfach nur erreichen wollen, dass er sich von unserer Argumentation oder Sichtweise überzeugen lässt?

Die Überführung eines Lügners geht nicht unbedingt immer mit einem Aha-Erlebnis einher, indem die betreffende Person zugibt, gelogen zu haben, und wir dann triumphierend sagen können: »Jetzt hab ich dich erwischt!«

Einen Lügner zu überführen kann auch einfach nur bedeuten, dass wir die betreffende Person zum Nachgeben bewegen, um Zugang zu der Information zu bekommen, die wir benötigen. Ein gutes Beispiel dafür ist ein Sportler, dem vorgeworfen wird, Anabolika oder andere leistungssteigernde Mittel genommen zu haben. In so einem Fall besteht Ihr Ziel nicht unbedingt darin, dass der Sportler seinen Anabolika-Missbrauch zugibt, sondern Sie möchten wissen, wer ihm das Doping-Präparat verkauft hat.

Vielleicht weigert sich der Sportler, sein Doping einzugestehen. Dann müssen Sie ihn zunächst einmal aus dem Konzept bringen, um herausfinden zu können, wer der Dopinglieferant war. Ist es wirklich so wichtig, diesen Sportler zu einer Erkenntnis seines Unrechts und zu innerer Läuterung zu bringen? Nein – Sie möchten ihn nur so lange von seinem lügnerischen Spiel abbringen, bis Sie die Information erhalten haben, die Sie brauchen.

Doch um das erreichen zu können, müssen Sie zunächst einmal wissen, weshalb Menschen überhaupt lügen.

WARUM LÜGEN MENSCHEN?

Wenn uns jemand anlügt, müssen wir uns fragen, welches Motiv dahintersteckt oder inwiefern die Lüge der betreffenden Person nützt. Egal, ob es sich um eine offenkundige, unverfrorene Lüge oder eine subtilere Verschleierung von Tatsachen handelt – eine Lüge ist stets ein Versuch, den Gesprächspartner irrezuführen oder die Wahrheit zu verfälschen, um ein Geheimnis zu bewahren.

Alle Menschen lügen. Manche tun es in böswilliger Absicht; andere behaupten, nur hin und wieder zu einer »Notlüge« zu greifen, weil sie ihren Mitmenschen nicht wehtun wollen. Aber glauben Sie mir: Alle Menschen lügen.

Wir haben schon mit dem Lügen angefangen, als wir noch ganz klein waren – vielleicht drei oder vier Jahre alt. In diesem Alter steckte mit Sicherheit noch keine böswillige Absicht dahinter; Kinder wollen mit ihren

Lügen niemanden in Schwierigkeiten bringen. Im Alter von drei oder vier Jahren lügen sie, um ihre Eltern zu manipulieren. Dahinter verbirgt sich meist ein ganz einfaches Motiv, zum Beispiel, noch einen Keks zu bekommen, oder der kindliche Versuch, seine Grenzen auszutesten.

In der Episode »Sport ist Mord« erfahren wir, dass Patrick Jane sich bereits in jungen Jahren zu einem meisterhaften Lügner und Manipulierer entwickelt hat. Er stammt aus einer Schaustellerfamilie und wuchs auf Jahrmärkten auf, wo sein Vater als »Medium« arbeitete, und bald begann er seine Talente ebenfalls zu nutzen, um das Publikum mit seinen »übersinnlichen« Fähigkeiten zu unterhalten. Unter dem zweifelhaften Einfluss seines verabscheuungswürdigen Vaters entwickelte Patrick sich sehr rasch vom Showman zum Schwindler.

Wenn wir älter werden, merken wir immer wieder aufs Neue, wie wirksam Lügen als Werkzeug sein können, um unsere Mitmenschen zu manipulieren. Manche Leute entfernen sich aufgrund dieser Erkenntnis mit der Zeit immer weiter von ethischen Verhaltensnormen und lügen immer häufiger. Und irgendwann lügen sie so oft, dass sie selbst an ihre Unwahrheiten glauben. In diesem Zusammenhang stellt sich die Frage, ob eine Lüge denn überhaupt noch eine Lüge ist, wenn man selbst daran glaubt.

Ja, natürlich. Eine Lüge bleibt immer eine Lüge.

WAS IST DIE WAHRHEIT?

Eine Erkenntnis zieht sich durch dieses Buch wie ein roter Faden: Bevor man eine mentalistische Technik einsetzt, sollte man zunächst einmal Ordnung in sein eigenes Denken bringen. Das gilt vor allem dann, wenn man es mit einem Lügner zu tun hat. Denn manchmal ist es ziemlich schwierig, sich nicht in den Fallstricken des Lügners zu verheddern.

Wenn Sie den Standpunkt eines anderen Menschen widerlegen möchten, müssen Sie sich Ihrer eigenen Überzeugung recht sicher sein – sonst lohnt es sich nicht, überhaupt ein Gespräch mit ihm anzufangen. Aber Selbstsicherheit allein reicht nicht aus; Sie müssen auch wissen, wie das Ergebnis

Ihres Gesprächs aussehen soll. Ist es der Aha-Moment oder besteht Ihr Ziel einfach nur darin, Ihrem Gegenüber die Information zu entlocken, die Sie brauchen?

Die Vorbereitung auf das Gespräch mit einem Lügner ist gar nicht so schwierig: Sie müssen nur wissen, was Sie wollen. Alle Ihre Fragen und Antworten müssen aus dieser Grundüberzeugung und dieser tiefen mentalen Konzentration entspringen. Das ist Ihr virtueller Rettungsring – damit retten Sie sich vor den ständigen Täuschungsmanövern des Lügners.

Wie bereiten Sie sich auf solch ein Gespräch vor?

Die einfachste Methode besteht darin, sich zunächst über Ihre Grundüberzeugung klar zu werden und dann fünf Tricks aufzulisten, zu denen Ihr Gesprächspartner greifen könnte, um Sie von dieser Überzeugung abzubringen oder zumindest Selbstzweifel in Ihnen zu säen. Halten Sie diese fünf Aussagen oder Aktionen schriftlich fest und legen Sie sich dann Strategien zurecht, was Sie dagegen tun können. Dies sind die Waffen, mit denen Sie sich für den schlimmsten Fall rüsten sollten.

Glauben Sie nicht, dass es niemandem gelingen kann, Sie von Ihrer Überzeugung abzubringen – wir alle haben unsere schwachen Momente. Analysieren Sie die Situation ehrlich und schonungslos und bereiten Sie sich dementsprechend darauf vor. Manchmal kann es auch sinnvoll sein, das Gespräch vorher mit einem Partner durchzuspielen.

Und wenn Sie keine Zeit mehr haben, sich auf das Gespräch vorzubereiten? Dann müssen Sie sich eben blitzschnell dafür wappnen. Nehmen Sie sich eine Sekunde Zeit und sagen Sie sich in Gedanken, dass Sie die Wahrheit wissen und nichts Sie von Ihrer Überzeugung abbringen kann. Sie sind ein Fels in der Brandung und haben alle Trümpfe in der Hand.

DAS VERHÖR

Nun wissen wir, weshalb Menschen lügen und woran man Lügen erkennt – wie können wir einen Lügner von seinem falschen Spiel abbringen oder erreichen, dass er die Wahrheit sagt? Dazu muss man den Lügner einer Art Verhör unterziehen und ihn entweder verwirren oder auf eine andere Weise aus dem Konzept bringen.

Manchmal wirkt ein derartiges Verhalten geradezu kindisch, und vielleicht ist es das auch. Es ist Patricks Kollegen deutlich anzumerken, dass sie ihn manchmal für etwas unreif halten. Kimball Cho warf ihm sogar einmal vor, dass er seine unkonventionellen Taktiken nur deshalb einsetzen würde, um sein »kindisches Bedürfnis nach Dramatik« zu befriedigen. Doch am Ende hat das ganze Team Respekt vor Patricks geradezu unheimlicher Fähigkeit, Verbrecher zu überführen. Sein »kindisches« Verhalten entspringt nämlich einer sehr erwachsenen Denkweise. Viele Taktiken, die man beim Verhör von Menschen einsetzt, dienen einzig und allein dazu, sie zu verwirren. Mit anderen Strategien versucht man ihr Vertrauen zu gewinnen oder sie einfach nur für das Gesprächsthema zu interessieren, um das es gerade geht.

Hier ein paar Spielregeln, die Patrick Jane und alle guten Mentalisten befolgen, um durch Manipulation ihres Gesprächspartners der Wahrheit auf die Spur zu kommen:

■ *Wirken Sie nicht bedrohlich.* Lügner lügen oft nur, weil sie sich bedroht fühlen. Dies können Sie vermeiden, indem Sie möglichst keinen bedrohlichen Eindruck machen. Sorgen Sie dafür, dass Ihr Gesprächspartner sich in seiner Haut wohlfühlt. Wiegen Sie ihn in Sicherheit und gewinnen Sie so sein Vertrauen. Denn wenn er sich durch Sie nicht bedroht fühlt, wird er sich viel eher öffnen, und damit haben Sie Ihr Ziel erreicht. In der dritten Episode von Staffel 1 bleibt Patrick Jane am Strand (dem Tatort) zurück, während seine Kollegen ins Büro zurückkehren, um den Fall zu bearbeiten. Er verbringt seinen Tag damit, Sandburgen zu bauen und mit einem der Strandgutsammler Schach zu spielen – und bald stellt sich heraus, dass dieser Mann zufälligerweise etwas mit dem Fall zu tun haben könnte. Patrick nutzt das kameradschaftliche Verhältnis, das er zu dem Tatverdächtigen aufgebaut hat, bei der Befragung sofort zu seinem Vorteil aus.

■ *Bieten Sie Hilfe an.* Wenn Sie sich erbieten, jemandem zu helfen, wird diese Person eher bereit sein, etwas für Sie zu tun. Versuchen Sie herauszufinden, wie Sie Ihrem »Tatverdächtigen« behilflich sein können. Dann wird die betreffende Person mit Sicherheit auftauen und den Schleier ihrer Lügen lüften.

■ *Schmeicheln Sie Ihrem Gesprächspartner.* Ich habe Ihnen bereits geraten, Leute zu hofieren. Was ich Ihnen jetzt empfehle, geht in die gleiche Richtung. Sie werden in diesem Buch noch mehrfach lesen, dass man mit Schmeicheleien so gut wie alles erreicht. Wenn Sie etwas Positives an Ihrem Gesprächspartner entdecken können und das mit ein paar anerkennenden Worten erwähnen, wird er Ihnen viel weniger feindselig entgegentreten. Manchmal flirtet Patrick Jane richtiggehend mit seinen Zeugen und Tatverdächtigen, um eine positive Beziehung zu ihnen aufzubauen.

■ *Gemeinsame Interessen.* Wenn Sie ein gemeinsames Interesse zwischen Ihnen und Ihrem Gesprächspartner entdecken, können Sie ihm damit das Gefühl vermitteln, dass Sie sich wirklich für ihn interessieren, und dann wird er sich auch eher aus der Reserve locken lassen.

■ *Fragen stellen.* Stellen Sie Ihrem Gegenüber mindestens zehn persönliche Fragen. Das ist kein Gesellschaftsspiel, sondern eine weitere Möglichkeit, dafür zu sorgen, dass diese Person sich in Ihrer Gegenwart und in der Gesprächssituation wohler fühlt.

■ *Das Thema wechseln.* Das Gespräch muss sich nicht zwangsläufig nur um die mutmaßliche Lüge Ihres Gesprächspartners drehen. Sie können das Thema auch auf eine Geschichte oder Frage bringen, die gar nichts mit der Information zu tun hat, die Sie ihm entlocken wollen. Dadurch wiegen Sie den Lügner in Sicherheit und verwirren ihn zudem.

■ *Verlieren Sie Ihr Ziel nicht aus den Augen.* Egal, welche Taktiken Sie einsetzen – konzentrieren Sie sich stets auf Ihr Ziel. Was immer Sie auch erreichen möchten – lassen Sie sich keine Sekunde lang von diesem Ziel ablenken.

Mit Ihrem Wissen über verräterische Körpersprache, verbale Signale und Augenbewegungen Ihrer Mitmenschen und über wirksame Befragungsmethoden sind Sie auf dem besten Weg, sich zum menschlichen Lügendetektor zu entwickeln – und Ihren Gesprächspartnern die Wahrheit zu entlocken.

KAPITEL 5

So beherrschen Sie Ihr Publikum

Worin besteht das ultimative Ziel eines Mentalisten?

Darin, Kontrolle über das Denken anderer Menschen zu erlangen.

Zugegeben, das klingt wahrscheinlich etwas verrückt, aber eigentlich handelt es sich dabei um ein sehr sinnvolles Ziel. Damit meine ich nicht, dass Sie die Bevölkerung eines ganzen Landes einer Gehirnwäsche unterziehen sollen, um die Weltherrschaft an sich zu reißen. Schließlich bin ich kein Science-Fiction-Bösewicht. Doch ebenso wie wir Kontrolle darüber gewinnen können, welche Informationen unser Gesprächspartner uns verrät, können wir auch Einfluss darauf nehmen, was andere Menschen über uns denken.

Dazu können Sie alle Techniken einsetzen, die Sie in diesem Buch erlernen, um die mächtige Maschinerie eines Mentalisten zu konstruieren.

Deshalb beschäftigen wir uns nun mit dem Thema Gedankenkontrolle, um diese Techniken dann in unser mentalistisches »Waffenarsenal« zu integrieren, damit Sie auf diesem Gebiet genauso unschlagbar werden wie Patrick Jane.

Gedankenkontrolle

Was ist Gedankenkontrolle?

Damit ist weder Hypnose noch Trance gemeint. Auf diese beiden Themen werde ich später noch eingehen. Gedankenkontrolle ist etwas sehr Reales, das tagtäglich geschieht. Es ist mit Sicherheit schon vielen von Ihnen passiert, ohne dass Sie etwas davon gemerkt haben.

So erschreckend das auch klingen mag – Gedankenkontrolle ist in Wirklichkeit nichts anderes als die systematische Anwendung manipulativer Techniken, um jemanden zu bestimmten Handlungen zu bewegen. Wenn Sie diesen Begriff im Internet eingeben, werden Sie als Synonyme Bezeichnungen wie »Gehirnwäsche«, »Überzeugung durch Zwang« und »Bewusstseinskontrolle« finden. In der Beschreibung solcher Verfahren wird Ihnen auch häufig der Begriff »unmoralisch« begegnen.

Die Ethikfrage wird deshalb so gern aufgeworfen, da Gedankenkontrolle häufig mit Propagandabewegungen, Kommunismus und Kriegsgefangenen in Verbindung gebracht wird. Wenn man an Gedankenkontrolle denkt, fallen vielen Menschen Sekten und Außenseiterreligionen ein. Man denkt an Menschen, die gegen ihren Willen zu unethischen Handlungen gezwungen werden.

Wenn ich Ihnen nun bestimmte Techniken der Gedankenkontrolle vermittle, hoffe ich, dass Sie diese Fähigkeiten auf möglichst moralische Weise einsetzen werden. Vielleicht haben Sie dieses Buch in der Hoffnung gekauft, ein professioneller Mentalist zu werden. Oder Sie sind Justizbeamter und haben vor, in Ihrem Beruf ähnliche Techniken einzusetzen wie Patrick Jane.

Wenn Sie jedoch Geschäftsmann sind und sich von diesen Strategien Vorteile bei einer Verhandlung versprechen, sind wir bereits gefährlich nah an der Grenze zwischen Gut und Böse, ethisch und skrupellos. Ich bitte Sie also, zunächst ernsthaft über Ihre Motive nachzudenken, bevor Sie diese Techniken einsetzen. Schließlich können Sie nie wissen, ob nicht jemand versuchen wird, sie bei *Ihnen* anzuwenden.

Bitte seien Sie sich auch darüber im Klaren, dass es sich dabei tatsächlich um *wirksame Techniken* handelt. Damit zwingen Sie einem anderen Menschen Ihren Willen auf – manchmal nur ganz kurz, manchmal aber auch für längere Zeit. Das können ziemlich einfache manipulative Tricks sein: Vielleicht tun Sie jemandem einen Gefallen, um zu einem späteren Zeitpunkt ein Druckmittel gegen ihn in der Hand zu haben. Oder Sie geben sich absichtlich still und introvertiert, sodass Ihre Mitmenschen sich ständig fragen, was Sie wohl denken oder vorhaben. Möglicherweise haben Sie einfach Macht über einen anderen Menschen, weil Sie selbstbewusst sind und einen starken Willen besitzen.

Und nun beschäftigen wir uns damit, was diese Macht ist.

Macht

Für viele von uns bedeutet Macht nichts anderes als die Fähigkeit zu erreichen, dass etwas geschieht – und zwar das, was wir wollen.

Manchmal geben wir einem anderen Menschen zu diesem Zweck eine direkte Anweisung. Bisweilen ist es auch nur ein Vorschlag oder eine Bitte um einen Gefallen, doch wenn Sie wirklich Macht haben, werden Sie damit stets erreichen, dass die andere Person etwas tut und Sie aus diesen Handlungen einen Nutzen ziehen.

Selbst Menschen, die die Technik der Gedankenkontrolle nicht beherrschen, versuchen diese Art von Macht zu erlangen. Sie bemühen sich, die Personen und Situationen in ihrem Umfeld zu ihrem eigenen Vorteil zu beeinflussen. Sie wollen, dass die Würfel zu ihren Gunsten fallen, und um das zu erreichen, sind sie zu fast allem bereit. Vielleicht besitzen nicht alle Menschen die geistige Stärke, um an dieses Ziel zu kommen – aber es gibt nichts, was sie sich mehr wünschen, da können Sie sicher sein.

MACHTSPIELE IM ALLTAG

Überall auf der Welt werden tagtäglich Menschen manipuliert – am Arbeitsplatz, auf dem Spielfeld, sogar in der Familie. Sie erleben solche Situationen Tag für Tag, auch wenn es Ihnen nicht immer bewusst ist. Vielleicht gibt es einen Menschen, der immer wieder zu Ihnen kommt und Sie um Rat bittet. Vielleicht schreiben Sie das der Tatsache zu, dass diese Person eben Vertrauen zu Ihnen hat und deshalb an Ihrer Meinung interessiert ist. Andererseits sind Menschen, die nicht zum »Anführer« geboren sind, oft auf der Suche nach Individuen, die ihnen eine gewisse Orientierungshilfe geben, und sie fühlen sich in der Regel zu starken Führungspersönlichkeiten hingezogen. Möglicherweise haben Sie also bereits viel mehr Macht, als Sie ahnen!

Macht ist für unsere Identität und für das Erreichen unserer Lebensziele ungeheuer wichtig. Wer Macht besitzt, tut alles, um sie sich zu bewahren. Und wer keine Macht hat, der bemüht sich nach Kräften, mächtig zu werden. Deshalb widme ich einen so großen Teil dieses Kapitels dem Machtkonzept und der Frage, wie man zu Macht kommt – wie man sich die Aura eines mächtigen Menschen verleiht.

Sie haben zum Beispiel Macht über Ihre Angestellten, da Sie deren Gehälter bezahlen. Wenn Sie auf einem bestimmten Gebiet Experte sind, liegt das daran, dass Sie am besten wissen, wie man mit Fragen und Problemen auf diesem Feld umgeht. In einem Rechtsstreit rührt Macht daher, dass man das Gesetz auf seiner Seite hat oder genügend Geld besitzt, um sich die besten Anwälte leisten zu können. Auch was unseren Lebensstil angeht, hat Macht häufig eine ganze Menge mit Geld zu tun. Wer etwas bezahlt, indem er einfach seine Kreditkarte zückt, strahlt automatisch eine gewisse Autorität aus.

In der Politik leiten die wichtigsten Akteure ihre Macht daraus ab, dass sie auf bestimmte Geschehnisse oder auf die Ergebnisse einer Abstimmung Einfluss nehmen können. Sie beeinflussen entweder den Politiker dadurch, dass sie etwas gegen ihn in der Hand haben, oder sie beeinflussen die Wähler, indem sie behaupten, dass dieser Politiker etwas für sie tun wird, wenn sie ihm ihre Stimme geben.

Und dann gibt es auch noch jene Macht, die von bestimmten Talenten und Fähigkeiten oder ganz einfach daher rührt, dass man einen gewissen Charme besitzt. Vielleicht haben Sie auch Macht, weil Sie mit Ihrem Wissen immer auf dem neuesten Stand sind und ein großes Know-how haben, sodass die Menschen wissen, dass es ihnen zum Vorteil gereichen wird, wenn sie Ihnen die Lösung bestimmter Aufgaben anvertrauen oder auf Ihre Ratschläge hören.

DER GROSSE KAMPF UM DIE MACHT

Wenn es auf der Welt gerecht zuginge und alle Menschen gleich wären, müssten Sie sich nicht darum bemühen, die Oberhand zu gewinnen, sich einen Vorteil zu verschaffen, um Macht kämpfen. Aber natürlich geht es auf der Welt nicht fair zu und das bedeutet, dass Sie in einer Konkurrenzsituation nicht unbedingt davon ausgehen können, die gleichen Chancen zu haben wie Ihr Mitbewerber. Sie können nicht damit rechnen, dass Sie und Ihr Rivale in der gleichen Ausgangssituation sind und absolute Chancengleichheit besteht, weil das Leben nun einmal nicht so ist. Manche Menschen sind begabter als andere. Manche können sich die beste Ausbildung, den besten Mentor, die erlesensten Kleidungsstücke und Speisen leisten, während andere sich mit den Resten begnügen müssen. Die Kluft zwischen Arm und Reich ist ein Dilemma, das Sie Ihr Leben lang verfolgen wird. Wie überwindet man dieses Problem?

Sie müssen Augen und Ohren (und auch all Ihre anderen Sinne) offen halten und ständig auf der Suche nach einer Möglichkeit sein, wie Sie das Mächtegleichgewicht zu Ihren Gunsten verändern können.

Sorgen Sie dafür, besser aufgestellt zu sein als Ihre Mitbewerber.

Haben Sie schon einmal die Redewendung »dem Leithammel folgen« gehört? Tatsächlich ist es so, dass Menschen entweder führen oder folgen. Anführer gelten normalerweise als »Gewinner«. Möchte nicht jeder Mensch gern ein Gewinner sein?

Äußerlichkeiten sind keine Nebensache!

Patrick Jane ist kein Schlamper. Er ist immer tadellos gekleidet und macht einen ruhigen und gelassenen Eindruck, denn er weiß, dass man nur dann eine Führungspersönlichkeit sein kann, wenn man sich auch dementsprechend kleidet. Sicherlich haben Sie schon einmal den Ratschlag gehört, man solle sich nicht für den Job kleiden, den man bereits hat, sondern für den Job, den man sich wünscht. Es hängt eine ganze Menge davon ab, welchen Eindruck Sie auf andere Menschen machen!

DER RICHTIGE LOOK

Sie müssen sich der Rolle, die Sie spielen möchten, entsprechend kleiden und verhalten. Dazu gehört auch, Selbstvertrauen auszustrahlen und den Eindruck eines mächtigen Menschen zu machen. Wenn jemand in einem schmutzigen, zerrissenen Hemd, zerfetzten Jeans und zwei verschiedenen Schuhen auf Sie zukommt – würden Sie diesen Menschen ernst nehmen? Würden Sie ihm Vertrauen schenken und sich von ihm beeinflussen lassen – zum Beispiel bei Ihrer Entscheidung, was Sie zu Mittag essen möchten, oder womöglich gar in Ihren Gedanken?

Wahrscheinlich nicht.

Menschen lassen sich tatsächlich stark von Äußerlichkeiten beeinflussen. Oft ist ihnen gar nicht bewusst, weshalb sie eine Person wie einen VIP behandeln und die nächste nicht einmal eines zweiten Blickes würdigen. Denn das sind häufig unterschwellige Reaktionen, die gar nicht bis in unser Bewusstsein vordringen. Aber glauben Sie mir: Wenn Sie gut angezogen und gepflegt sind, eine ordentliche Frisur haben und vielleicht noch ein schickes Auto fahren, werden Sie bei Ihren Mitmenschen garantiert gut ankommen. Jemand, der unrasiert und in schlampiger Kleidung herumläuft, ungepflegt wirkt und eine alte Schrottkiste fährt, wird dagegen kaum Aufmerksamkeit erregen.

Denn es ist nun einmal so: Wer bereits Geld und Macht besitzt, gewinnt leicht noch mehr Geld und Macht dazu. Also warten Sie nicht, bis Sie »es geschafft haben«, bevor Sie sich Ihren ersten eleganten Anzug kaufen oder Ihr altes Auto gegen einen neuen Wagen eintauschen. Denn Sie werden es – zumindest als Mentalist – garantiert niemals »schaffen«, wenn Sie ständig in diesem zerrissenen Hemd herumlaufen.

Wenn Sie nicht viel Bargeld bei sich haben, zücken Sie Ihre Kreditkarte und kaufen Sie sich einen schicken Anzug. Betrachten Sie das als Investition in Ihre Karriere, denn angemessene Kleidung wird Ihnen helfen, Arbeit und Geld anzuziehen. Wenn Ihrem Auto ständig eine schwarze Rauchwolke entströmt und man den Auspuff kilometerweit hört, sollten Sie überlegen, ob es nicht sinnvoll wäre, sich für Anlässe, bei denen Sie einen guten Eindruck hinterlassen möchten, ein Auto zu mieten. Mietwagen kosten kein Vermögen, und wenn Sie sich einen guten leisten, zahlt sich das im Hinblick auf die Machtposition, die Sie dadurch gewinnen, garantiert aus.

Bemühen Sie sich, geschäftlichen, sozialen und politischen Klubs oder Organisationen beizutreten, in denen wichtige und einflussreiche Leute sitzen. Wenn Sie nicht gleich aufgenommen werden, bitten Sie ein Mitglied des Klubs, Sie als Gast einzuladen.

Wenn die Welt Sie für reich hält, werden Sie umso mehr Geld anziehen. Denken Sie daran: Menschen, die zur Machtelite gehören, machen auch einen dementsprechenden *Eindruck*. Selbst ein Millionär wird nicht in ein Nobelrestaurant eingelassen, wenn er nicht ordentlich angezogen ist – es sei denn, es handelt sich dabei um einen Prominenten, den man auf Anhieb erkennt.

SPIELEN SIE IHRE ROLLE – UND ZWAR RICHTIG

Es gibt noch einen weiteren sehr wichtigen Faktor, der Ihnen helfen wird, den Eindruck eines mächtigen Menschen zu erwecken – und das sind Ihre Körpersprache und Ihr Verhalten.

Sie müssen sich aus einem authentischen Machtgefühl heraus bewegen, sprechen und handeln.

Sind Sie jemals dem Enkel eines Mannes begegnet, der ein großes Vermögen erworben hat, und haben sich dabei gefragt, wie ein Mensch, der so viel erreicht hat, einen Enkel hervorbringen konnte, der wie ein Schwächling wirkt?

Ich kann Ihnen sagen, woran das liegt: Dieser Enkel hätte es niemals aus eigener Kraft zu Reichtum gebracht. Wenn er nicht zufällig das Familienvermögen geerbt hätte, wäre er heute arm, denn er ist schwach und inkompetent. Und das merkt man ihm an.

Leute wie Sie (Sie wissen ja: Mit Schmeicheleien bringt man es am weitesten), die die nötigen Voraussetzungen mitbringen, um zu Geld zu kommen, haben ein so selbstsicheres Auftreten, dass sie dieses Geld förmlich anziehen wie ein Magnet.

Ihre Sprache und Ihre Redeweise sagen genauso viel über Sie aus wie die Ideen, die Sie Ihren Mitmenschen zu vermitteln versuchen. Ebenso wichtig ist Ihre Körpersprache und die Art, wie Sie stehen, gehen, sitzen und sich bewegen. Manche Wissenschaftler sind sogar der Ansicht, dass wir die Botschaften anderer Menschen zu über 50 Prozent aus ihrer Körpersprache ableiten. Also achten Sie auf die Körpersprache Ihrer Mitmenschen und analysieren Sie, wie Sie sich in Ihrer Wahrnehmung dieser Menschen dadurch beeinflussen lassen. Und was verrät *Ihre* Körpersprache über *Sie*?

Schauen Sie sich den Geschäftsmann im eleganten Anzug an, der aufrecht dasteht, Sie mit einem kräftigen Händedruck begrüßt und sofort zu allem seine Meinung sagt, noch bevor man ihn danach gefragt hat.

Da bietet sich natürlich fast zwangsläufig der Vergleich mit einem Kellner oder Tellerwäscher in einem billigen Restaurant an, der einen passiven Eindruck macht und dem man ansieht, wie enttäuscht und unzufrieden er mit seinem Job ist. Von so einem Menschen würden wir – bewusst oder unbewusst – sicherlich keine Ratschläge annehmen.

Aber wie sähe es bei einem zweiten Geschäftsmann aus, der genau den gleichen teuren Anzug trägt wie der erste? Doch im Gegensatz zu unserem ersten Geschäftsmann hat dieser hier einen schlurfenden Gang und hängende Schultern, sein Händedruck fühlt sich an wie eine gekochte Nudel und er ergreift nur dann das Wort, wenn man ihn ausdrücklich dazu auffordert. Würden wir uns von diesem Menschen in irgendeiner Weise beeinflussen lassen? Ich bezweifle es.

Und wie verhält sich Patrick Jane?

Sagt er nicht immer sofort ungefragt seine Meinung? Und er tritt auch oft so nah an die Leute heran, dass es ihnen fast schon unangenehm wird. Auf diese Weise übt er eine gewisse Macht auf andere Menschen aus und macht sie nervös, ohne auch nur ein Wort zu sagen.

Dieser Mann strahlt mit seiner Körpersprache Selbstsicherheit und Durchsetzungsvermögen aus. Aber sein Benehmen ist nicht einfach nur gespielt. Hinter seiner überzeugenden Fassade steckt tatsächlich etwas, deshalb sind seine Machtdemonstrationen so überzeugend.

Selbstbeherrschung

Es gibt nicht vieles, was Patrick Jane aus der Ruhe bringen kann. Zumindest möchte er seine Mitmenschen das glauben machen. In Wirklichkeit ist Patrick durch seine jahrelange Erfahrung in der Entertainment-Branche einfach ein ziemlich guter Schauspieler geworden. Er zeigt der Welt stets eine sorgfältig einstudierte Fassade.

Als Zuschauer haben wir eher Gelegenheit, hinter diese Fassade zu blicken, die er für die anderen Figuren in der Serie aufrechterhält. Wir wissen, dass es nur zwei Dinge gibt, die ihn aus der Fassung bringen können: Red John – der brutale Mörder seiner Frau und seiner Tochter – und die Erinnerungen an seine verlorene Familie.

Als Patrick Angst bekommt, Kristina Frye, eine Frau, mit der er einst ausgegangen ist, könne die Aufmerksamkeit von Red John auf sich gezogen haben, sehen wir ihn zum ersten Mal ins Schwitzen geraten. Plötzlich ist die Gemütsruhe, die er sonst immer an den Tag legt, wie weggeblasen. Er macht Kristina Vorwürfe, weil sie sich dem Serienmörder gegenüber exponiert hat und die Bedrohung, die von ihm ausgeht, nicht ernst nimmt. Im Zorn vergisst er seinen gesunden Menschenverstand und stürmt wütend davon, obwohl er eigentlich vorgehabt hatte, zu bleiben und auf sie aufzupassen. Prompt verschwindet Kristina und es besteht der Verdacht, dass sie Red John in die Hände gefallen ist.

In dem Augenblick, in dem Patrick die Kontrolle über sich und seine Emotionen verliert, hat er auch die Situation nicht mehr unter Kontrolle.

Es hat nicht immer so verheerende Konsequenzen, wenn wir die Beherrschung verlieren; aber es geht tatsächlich ziemlich oft etwas schief, wenn wir konfus werden. Ich zum Beispiel muss erst einmal alle meine persönlichen Probleme, Gefühle und Sorgen beiseiteschieben, ehe ich vor ein Publikum trete. Denn wenn die Zuschauer sehen, dass ich bei einem ganz normalen mentalistischen Trick in Stress gerate oder mich unsicher fühle, habe ich schon verloren.

Bevor ich Kontrolle über mein Publikum ausübe, muss ich also erst einmal Kontrolle über mich selbst gewinnen.

Seien Sie selbstsicher

Die Meditationstechniken, die Sie in Kapitel 1 gelernt haben, werden Ihnen sehr helfen, Ihren Stresspegel unter Kontrolle zu bekommen. Aber Sie können stundenlang »Om« vor sich hinmurmeln und werden es trotzdem noch entnervend finden, vor einem Publikum von Hunderten von Zuschauern zu stehen. Vielleicht geraten Ihre Hände und Ihre Stimme bei diesem Gedanken ein wenig ins Zittern, also atmen Sie tief durch und denken Sie daran, dass die Bühne und der Zuschauerraum Ihnen gehören!

SAMMELN SIE ERFAHRUNGEN

Mit dem Auftritt eines Mentalisten ist es genau wie mit vielen anderen Fähigkeiten: Übung macht den Meister. Es gibt kaum etwas, das einem so viel Selbstvertrauen verleiht wie Wissen und Erfahrung. Mit der Zeit werden Sie die meisten Szenarien kennenlernen, die sich während eines Readings entwickeln können.

Meistens ist es das Unbekannte, das uns so nervös macht. Was tue ich, wenn mein Gesprächspartner sich nicht kooperativ verhält? Wenn ich den Faden verliere? Oder wenn ich mit meinem Reading völlig danebenliege?

Am Ende dieses Kapitels werde ich Ihnen mehr darüber erzählen, wie man mit unerwarteten Situationen umgeht. Man kann niemals jede mögliche Wendung des Geschehens vorhersehen. Doch je mehr Erfahrungen Sie sammeln, umso leichter werden Sie alle Situationen meistern können, die Ihnen begegnen.

Selbstverständlich sind Übung und Vorbereitung die wichtigsten Voraussetzungen dafür, dass Sie Ihre Darbietung unter Kontrolle haben, doch wenn Sie so kühl und gelassen wirken möchten wie Patrick Jane, sollten Sie vielleicht eine prominente Person mit auf die Bühne bringen.

PROMINENTE PERSONEN »SPIEGELN«

Natürlich weiß ich, dass die meisten meiner Leser keine prominente Person kennen und es sich auch nicht leisten können, eine zu engagieren. Ich meine damit ja auch etwas ganz anderes: Sie müssen Zugang zu Ihrem oder Ihrer eigenen »inneren Prominenten« gewinnen.

Wir alle kennen eine prominente Person, die wir für besonders natürlich und entspannt halten. Wir würden alle gern genauso gelassen sein. Prominente haben eine besondere Gabe, so mit Menschen umzugehen, dass diese sich in ihrer Gegenwart wohlfühlen. Dieses Talent wurde ihnen bereits in die Wiege gelegt und sie haben es im Laufe ihres Lebens immer weiterentwickelt. Das ist der Grund, weshalb man ihnen für ihre Auftritte Gagen in Millionenhöhe bezahlt. Die Zuschauer sehen sie und wollen ihnen glauben, würden am liebsten genauso sein wie sie.

Um also ein erfolgreicher Mentalist zu werden, kann es nicht schaden, ein paar Persönlichkeitsmerkmale Ihres Lieblingsprominenten anzunehmen – natürlich nur dann, wenn diese Person ein ruhiger, gelassener Typ mit magischer Anziehungskraft ist. Richard Simmons wäre vielleicht nicht gerade das ideale Rollenvorbild.

Nehmen Sie sich zunächst einmal Zeit und studieren Sie einige besondere Persönlichkeitsmerkmale der prominenten Person, die Sie ausgewählt haben. Wie spricht sie, wie geht sie, wie sitzt sie? Welche Körperhaltung hat sie? Gestikuliert sie beim Reden mit den Händen? Schaut sie den Menschen offen in die Augen?

Und nun stellen Sie sich vor, in den Schuhen dieses Prominenten zu stecken. Oder wenn Ihnen dieses Bild lieber ist, stellen Sie sich vor, dass diese Person in Ihren Körper eintritt und bei allem, was Sie tun, die Fäden in der Hand hält. Das bedeutet natürlich nicht, dass Sie ein professioneller Imitator dieses Prominenten werden sollen. Wenn Sie zum Beispiel Sean Connery als Lieblingsprominenten ausgewählt haben und die Leute Sie fragen, warum Sie plötzlich mit schottischem Akzent sprechen, dann wissen Sie, dass Sie mit Ihrer »Prominentenspiegelung« ein bisschen zu weit gegangen sind.

Wie kann Ihre prominente Person Ihnen helfen, das Publikum in Ihren Bann zu ziehen?

Dieses Erfolgsrezept baut auf dem Prinzip auf, dass wir Menschen mögen, die selbstbewusst und von sich überzeugt sind. Jeder fühlt sich zu selbstsicheren Menschen hingezogen. Und wenn Sie die Persönlichkeitszüge einer selbstbewussten prominenten Person annehmen, werden Sie automatisch mehr Vertrauen zu sich und Ihren Talenten haben.

Nutzen Sie dieses Selbstvertrauen, um die Person, die Sie lesen möchten, mit Ihrem Charme um den Finger zu wickeln. Anfangs werden Sie sich dabei möglicherweise absolut nicht wohl in Ihrer Haut fühlen. Aber tun Sie einfach so, als ob, dann wird sich das Selbstbewusstsein mit der Zeit ganz von selbst einstellen.

■ ■

KLEINER TIPP FÜR MENTALISTEN

Die optimale Gelegenheit, Prominente und deren Verhalten zu studieren, sind Preisverleihungen. Schauen Sie sich einmal die Interviews auf dem roten Teppich vor den Oscar-, Emmy- und Grammy-Verleihungen an. Dort können Sie viele Erkenntnisse darüber gewinnen, wie Prominente sich artikulieren und bewegen. Wählen Sie den Prominenten, den Sie gerne nachahmen möchten, sorgfältig aus. Achten Sie darauf, welche der Stars Selbstvertrauen ausstrahlen und sich in ihrer Haut wohlzufühlen scheinen, ohne jedoch übermäßig distanziert zu wirken. Zu viel Arroganz kann auf andere Menschen ebenso abstoßend wirken wie Unsicherheit.

■ ■

HABEN SIE SPASS!

Wahrscheinlich ist Ihnen auch schon aufgefallen, dass Patrick Jane häufig lächelt. Solange Red John nicht auf der Bildfläche erscheint, ist Patrick immer guter Laune und nimmt sich selbst sowie die Ermittlungen des CBI nicht allzu ernst. Zwar zieht er sich dadurch manchmal Teresa Lisbons Unmut zu, doch in Wirklichkeit ist er gerade deshalb so gut in seinem Job.

Als Entertainer versuche ich mich und mein Publikum immer daran zu erinnern, dass meine Darbietungen Spaß machen sollen. Bei meinem Job ist der Spaßfaktor die Hauptsache. Wenn ich lache und Witze mache, fühle ich mich wohl, und mein Publikum auch.

Wenn die Zuschauer bei meinen Darbietungen eine Menge Spaß haben, sind sie viel aufgeschlossener und aufnahmefähiger, und dann kann ich auf meine Leistung stolz sein. Also nehmen Sie die Sache nicht so ernst!

So bringen Sie Ihre Mitmenschen aus dem Konzept

Selbst wenn Sie sich bei einer Darbietung einmal nicht wohlfühlen oder gar den Eindruck haben, total neben der Spur zu sein, können Sie trotzdem Herr der Situation bleiben, indem Sie den Menschen, den Sie lesen möchten, aus dem Konzept bringen. Wenn Sie sich diese Fähigkeit aneignen, werden die anderen gar nicht merken, dass Sie sie manipulieren. Das ist das Geheimnis aller großen Illusionisten.

ABLENKUNG UND IRREFÜHRUNG

In manchen Situationen sind Ablenkung und Irreführung die besten Freunde eines Mentalisten. Dabei denke ich zwar nicht unbedingt an einfache Tricks wie »Schauen Sie auf meinen Daumen« oder »Ihre Schuhbänder sind offen«, doch im Grunde läuft es auf das Gleiche hinaus.

Weshalb sind wir manchmal gezwungen, unser Publikum in die Irre zu führen?

Ganz einfach: Wenn die Zuschauer sich nicht auf Sie und Ihr Tun konzentrieren, werden Sie nicht so leicht merken, wenn Sie einen Ihrer mentalistischen Tricks anwenden. Denn dann sind sie weniger wachsam, sodass ihnen leichter etwas entgeht.

Wie führt ein Zauberer sein Publikum in die Irre? Eine ganz einfache Strategie besteht zum Beispiel darin, jemanden aus dem Publikum (vielleicht eine attraktive Frau) auf die Bühne zu bitten, damit sie ihm bei einem Zaubertrick assistiert.

Das Erfolgsgeheimnis besteht darin, die Frau genau in dem Augenblick auf die Bühne zu rufen, in dem der Illusionist heimlich etwas tut, wovon das Publikum nichts merken soll. Mit Sicherheit wird der Blick der meisten Zuschauer auf die Frau gerichtet sein, die gerade auf die Bühne kommt, und nicht auf den Zauberer. Das gibt ihm Gelegenheit, seinen Trick unbemerkt durchzuführen – ob er nun einen Gegenstand in seiner Tasche verschwinden lassen oder einen Stapel Karten manipulieren will.

So setzen Illusionisten die Strategien der Ablenkung und Irreführung ein. Aber wie geht ein Mentalist damit um?

Menschen irrezuführen ist gar nicht so kompliziert. Mit »Irreführung« meine ich alles, was Sie tun können, um Ihre Mitmenschen aus dem Konzept zu bringen – oder um es präziser auszudrücken: alles, was Sie tun können, um die Leute dazu zu bringen, dass sie sich nicht mehr auf die Außenwelt konzentrieren und ihre Aufmerksamkeit stattdessen nach innen richten.

Sie verstehen nicht genau, was ich damit meine?

Wenn Sie einem Menschen zum ersten Mal begegnen, begrüßen Sie ihn normalerweise– entweder Sie nicken ihm zu oder Sie geben ihm die Hand. Die Person, die Sie kennenlernen, wird dann ebenfalls nicken oder Ihnen die Hand schütteln und Sie dabei gleichzeitig beobachten und versuchen, sich einen ersten Eindruck von Ihnen zu verschaffen: Was ist das für ein Mensch? Sie konzentriert sich also auf die Außenwelt – in diesem Fall auf Sie.

Aber was ist, wenn Sie Ihrem Gegenüber nicht einfach nur die Hand schütteln, wie es normalerweise üblich ist, sondern seine Hand sehr kräftig drücken oder eine Sekunde länger festhalten, als Sie es normalerweise tun würden? Oder wenn Ihr Händedruck sehr lasch ist? Mit anderen Worten: wenn Sie etwas Ungewöhnliches tun?

Dann wird Ihr Gegenüber seine Aufmerksamkeit nach innen richten und darüber nachdenken, was dieser Händedruck zu bedeuten hatte. Ein Außenstehender würde vielleicht denken, dass diese Person sich ganz normal an der Besprechung oder dem Gespräch beteiligt wie alle anderen auch; doch in Wirklichkeit ist sie mit der Frage beschäftigt, warum Sie ihr auf so komische Art und Weise die Hand gegeben haben. Damit haben Sie ihre Aufmerksamkeit abgelenkt und Kontrolle über die Situation gewonnen.

Klingt fast zu einfach, um wahr zu sein?

Irreführung muss aber nicht unbedingt immer auf einer physischen Aktion beruhen. Sie können Ihre Mitmenschen auch dadurch aus dem Konzept bringen, was Sie sagen, wie oder wann Sie etwas sagen.

Wenn Sie zum Beispiel mehrere lange Wörter und kompliziert aufgebaute Sätze aneinanderreihen, können Sie Ihren Gesprächspartner dadurch ebenfalls in die Irre führen und völlig von dem Gedanken oder Argument ablenken, das er vorbringen wollte. Ein gutes Ablenkungsmanöver ist es auch, eine Frage mit einer Gegenfrage zu beantworten.

Wenn ein Vertreter Sie zum Beispiel fragt: »Möchten Sie eine erweiterte Garantie für Ihr Fernsehgerät?«, fragen Sie zurück: »In welchen Farben ist dieser Fernseher erhältlich?«

Das ist eigentlich nur eine ganz einfache, harmlose Frage. Aber es ist nicht die Antwort, mit der der Vertreter gerechnet hat, und somit eine Chance für Sie, Kontrolle über die Situation zu gewinnen und die Information aus ihm herauszulocken, die Sie eigentlich brauchen, zum Beispiel: »Was bringt mir eine erweiterte Garantie?«

Bisher waren meine Ausführungen zu verbalen Ablenkungsmanövern ziemlich hypothetisch und beruhten hauptsächlich auf der Idee, Menschen aus ihrer Komfortzone herauszulocken.

Es gibt aber auch eine Art der Gesprächsführung oder Befragung, bei der Sie die Aufmerksamkeit Ihres Gesprächspartners immer wieder auf Ihr Thema zurückbringen und – was noch wichtiger ist – von sich selbst ablenken. Diese Strategie bezeichnet man als sokratische Fragetechnik oder sokratischen Dialog. Im Grunde tut man dabei nichts anderes, als Fragen und Aussagen mit Gegenfragen zu beantworten.

DIE SOKRATISCHE FRAGETECHNIK

Diese Technik der Gesprächsführung leitet sich aus der bekannten sokratischen Methode her.

Bei dieser Methode, die nach dem Philosophen Sokrates benannt ist, handelt es sich um eine Form des Rededuells zwischen zwei Menschen, die gegensätzlicher Meinung sind. Die Methode zielt darauf ab, Menschen zur

Diskussion und zu kritischem Denken anzuregen, um auf diese Weise zu einem Konsens zu finden.

Diese Form der Debatte ist ein rasches Frage-Antwort-Spiel, das kritisches Denken fördert und dazu führen kann, dass einer der beiden Gesprächspartner sich widerspricht und die Argumentationskette des anderen dadurch stärkt.

Die Fragen sind darauf angelegt, die Logik einer Ansicht oder Aussage zu überprüfen. Dabei wechseln sich Fragen und Antworten der beiden Gesprächspartner permanent ab; jeder versucht seine eigene Überzeugung zu bekräftigen. Dieses Verfahren wird auch als *negative* Methode der Hypothesenelimination bezeichnet. Denn im Grunde tun die Gesprächspartner dabei nichts anderes, als falsche Hypothesen zu eliminieren, indem sie mit ihren Fragen auf Denkfehler stoßen und einer besseren Hypothese auf diese Weise allmählich immer näher kommen.

Der sokratische Dialog beginnt damit, dass einer der Gesprächspartner auf eine einleitende Frage so reagiert, als handle es sich dabei um eine Antwort. Dadurch ist der Fragesteller gezwungen, sich eine neue Frage zu überlegen, und so geht der Prozess des kritischen Denkens und Argumentierens immer weiter.

Der sokratische Dialog ist kritisches Denken auf höchstem Niveau. Er beruht auf der Überzeugung, dass eine einfache, oberflächliche Antwort nicht ausreicht. Stattdessen fordert er die Gesprächsteilnehmer dazu auf, tiefer zu gehen – bis an die Wurzel eines Problems oder einer Ansicht. A oder B? Sie haben sich für B entschieden? Aus welchem Grund?

Genau darum geht es beim sokratischen Dialog: Sie sollen Ihre Ansichten und Überzeugungen kritisch überdenken, um alle Denkfehler zu entlarven und so letzten Endes die Wahrheit ans Tageslicht zu bringen.

Und wie macht man das?

Diese Frage kann niemand besser beantworten als die Foundation for Critical Thinking, eine gemeinnützige Bildungsorganisation, die sich seit über drei Jahrzehnten der Forschung widmet. Sie empfiehlt, bei einem sokratischen Dialog folgendermaßen vorzugehen:

■ Alle Antworten mit Fragen beantworten, die den Gesprächspartner zwingen, sein Denken zu vertiefen.

■ Zu verstehen versuchen, weshalb Menschen bestimmte Überzeugungen haben, und die Implikationen dieser Überzeugungen dann mithilfe weiterer Fragen herausarbeiten.

■ Alle Überzeugungen so behandeln, als ob sie mit weiteren Gedanken und Überzeugungen zusammenhingen.

■ Bedenken, dass alle Gedanken und Überzeugungen weiterentwickelt werden müssen.

■ Sich darüber klar werden, dass keine Überzeugung für sich allein existiert, sondern mit einem Geflecht anderer Gedanken und Überzeugungen verbunden ist. Diesen Zusammenhang müssen Sie erkennen und Ihre Fragen dementsprechend formulieren.

All diese Punkte sollten Sie beherzigen. Sie können aber noch mehr tun, um sich auf einen sokratischen Dialog vorzubereiten.

Die effektivste Vorbereitung besteht darin, sich zunächst über das Endziel klar zu werden und bei der Formulierung seiner Fragen von diesem Ziel auszugehen. Sie müssen sich also zunächst überlegen, wie die letzte Frage lauten soll, die Sie beantwortet haben möchten. Von diesem Punkt aus entwickeln Sie dann eine Kette von Fragen, von denen Sie glauben, dass Ihr Gesprächspartner sie beantworten muss, um dieses Endziel zu erreichen.

Die Foundation for Critical Thinking empfiehlt zum Beispiel folgende Vorgehensweise: Wenn Ihr Endziel darin besteht, eine Antwort auf die Frage »Was ist Multikulturalismus?« zu erhalten, müssen Sie zunächst einmal Antworten auf folgende Fragen finden: Was ist Kultur? Worauf basiert Kultur? Welche Merkmale einer Person verraten etwas darüber, welcher Kultur sie angehört?

Welche Fragen soll man stellen?

Das hängt davon ab, welche Fragestellung oder welches Problem Sie zu lösen versuchen.

David Straker, ehemaliger Berater bei Hewlett Packard und Autor des Buches *Changing Minds: in Detail* empfiehlt ein paar altbewährte Fragen, mit denen Sie Ihr Gespräch einleiten können. Diese Fragen lassen sich in fünf Kategorien einteilen: »Begriffliche Abklärung«, »Annahmen auf den Grund gehen«, »Hintergründe ausloten«, »Standpunkte hinterfragen« und »Konsequenzen ausloten«.

Hier ein paar Beispielfragen zu jeder dieser fünf Kategorien:

■ Begriffsklärung:

Warum sagst du das?
Was genau bedeutet das?
Was hat das damit zu tun, worüber wir gerade gesprochen haben?
Was ist das Wesen von …?

■ Annahmen auf den Grund gehen:

Von welcher Annahme könnten wir sonst noch ausgehen?
Du scheinst davon auszugehen, dass …?
Warum hast du dich für diese Annahme entschieden?
Bitte erkläre, warum/wie …?

■ Hintergründe ausloten:

Weshalb geschieht das?
Woher weißt du das?
Bitte zeige mir …
Kannst du mir ein Beispiel dafür geben?
Was ist deiner Meinung nach die Ursache von …?

■ Standpunkte hinterfragen:

Man könnte die Sache auch anders betrachten: ... Erscheint dir das plausibel?
Welche anderen Sichtweisen gibt es?
Warum ist ... notwendig?
Wer profitiert davon?

■ Konsequenzen ausloten:

Was würde dann geschehen?
Welche Konsequenzen ergeben sich aus dieser Annahme?
Wie könnte man ... nutzen, um ...?
Was würde es bedeuten, wenn ...?

Natürlich werden Ihre Fragen hauptsächlich davon abhängen, welche Antworten Sie herausfinden oder was Sie erreichen möchten. Deshalb ist es so wichtig, dass Sie sich über Ihr Endziel klar werden und Ihre Fragen genau darauf abstimmen.

Wer arbeitet mit der sokratischen Fragetechnik?

Diese Methode basiert, wie bereits erwähnt, auf der sokratischen Lehre vom kritischen Denken. Sokrates war im Grunde seines Wesens ein Lehrer, deshalb wird seine Methode auch heute noch von vielen Lehrern angewendet. Eigentlich kommt sie jedoch in allen Situationen zum Einsatz, bei denen man davon ausgeht, dass eine Debatte zur Lösung einer Meinungsverschiedenheit beitragen kann.

Die Methode wird auch von professionellen Trainern und von Managern genutzt, die im Personalbereich tätig sind. Sie kann zum Beispiel einem Mitarbeiter helfen, ein gewünschtes Ziel zu erreichen, oder zur Korrektur einer falschen Einstellung zu seinem Geschäft oder zu einer bestimmten Aufgabe beitragen. Durch einen Dialog mit offenen Fragen kann die Person, die das Gespräch führt, den Mitarbeiter in die gewünschte Richtung dirigieren und dazu beitragen, das zuvor festgelegte Endziel zu erreichen.

Damit sich die Person nicht bedroht fühlt, wird dabei aber gleichzeitig der Eindruck eines offenen Gesprächs aufrechterhalten, das von den Antworten dieser Person abhängt.

Auch bei Psychotherapeuten ist die sokratische Fragetechnik sehr beliebt. Diese nutzen sie häufig, um Meinungsverschiedenheiten zwischen Familienmitgliedern zu schlichten.

Als Mentalisten versuchen wir, mithilfe dieser Methode erstens unseren Gesprächspartner abzulenken und zweitens möglichst viele Informationen aus ihm herauszulocken. Wir können damit die Kontrolle über ein Wortgefecht gewinnen – egal, ob es sich dabei um eine Debatte, eine Verhandlung oder ein Verkaufsgespräch handelt. Als Mentalist versuchen Sie stets Macht über eine Situation zu erlangen.

MENTALE TRICKS

Ich möchte Ihnen in diesem Buch keine Zaubertricks beibringen, Ihnen aber durchaus ein paar mentale Kunstgriffe vermitteln, mit denen Sie nahezu jede Situation unter Kontrolle bekommen können. Einige dieser Tricks können dazu dienen, das Eis zu brechen, während andere sich für praktischere Zwecke einsetzen lassen.

Stellen Sie sich vor, Sie könnten einen anderen Menschen dazu bewegen, sich umzudrehen und Sie anzusehen, ohne dass Sie ihn dazu erst ansprechen oder auf die Schulter tippen müssen. Wäre das für einen Mentalisten nicht eine hilfreiche Fähigkeit? Mit Sicherheit. Und es funktioniert tatsächlich. Sie können einen Menschen beeinflussen, indem Sie ihn einfach nur unverwandt anstarren.

Wie erreicht man das? Sie brauchen dazu nichts anderes zu tun, als die betreffende Person intensiv anzusehen. Nicht minutenlang, sondern höchstens für 30 bis 40 Sekunden. Wahrscheinlich werden Sie anderen Menschen intuitiv am ehesten auf den Oberkörper oder den Kopf schauen wollen, doch das »Kontrollzentrum«, auf das man sich bei seinem Blickkontakt konzentrieren sollte, liegt bei jedem Menschen woanders.

Der Schlüssel zum Erfolg besteht darin, gewissermaßen durch diese Person hindurchzuschauen. Wenn Sie ihren oberen Körperbereich ins Visier nehmen, stellen Sie sich vor, Sie könnten durch ihren Brustkorb und ihren Kopf hindurchsehen, bis hin zum Gesicht. Ich weiß, das klingt albern – aber versuchen Sie es einmal. Starren Sie auf die Haut im Nacken Ihrer Zielperson und stellen Sie sich vor, wie diese Haut allmählich heiß wird – heißer und immer heißer, bis sie in Ihrer Fantasie orangerot glüht. Ich kann Ihnen garantieren, dass Sie damit die Aufmerksamkeit der betreffenden Person erlangen werden. Wenn sie sich daraufhin nach Ihnen umdreht, reagieren Sie zuerst mit lächelnden Augen und lächeln Sie sie dann offen an. Damit können Sie einen anderen Menschen völlig in Ihren Bann ziehen; er wird sich dann nämlich fragen, wer Sie wohl sind und was Sie von ihm wollen. So gewinnen Sie automatisch eine gewisse Kontrolle über diese Person.

Wenn Sie einmal darüber nachdenken, fällt Ihnen vielleicht ein, dass Sie mit diesem Phänomen bereits Erfahrung haben. Hatten wir nicht alle schon einmal das Gefühl, von jemandem angestarrt zu werden? Manchmal stellen sich Ihnen plötzlich die Nackenhaare auf, Sie drehen sich blitzschnell um und merken, dass jemand Sie beobachtet. Wie konnten Sie das wissen? Es ist, als hätten wir Augen im Hinterkopf!

Manche Menschen halten das für ein übersinnliches Phänomen. Der englische Biochemiker Rupert Sheldrake hat zum Beispiel ein paar umstrittene Forschungsprojekte zum Thema Parapsychologie durchgeführt. Unter anderem hat er einen Artikel mit dem Titel »The Sense of Being Stared At« (»Der siebte Sinn des Menschen. Gedankenübertragung, Vorahnungen und andere unerklärliche Fähigkeiten«) geschrieben, in dem er die Theorie verficht, dass unser Gesichtssinn eine gewisse Energie ausstrahlt. Genau wie ein Magnet von einem Magnetfeld umgeben ist, »erstreckt auch unser Geist sich in Form eines Feldes über die Grenzen unseres Gehirns hinaus«, meint Sheldrake. Dieses »Wahrnehmungsfeld« spürt die Person, die wir anstarren.

Andere Menschen haben pragmatischere Erklärungen für dieses Phänomen. Vielleicht nimmt die Person, die Sie anstarren, Ihren Blickkontakt mit ihrer peripheren Sicht gerade noch wahr. Oder sie spürt Ihre Gegenwart mithilfe eines anderen Sinnesorgans. Könnte es sein, dass eine Veränderung Ihres Atemmusters den angestarrten Menschen gewarnt hat? Wenn Sie sich ganz intensiv auf jemanden konzentrieren, sind Sie wahrscheinlich ruhiger und atmen dementsprechend leiser. Möglicherweise hat Ihre Zielperson einfach nur diese Veränderung in ihrem Umfeld wahrgenommen.

Egal, worauf das Phänomen zurückzuführen ist – ich denke, Sie werden feststellen, dass es sich dabei um einen erstaunlich wirksamen Trick handelt.

Sie können die Aufmerksamkeit eines anderen Menschen auch durch Berührungen auf sich ziehen. Das Handgelenk eines Menschen zu berühren, während Sie ihm die Hand schütteln, kann zum Beispiel eine starke Reaktion hervorrufen. Wenn Sie jemandem begegnen und ihm die Hand geben, berühren Sie mit dem Zeigefinger Ihrer linken Hand blitzschnell ganz leicht sein Handgelenk – nur für den Bruchteil einer Sekunde.

Der verstorbene Milton Erickson ist noch einen Schritt weiter gegangen und hat den hypnotischen Händedruck entwickelt. Erickson war Psychiater und Gründungsvorsitzender der Amerikanischen Gesellschaft für Klinische Hypnose. Er arbeitete mit unerwarteten Berührungen während des Handschlags, um Menschen in Trance zu versetzen, die er anschließend mit hypnotischen Suggestionen verstärkte.

Ich möchte mit meiner Technik nicht so weit gehen. Aber wenn ich den Händedruck so ausführe, dass er meinem Gegenüber merkwürdig vorkommt, überrumple ich ihn damit gewissermaßen und gewinne die »Oberhand«. Außerdem sehnt sich jeder Mensch von Natur aus nach sinnlichen Erfahrungen. Wenn ich jemanden an einer empfindlichen Hautstelle berühre, befriedige ich damit eines seiner natürlichsten Bedürfnisse, und dafür wird er mir in gewisser Weise dankbar sein.

Noch ein wichtiger Hinweis: Wenn jemand Sie beim Anstarren oder Berühren seines Handgelenks ertappt und fragt, was Sie denn da machen, schütteln Sie einfach entschuldigend den Kopf und erklären Sie, Sie seien geistig gerade »völlig weggetreten« gewesen oder so etwas Ähnliches. Die meisten Menschen werden Ihnen das glauben und nicht weiter nachfragen.

SPIEGELN

Sie haben bereits gelernt, dass Sie das Verhalten einer prominenten Person imitieren können, um ein selbstbewussteres Auftreten zu entwickeln. Es gibt noch eine weitere Form der Nachahmung, durch die Sie Kontrolle über Ihren Gesprächspartner gewinnen können. Statt die Eigenarten eines Prominenten zu übernehmen, den Sie vorher genau studiert haben, kopieren Sie bei dieser Methode das Verhalten der Person, mit der Sie gerade sprechen. In Ihrem täglichen Leben haben Sie diese Art von Spiegelung wahrscheinlich schon praktiziert, ohne sich dessen bewusst zu sein. Wenn wir viel mit jemandem zusammen sind, übernehmen wir häufig bestimmte Eigenheiten, Sprechmuster, Redewendungen oder sogar den Dialekt dieser Person. Oft kommt jemand, der aus Neuengland stammt, mit einem Südstaatenakzent nach Hause zurück, nachdem er ein paar Tage lang in Savannah war. In der Regel nehmen wir solche Gewohnheiten völlig unbeabsichtigt an – es scheint sich dabei um eine besondere Eigenart der menschlichen Psyche zu handeln. Aber wenn Sie lernen, andere Menschen in bestimmten Situationen nachzuahmen, um damit einen Zweck zu erreichen, kann das eine wertvolle mentalistische Strategie sein.

Denn wenn Sie das Verhalten einer anderen Person spiegeln, wird diese Sie automatisch sympathisch finden. Diese Erkenntnis entstammt der Wissenschaft des neurolinguistischen Programmierens (NLP). Ein Grundprinzip des NLP besteht darin, das Verhalten des Gegenübers zunächst auf subtile Art und Weise zu imitieren. Schon nach kurzer Zeit werden Sie feststellen, dass die betreffende Person sich mit Ihnen in einer Art Gleichklang befindet – wie zwei Tänzer, die sich synchron zueinander bewegen. Denn durch das Spiegeln haben Sie auf Anhieb eine Beziehung, einen sogenannten Rapport, zu dieser Person aufgebaut.

Wie bewirkt man diese Synchronisation? Zunächst einmal müssen Sie darauf achten, Ihr Gegenüber nicht zu auffällig nachzuahmen. Es darf nicht so aussehen, als würden Sie diese Person nachäffen, indem Sie alles, was sie tut oder sagt, imitieren.

Sie müssen subtiler vorgehen. Zum Beispiel können Sie versuchen, das Atemmuster Ihres Gesprächspartners zu beobachten, und dieses dann nachahmen. Atmet er schnell oder langsam? Nimmt er tiefe oder kurze Atemzüge? Analysieren Sie dieses Muster und spiegeln Sie es.

Welche Schlüsselwörter benutzt Ihr Gegenüber besonders häufig? Viele Menschen verwenden Füllwörter wie »irgendwie«, »oder so«, »ähm« oder »äh«. Achten Sie auf solche Gewohnheiten und ahmen Sie sie auf möglichst natürlich wirkende Weise nach.

Das Gleiche gilt auch für die Körpersprache. »Redet« Ihr Gesprächspartner mit den Händen? Läuft er beim Sprechen im Zimmer auf und ab oder bleibt er an einer Stelle stehen? Beobachten Sie die Bewegungen Ihres Gesprächspartners und suchen Sie nach einer Möglichkeit, diese bei Ihrer Antwort zu imitieren. Aber denken Sie daran: Wenn Sie das zu auffällig machen, haben Sie das Spiel verloren. Denn dann wird Ihr Gesprächspartner sofort Verdacht schöpfen und ängstlich oder wütend werden.

Weshalb sollten wir das Verhalten anderer Menschen spiegeln? Aus einem einfachen Grund: Sobald Sie sich mit Ihrem Gesprächspartner im Gleichklang befinden, können Sie beginnen, ihn zu führen. Er wird dann nämlich unbewusst beginnen, Ihr Verhalten ebenfalls zu imitieren. In den Händen eines cleveren Mentalisten ist das eine sehr wirkungsvolle Strategie. Denn so können Sie erreichen, dass Ihr Gegenüber Ihre Bewegungsmuster nachahmt, und ihm auf diese Weise wichtige Informationen entlocken.

Nehmen wir zum Beispiel an, Sie möchten gerne beide Seiten der Hand eines Menschen sehen. Um das zu erreichen, beginnen Sie mit dieser Person ein Gespräch. Wenn Ihnen auffällt, dass sie immer wieder ein bestimmtes Wort benutzt, lassen Sie dasselbe Wort ebenfalls häufiger in Ihre Sätze einfließen. Beobachten Sie auch das Atemmuster Ihres Gesprächspartners und versuchen Sie, es nachzuahmen. Wenn er mit der linken Hand eine Geste in Richtung seines Kopfes macht, warten Sie eine Sekunde und machen Sie dann das Gleiche mit Ihrer rechten Hand (falls Sie der Person gegenübersitzen). Wenn Sie das ein paar Minuten lang praktizieren, werden Sie schnell merken, dass Sie sich tatsächlich in einer Art Synchronität mit dieser Person befinden. Sobald Sie das Gefühl haben, dieses Stadium erreicht zu haben, suggerieren Sie Ihrem Gesprächspartner mit möglichst natürlich wirkenden Handbewegungen, er solle seine Hände umdrehen, und warten Sie ab, was passiert. Vermutlich werden Sie angenehm überrascht sein!

Zweifeln Sie nicht an der Wirksamkeit der Spiegelungstechnik. Kundendienstmitarbeiter werden häufig in dieser Technik geschult, denn der Kundendienst ist nicht gerade der leichteste Job. Oft hat man es mit verärgerten Kunden zu tun, die ihr Geld zurückerstattet oder ein Problem gelöst haben möchten. Und die Bezeichnung »verärgert« ist häufig noch untertrieben ...

Ein geschulter Kundendienstmitarbeiter sollte in der Lage sein, das Verhalten eines Kunden zu spiegeln, um auf diese Weise die Situation unter Kontrolle zu bekommen und zu entschärfen. Das macht ihm die Arbeit im Kundendienst sehr viel leichter und wahrscheinlich wird der Kunde auch eine positivere Einstellung zu der Firma und dem Problem gewinnen, über das er sich aufgeregt hat. Das bedeutet zwar nicht, dass man dem Kunden in bestimmten Situationen nicht trotzdem sein Geld zurückerstatten muss, aber es ist wahrscheinlich, dass er zufrieden ist.

UNTERSCHWELLIGE BOTSCHAFTEN

Wahrscheinlich wissen Sie noch gar nicht, wie einfach es ist, Kontrolle über die Gedanken Ihres Gesprächspartners zu gewinnen.

Bei diesem Menschen kann es sich um jemanden mit Macht in einer Führungsposition handeln, der in seinem Beruf sehr erfolgreich ist. Trotzdem können Sie sein Denken mit ein paar ganz einfachen Tricks unter Kontrolle bringen und ihn dadurch enorm beeindrucken.

Nachfolgend ein amüsantes Beispiel dafür, wie Patrick Jane das in Episode 9 von Staffel 1 (»Flammen der Rache«) schafft:

Zu Beginn dieser Episode erklärt Patrick seiner Partnerin Teresa Lisbon, dass er ihre Gedanken lesen kann. Er fordert sie auf, sich zwei geometrische Figuren vorzustellen, bei denen die eine innerhalb der anderen liegt, und ihm dieses Bild per Gedankenübertragung zu senden. Dann sagt er ihr auf den Kopf zu, dass sie an ein Dreieck innerhalb eines Kreises gedacht hat. Zunächst leugnet Teresa, dass Patrick richtig geraten hat, aber schließlich räumt sie ein, dass er recht hat.

Wie konnte er das wissen?

Hier sind zwei Faktoren zu berücksichtigen. Erstens hat Patrick seine Aufforderung so formuliert, dass Teresa in ihren Wahlmöglichkeiten von vornherein eingeschränkt war. Er hat sie nämlich gebeten, sich eine einfache Form vorzustellen, »so ähnlich wie ein Quadrat, aber eben doch kein Quadrat«. Damit hat er im Voraus eine der drei häufigsten geometrischen Figuren ausgeschlossen. Es bleiben also nur noch ein Kreis und ein Dreieck übrig.

Denken Sie stets daran: Wenn Sie die Antwortmöglichkeiten Ihres Gegenübers begrenzen, gewinnen Sie Kontrolle über das Reading und erhöhen Ihre Chancen, die richtige Information zu erraten.

Außerdem formt Patrick mit den Händen wie zufällig die beiden geometrischen Figuren, die Teresa daraufhin vor ihrem geistigen Auge sieht. Während er sie bittet, sich die erste Form vorzustellen, hält er seine Hände weit auseinander, und zwar in Form eines Dreiecks. Bei der Aufforderung, sich die zweite Figur vorzustellen, formt er mit den Händen einen Kreis – aber nicht so offensichtlich, wie ein vierjähriges Kind mit dem Finger eine Kreisform in die Luft malen würde. Stattdessen breitet er seine Hände so aus, wie jeder es in einem Gespräch tun könnte.

Beide Gesten sind sehr subtil, aber bewusst geplant und eingesetzt. Und sie beeinflussen Teresa mit Sicherheit in ihren Antworten.

Der bekannte Mentalist Derren Brown kann Menschen dazu bringen, genau das zu denken, was er möchte. In einer seiner Darbietungen fordert er jemanden auf, sich das ideale Geburtstagsgeschenk vorzustellen. Wenn diese Person ihr Geschenk völlig frei wählen könnte, wofür würde sie sich dann entscheiden?

Nach einigem Nachdenken antwortet die Testperson: »ein BMX-Fahrrad« – und tatsächlich hat Derren Brown ein solches Rad in einem Paket verpackt, das hinter ihm liegt.

Wie hat er das geschafft?

Wenn Sie sich dieses Video ansehen, das im Internet schon einige tausendmal angeschaut wurde, werden Sie feststellen, dass Derren Brown seiner Versuchsperson eine unterschwellige Botschaft vermittelt hat. Entertainer, ja sogar Werbefachleute nutzen solch unbewusste Botschaften gerne: Sie setzen bestimmte Wörter oder Bilder ein, um jemandem ein Produkt oder eine Idee nahezubringen.

Forschungsergebnissen zufolge ist es zweifelhaft, ob man mit dieser Technik in der Werbung wirklich etwas erreichen kann, doch in Derren Browns mentalistischer Darbietung hat sie ihren Zweck eindeutig erfüllt. Während seines kurzen Gesprächs mit dem Mann lässt Derren Brown immer wieder die Buchstaben »B, M und X« einfließen und betont sie sogar noch.

Einmal ist das ganz offenkundig: »Sagen Sie: Ich wünsche mir X. So was Ähnliches wie ein richtig schickes Auto, zum Beispiel ein BM... oder eine Xbox.« Zusätzlich klopft er dem Mann auch noch jedes Mal, wenn er »B-M-X« sagt, auf die Schulter und verankert die drei Buchstaben auf diese Weise in seiner Psyche.

Der Mann ist so fasziniert von Brown, dass er gar nicht merkt, dass Sätze wie »So was Ähnliches wie ein richtig schickes Auto, zum Beispiel ein BM... oder eine Xbox« gar keinen Sinn ergeben. Außerdem ist der Raum mit Formen dekoriert, die an Fahrräder erinnern – zu der Dekoration gehören zum Beispiel miteinander verbundene Kreise, die wie die Räder eines Fahrrads aussehen. Für uns Außenstehende ist diese unterschwellige Botschaft deutlich erkennbar, doch der Mann, der Derren Brown gegenübersitzt, merkt nicht das Geringste davon.

Das bedeutet natürlich nicht, dass man mit solchen Botschaften sein Ziel immer erreicht. Aber wir können trotzdem einiges aus Browns Darbietung lernen. Erstens ist es sehr wichtig, bestimmte Botschaften durch Berührungen zu verstärken; dieser Trick lässt sich bei den verschiedensten mentalistischen Darbietungen anwenden. Am wirksamsten ist er, wenn Sie Ihrem Gesprächspartner gerade in dem Augenblick einen leichten Schlag auf die Schulter oder den Arm versetzen, in dem er einer Ihrer Aussagen zustimmt oder eine positive Antwort auf eine Frage gibt. Nehmen wir an, Sie sitzen jemandem gegenüber und fragen ihn: »Heute geht's Ihnen ziemlich gut, stimmt's?«, und die Person antwortet mit Ja, dann berühren Sie sie genau in diesem Moment.

Wiederholen Sie das in den ersten Gesprächsminuten bei jeder positiven Antwort, hinterher aber nur noch dann, wenn Ihr Gesprächspartner einer Aussage zustimmt, der er zustimmen *soll*.

Damit haben Sie ein Signal für positive Antworten ins Gespräch eingeführt und nutzen dieses Signal nun, um Ihrem Gesprächspartner vorzugeben, was eine positive Antwort ist und was nicht. Sie treffen also praktisch die Entscheidungen für ihn. Gleichzeitig verankern Sie Ideen in seinem Gedächtnis, die er sich einprägen soll – oder besser gesagt: die sich in seinem Unterbewusstsein verfestigen sollen. Jedes Mal, wenn Brown seinem Gesprächspartner einen freundschaftlichen Klaps auf die Schulter gibt und dabei »B-M-X« sagt, assoziiert er die Buchstabenfolge B-M-X mit etwas Positivem, und daher verankert sie sich auch mit entsprechend positivem Beigeschmack im Unterbewusstsein dieser Testperson.

Außerdem wiederholt Brown diese Buchstabenfolge in seinem Gespräch mit dem Mann immer wieder und Wiederholungen tragen stets dazu bei, einen Menschen in eine bestimmte Richtung zu drängen, solange man dabei nicht allzu auffällig vorgeht.

Diese Taktiken sind allerdings nichts für Anfänger, denn sie erfordern einiges an Übung. Aber sie können sehr wirkungsvoll sein.

Lassen Sie sich immer ein Hintertürchen offen

Man kann unmöglich voraussagen, ob bei einem Reading etwas schiefgehen wird. Manchmal entgleitet einem aufgrund äußerer Umstände die Kontrolle – es gibt allerdings immer eine Möglichkeit, sie zurückzugewinnen.

Egal, was passiert: Sie dürfen auf gar keinen Fall vergessen, dass ein Mentalist sich niemals irrt. Wenn ein Reading etwas aus dem Ruder läuft, ist das lediglich eine Station auf dem Weg des Mentalisten zu einer noch besseren Beherrschung seiner Kunst. Auf diesem Weg mag es Stolpersteine geben, diese Stolpersteine werden aber nur dann zu Sackgassen, wenn der Mentalist aufgibt und *zulässt,* dass er in eine Sackgasse gerät. Ein echter Mentalist macht trotz solcher Rückschläge einfach weiter – so lange, bis er sein Handwerk hundertprozentig kennt und versteht.

Wenn eine Testperson sich jedoch unkooperativ verhält, lassen Sie sie einfach links liegen und arbeiten Sie mit jemand anderem weiter. Schließlich bieten Sie Ihrem Publikum eine ganz besondere Form des Entertainments, die auf Kooperation, Kontakt und Kommunikation beruht. Mit Ihren Tricks versuchen Sie ohnehin bereits das Unmögliche zu schaffen; wenn Ihnen jemand diese Arbeit noch zusätzlich erschweren will, soll er doch jemanden finden, der bereit ist, sich mit ihm herumzuärgern. Einer mentalistischen Darbietung beiwohnen zu dürfen, ist ein Geschenk für die Zuschauer. Wenn jemand dieses Geschenk ablehnt, suchen Sie sich einfach einen anderen Empfänger, der es mehr zu schätzen weiß.

Ich habe in meiner Laufbahn als Mentalist nur wenige Situationen erlebt, auf die ich nicht vorbereitet war, denn ich übe und trainiere unablässig und versuche meine Fähigkeiten immer mehr zu verfeinern. Mit der Zeit habe ich gelernt, mit Pannen umzugehen und alles so zu nehmen, wie es kommt. Als ich am Institut für Technologie in Massachusetts in Boston auftreten sollte, ging mein Gepäck unterwegs verloren. Leider befanden sich in diesen Koffern Requisiten und Werkzeuge, die ich für meine Darbietung brauchte – und das Gepäck war nicht auffindbar. Ich hatte nur noch zwei oder drei Stunden Zeit, um eine 45-minütige Show für rund tausend Zuschauer auf die Beine zu stellen. Also ging ich in ein Bürofachgeschäft und kaufte mir dort auf die Schnelle das Arsenal zusammen, das ich brauchte, um mein Publikum in Erstaunen zu versetzen. Am Ende erzählte ich meinen Zuschauern gar nicht, dass ich mein Gepäck verloren hatte, und bekam trotz dieses Missgeschicks zweimal Standing Ovations. Manchmal muss man eben einfach kreativ sein.

Ein anderes Mal trat ich bei einer Party in New Jersey auf, und plötzlich fiel der Strom aus. Ich zog einfach meine Taschenlampe heraus, die ich für Notfälle immer dabeihabe, mein Kunde zündete noch ein paar Kerzen an, und damit ließen sich absolut magische Effekte erzielen. Manchmal wird eine Show durch solche unerwarteten Zwischenfälle sogar noch besser.

Erweitern Sie Ihre Kräfte

Ein imposantes Auftreten, sokratische Fragen und unterschwellige Botschaften können sehr wirksame Strategien sein, um Macht über Ihre Mitmenschen zu erlangen. Es bleibt Ihnen überlassen, sich zu überlegen, wie und wann Sie diese Strategien am besten zu Ihrem Vorteil einsetzen. Aber wie wäre es, wenn Sie in Ihrer Kontrolle über andere Menschen noch einen Schritt weiter gehen?

Wie wäre es, wenn Sie ihnen einen großen Teil ihrer Hemmungen nehmen könnten? Wie das geht, erfahren Sie im nächsten Kapitel.

KAPITEL 6

Hypnose

Hin und wieder haben die CBI-Agenten es mit einem Fall zu tun, der besonders schwer zu lösen ist. Manchmal will ein Zeuge einfach nicht reden. Meist liegt das daran, dass er Angst hat. Vielleicht fürchtet er, sich mit seiner Aussage selbst zu belasten – oder das nächste Opfer zu werden.

Teresa Lisbon und Kimball Cho verhören solche Leute, so gut es geht; doch wenn sie nicht genügend Beweise haben, um sie festzunehmen, bleibt ihnen nichts anderes übrig, als sie gehen zu lassen. Schließlich kann man niemanden zum Reden zwingen – oder doch?

In der Episode »Romeo und Julia« schafft es das CBI-Team nicht, die beste Freundin des Opfers zum Reden zu bringen. Patrick Jane schmuggelt sich im Anschluss an das Verhör in den Raum hinein, hypnotisiert die Frau und suggeriert ihr, dass sie ihr Geheimnis beim nächsten Mal, wenn sie ihn sieht, preisgeben wird. Zunächst scheint es nicht so, als sei es ihm wirklich gelungen, sie in Trance zu versetzen; doch tatsächlich erzählt die Frau beim nächsten Verhör im CBI-Hauptquartier alles, was sie auf dem Herzen hat.

Hypnose ist ein mentaler Zustand, der häufig missverstanden wird. Daher möchte ich nun einige häufige Missverständnisse rund um den Zustand der Hypnose aufklären und Ihnen erläutern, was Hypnose wirklich ist und wofür man sie einsetzen kann.

Zunächst einmal möchte ich Ihnen erklären, weshalb es so viele falsche Vorstellungen von Hypnose gibt: Das liegt an den Hypnotiseuren in

Filmen und auf der Bühne, die diese Technik zu einem beliebten Freizeitspaß erhoben haben. Sicherlich kennen Sie diese Art von Shows auch. In besonders peinlichen Filmszenen veranlasst der Hypnotiseur seine Versuchsperson dazu, wie ein Hund zu bellen, und vergisst dann, die Suggestion wieder rückgängig zu machen, sodass sie für den Rest ihres Lebens bellend herumlaufen muss.

Aber all das hat mit Hypnose tatsächlich wenig zu tun. Wer unter dem Einfluss von Hypnose steht, ist deshalb noch lange kein Sklave des Hypnotiseurs. Er handelt immer noch mit freiem Willen. Häufig wird Hypnose so dargestellt, als werde dabei jemand in Halbschlaf versetzt, doch in Wirklichkeit erreicht der Hypnotisierte dadurch eher einen Zustand vermehrter Wachheit und Aufmerksamkeit.

Hypnose ist ein veränderter Geistes- und Bewusstseinszustand, den alle Lebewesen – auch Tiere – tagtäglich erleben. Hypnose ist nicht nur etwas für Jahrmärkte und Zauberer.

Ich möchte Ihnen an dieser Stelle deutlich sagen, dass Hypnose nichts Mystisches, sondern etwas ganz Reales ist. Und dabei geht es schlicht und einfach um Konzentration.

Vermutlich ist es Ihnen nicht bewusst – aber auch Sie geraten in einen Zustand der Hypnose, zum Beispiel, wenn Sie wie gebannt auf eine Kinoleinwand starren oder beim Autofahren aus unerfindlichen Gründen die Ausfahrt verpassen, die Sie sonst immer nehmen, und stattdessen erst drei Ausfahrten später abbiegen. Und vielleicht glauben Sie mir nicht, aber wenn Sie den Rasen mähen und sich auf nichts anderes konzentrieren als die geraden Streifen im Gras, die Sie mit Ihrem Rasenmäher erzeugen, befinden Sie sich ebenfalls in einem Trancezustand.

Was ist Hypnose eigentlich?

Ganz einfach ausgedrückt, ist Hypnose ein Prozess, bei dem der Hypnotiseur Zugang zum Unterbewusstsein des Hypnotisanden gewinnt. Beim Erledigen unserer täglichen Aufgaben nutzen wir unseren bewussten Verstand. Von dem Augenblick, in dem morgens der Wecker läutet, bis zu dem Moment, in dem wir abends einschlafen, treffen wir fortlaufend bewusste Entscheidungen. Wir gehen die Fragen und Probleme, mit denen wir konfrontiert werden, bewusst an. Auch unsere Worte wählen wir mit Bedacht.

Doch in Wirklichkeit lassen wir uns bei diesen bewussten Aktionen von unterbewussten Entscheidungen leiten. Wir zapfen unser Unterbewusstsein – ein Konglomerat von Erinnerungen, Wünschen und Gefühlen – zum Beispiel an, wenn wir entscheiden, ob wir etwas sagen und ob wir nach links oder rechts gehen sollen.

Diese seltsame Vorahnung, die Sie neulich hatten, war nicht einfach nur eine Ahnung – das war Ihr Unterbewusstsein. Oder diese Idee, die Ihnen scheinbar aus dem Nichts heraus eingefallen ist ... Ihr Unterbewusstsein hatte sie bereits fertig ausgebrütet, noch bevor sie Ihnen zu Bewusstsein gekommen war.

Ihr Unterbewusstsein steuert auch all jene automatischen Handlungen, an die Sie niemals einen Gedanken verschwenden – so wie beispielsweise Ihre Atmung. Sie denken nie daran, dass Sie jetzt gleich atmen oder mit den Augen zwinkern oder etwas Ähnliches tun müssen. Das erledigt Ihr Unterbewusstsein für Sie. Und wie ist es mit dem Autofahren? Schauen Sie etwa bewusst alle paar Sekunden in den Rückspiegel? Oder steuert Ihr Unterbewusstsein diese Aktionen für Sie?

Nun werden Sie sagen: »Ich verstehe schon, dass es bewusste und unterbewusste Handlungen gibt, aber was hat das mit Hypnose zu tun?«

Eine ganze Menge. Ein Hypnotiseur tut nämlich nichts anderes, als Ihr Bewusstsein zur Ruhe zu legen und Ihrem Unterbewusstsein freie Hand zu geben. Sie verfallen dabei in einen schlafähnlichen Zustand, obwohl Sie in Wirklichkeit immer noch wach sind.

Was passiert, wenn die Funktion Ihres Bewusstseins unterdrückt wird? Dann gewinnen Sie Zugang zu einer Gehirnregion, die weniger Hemmungen unterworfen ist – was aber nicht unbedingt bedeutet, dass Menschen im Zustand der Hypnose unbedingt gegen ihre Moralvorstellungen handeln (auf dieses Thema komme ich gleich noch zu sprechen). Aber sie werden das Leben möglicherweise ein bisschen spielerischer angehen und – na ja, vielleicht bellen sie dann eben ab und zu wie ein Hund.

Nun möchte ich Ihnen etwas darüber erzählen, wer dieses Phänomen entdeckt hat.

WIE ALLES BEGANN

Der Begriff »Hypnose« wurde im Jahr 1842 geprägt. Doch schon 70 Jahre zuvor praktizierte der deutsche Arzt Franz Anton Mesmer eine Technik, mit der er seine Patienten in Trance versetzen konnte. Er hatte einmal beobachtet, wie ein Priester eine »verlorene Seele« exorzierte, und dabei war ihm der veränderte Bewusstseinszustand dieser Person aufgefallen. Mesmer glaubte nicht daran, dass Menschen von Dämonen besessen sein können, doch er recherchierte weiter und stellte seine eigenen medizinischen Theorien über dieses Phänomen auf. Mesmer ging davon aus, dass wir Menschen eine geheimnisvolle magnetische Flüssigkeit im Körper haben, die ausgewogen sein und frei fließen können muss, damit wir gesund bleiben. Indem er seine Hände über den Körpern seiner Patienten bewegte, während sie sich in diesem schlafähnlichen Zustand befanden (den er als »Krise« bezeichnete), glaubte er, die ins Stocken geratene Flüssigkeit wieder in Fluss bringen und die Patienten dadurch heilen zu können. Zwar erzielte Mesmer mit seiner Methode oft eindrucksvolle Resultate, trotzdem wurde er von seinen ärztlichen Kollegen größtenteils abgelehnt und diskreditiert.

Jahre später begann der Arzt James Braid sich für das Phänomen zu interessieren, das inzwischen den Namen »Mesmerismus« erhalten hatte, und wandte seine eigenen wissenschaftlichen Erkenntnisse darauf an. Wir haben es hauptsächlich Braids Arbeit zu verdanken, dass der Einsatz von Trancezuständen in der Psychiatrie inzwischen eine anerkannte Methode ist. Er glaubte zwar nicht an die magischen Erklärungsmodelle der Magnetisten jener Zeit, aber er konnte nicht bestreiten, dass die in Trance versetzten Personen sich tatsächlich in einem anderen Bewusstseinszustand befanden. Also studierte er den mysteriösen Hypnoseprozess weiter und untersuchte, inwiefern dieser eine heilende Wirkung auf Patienten haben könnte. Deshalb ist Braid in weiten Kreisen als erster Hypnotherapeut anerkannt.

Die grundlegendste Form der Trance wurde damals dadurch herbeigeführt, dass man dem Patienten die Hände auf die Schultern legte und an seinen Armen entlang nach unten strich. Es wurden noch weitere sanfte Streichbewegungen mit der Hand ausgeführt, und bisweilen tätschelte man den Patienten leicht die Stirn.

Seitdem hat sich auf dem Gebiet der Hypnose eine Menge getan; doch an einigen ihrer Techniken und Einsatzbereiche hat sich in den letzten 150 Jahren gar nicht so viel geändert.

WESHALB HYPNOTISIERT MAN MENSCHEN?

Es ist wichtig, sich über den Unterschied zwischen Mentalismus und Hypnose im Klaren zu sein. Als Mentalist lesen Sie die Körpersprache, die Worte und andere äußerlich sichtbare Handlungen und Verhaltensweisen einer Person. Sie interpretieren die Signale, die sie aussendet, und konstruieren daraus ein klares Bild, das verrät, wer diese Person ist. Sobald Sie das wissen, können Sie sie auch bis zu einem gewissen Grad in ihrem Verhalten beeinflussen.

Wenn Sie einen Menschen dagegen in Hypnose versetzen, können Sie mehr Kontrolle über ihn ausüben. Denn dadurch bringen Sie ihn in einen Zustand, in dem er sehr beeinflussbar ist.

Unter Hypnose wird eine Person sich so verhalten, wie Sie es möchten. Während Mentalismus als Kunst der Beobachtung definiert werden kann, ist der Hypnotiseur eher eine Art Marionettenspieler.

Hypnose ist die höchste Form mentaler Konzentration und kann nicht nur zur Unterhaltung eines Publikums eingesetzt werden, sondern auch für praktischere Zwecke, zum Beispiel als Entspannungshilfe oder zur Schmerzlinderung.

So lassen sich durch Hypnose beispielsweise Schmerzen vor und nach einem operativen Eingriff lindern. In einer Studie der Mount Sinai School of Medicine in New York unterzogen sich 100 Frauen vor einer Brustoperation 15 Minuten lang einer Hypnose. Weitere 100 Frauen erhielten stattdessen lediglich eine 15-minütige psychologische Beratung. In ihrem Trancezustand suggerierte der Hypnotiseur den Frauen, daran zu glauben, dass sie weniger Schmerzen haben würden. Die Wissenschaftler, die die Studie durchführten, stellten fest, dass diejenigen Frauen, die die Hypnotherapie erhalten hatten, tatsächlich weniger Anästhetika brauchten und seltener über Schmerzen klagten. Sogar der chirurgische Eingriff dauerte kürzer als bei den anderen Patientinnen.

Der medizinische Einsatz von Hypnose ist nichts Neues. In Indien wurde die Technik des Mesmerismus schon vor über 150 Jahren zur Schmerzkontrolle bei Amputationen angewendet.

Doch wie können wir diese beiden Techniken – Hypnose und Mentalismus – miteinander kombinieren, um einem Menschen bestimmte Informationen zu entlocken oder ihn zu lesen?

Durch Hypnose gewinnen Sie Zugang zum emotionalen Zentrum eines Menschen. Sie erfahren, wie er sich tatsächlich fühlt – nicht nur, welche Gefühle sein Bewusstsein ihm gestattet. Wenn Sie jemandem eine Frage stellen, erlaubt sein bewusster Verstand ihm oft nicht, ehrlich darauf zu antworten. Dieser Mensch trifft dann die bewusste Entscheidung, Ihnen nicht zu verraten, dass er zum Beispiel wütend, glücklich oder traurig ist.

Doch wenn Sie Zugang zum Unterbewusstsein einer Person gewinnen, kann sie sich nicht verstecken und Ihnen auch keine politisch korrekten Antworten geben. Ihr Unterbewusstsein wird auf jede Frage wie aus der Pistole geschossen die Wahrheit sagen. Es offenbart Ihnen die wahren Gefühle Ihres Gesprächspartners und auch die damit zusammenhängenden Erinnerungen. Doch da Sie den Prozess der Hypnose kontrollieren, können Sie dem Unterbewusstsein dieses Menschen auch falsche Emotionen oder

Erinnerungen suggerieren. Diese Technik verleiht einem Hypnotiseur sehr viel Macht. Auf dieses Thema werde ich gleich noch näher eingehen.

WEITVERBREITETE ÄNGSTE

Zu den häufigsten Irrtümern gehört der Glaube, das Verhalten einer Person im Zustand der Hypnose hundertprozentig manipulieren zu können. Doch in Wirklichkeit wird ein Mensch auch in Trance nicht gegen seine moralischen Verhaltensregeln oder Wertvorstellungen handeln – ebenso wenig, wie er dies im wachen Zustand tun würde.

Viele Menschen haben Angst davor, nicht mehr aus der Hypnose zu erwachen. Diese Angst ist ebenso unbegründet. Wenn man einen Menschen hypnotisiert und dann einfach weggeht, wird diese Person irgendwann von allein aufwachen, als habe sie nur geschlafen.

Natürlich wollen wir nicht, dass jemand Angst vor Hypnose hat. Aber um ganz ehrlich zu sein ... Menschen mit einer gewissen Furcht vor diesem Trancezustand lassen sich leichter hypnotisieren. Denn das bedeutet schließlich, dass sie an Hypnose glauben, und dann kann man sie einfacher in Trance versetzen als jemanden, der schon immer eine skeptische Einstellung zum Thema Hypnose hatte. Angst und Skepsis sind zwei ganz unterschiedliche Emotionen.

Da wir nun wissen, was Hypnose ist, für welche Zwecke man sie einsetzen kann und einige der häufigsten Ängste vor diesem Phänomen ausgeräumt haben, wollen wir als Nächstes lernen, wie man jemanden hypnotisiert.

Wie man Menschen hypnotisiert

Jede Hypnose beginnt mit einer Hypnoseeinleitungstechnik, der sogenannten Induktion. Dabei versucht der Hypnotiseur, alle anderen Gedanken und Geräusche aus dem Gehirn des Hypnotisanden zu verbannen. Er soll sich nur noch auf die Worte des Hypnotiseurs konzentrieren.

Es gibt verschiedene Möglichkeiten, eine Hypnose zu induzieren. Meist verwendet der Hypnotiseur dazu Suggestionen, wie wir sie alle schon einmal in einer Fernsehshow oder einem Film gehört haben:

■ »Sie werden jetzt ganz müde.«

■ »Sie entspannen sich immer mehr.«

■ »Ihre Augenlider werden schwerer und schwerer.«

■ »Sie fallen in einen immer tieferen Schlaf.«

Bei diesen Suggestionen sollte Ihre Stimme allmählich immer tiefer und sanfter werden. Stellen Sie sich vor, Sie wollten ein Baby in den Schlaf lullen. In Ihrem Fall ist das Bewusstsein des Hypnotisanden das »Baby«.

Wenn Sie ein Meister in der Kunst der Hypnose werden und auch die dafür erforderliche Zeit investieren möchten, gibt es mehrere verschiedene Induktionstechniken, die in unabhängigen Studien erforscht wurden. Einige dieser Techniken gehören zur Grundausstattung eines Hypnotiseurs, während andere ziemlich umstritten sind. Ich will Ihnen nun ein paar dieser Techniken vorstellen. Sie alle haben eines gemeinsam: Der Hypnotiseur sollte die Konzentration des Hypnotisanden stets kontrollieren können.

Konzentration ist bei einer Hypnose das Allerwichtigste. Sie müssen Kontrolle darüber ausüben, worauf der Hypnotisand sich konzentriert, und Sie müssen auch eine entspannende Umgebung schaffen, die sein Bewusstsein gewissermaßen in den Schlaf wiegt, damit er in Trance verfällt.

Viele Hypnotiseure suggerieren ihren Hypnotisanden zu diesem Zweck ein Bild. Diese Technik eignet sich sogar für die Selbsthypnose. Meistens hat dieses Bild etwas mit einem Abstieg zu tun: Der Hypnotisand soll sich vorstellen, eine Treppe, einen Berg oder Hügel hinabzusteigen. Bei jedem Schritt dieses langsamen Abstiegs versetzen Sie ihn mit dem Klang Ihrer Stimme immer tiefer in Trance. Das ist eine recht häufig angewendete Technik; jeder, der schon einmal Yoga praktiziert hat, kennt den tranceähnlichen Zustand, den man erreicht, wenn man sich vorstellt, wie der eigene Körper durch den Boden gedrückt und die gesamte Energie, die ihm innewohnt, dabei freigesetzt wird.

Diese Kombination aus einer tiefen, beruhigenden Stimme und der bildlichen Vorstellung eines Abstiegs bezeichnet man als *progressive Entspannung und Visualisierung*. Es gibt jedoch noch weitere Möglichkeiten, jemanden in Hypnose zu versetzen.

WEITERE TECHNIKEN

Die Technik der *Blickfixierung* sieht man häufig in Filmen und im Fernsehen. Falls Sie sich den Begriff »Blickfixierung« nicht merken können, nennen Sie diese Technik einfach die »Taschenuhr-Induktion«.

Dabei soll der Hypnotisand seinen Blick so intensiv auf einen Gegenstand richten, dass er nichts mehr von dem wahrnimmt, was um ihn herum vorgeht – weder mit den Augen noch mit seinen anderen Sinnesorganen. Während er sich bei der Technik der progressiven Entspannung und Visualisierung auf Ihre Stimme und die Bilder konzentrieren soll, die Sie ihm suggerieren, soll er seine Augen bei der Technik der Blickfixierung auf Ihre Taschenuhr richten – oder auf einen anderen Gegenstand, den Sie zu diesem Zweck benutzen. Während er sich immer intensiver auf die Uhr konzentriert, beginnen Sie wieder mit tiefer, sanfter Stimme zu ihm zu sprechen.

Diese Methode war früher ziemlich beliebt, wird heute aber nicht mehr ganz so oft angewendet, weil sie angeblich nicht so wirksam ist wie andere Techniken. Vielleicht liegt das daran, dass den Menschen bewusst ist, dass sie diese Technik im Kino oder Fernsehen schon einmal gesehen haben. Das blockiert sie, sodass sie ihren bewussten Verstand nicht ausschalten können.

Die *Blitzhypnose* oder *Rapid-Induction*-Technik beruht auf der Fähigkeit des Hypnotiseurs, das Gehirn des Hypnotisanden mit einer Reihe plötzlicher energischer Befehle zu überfrachten. Das müssen nicht unbedingt verbale Kommandos sein. Diese Technik wird auch als *Händedruck-Induktion* bezeichnet. Einem anderen Menschen die Hand zu schütteln, ist für uns eine völlig natürliche Geste, aber wir sind darauf programmiert, dass dieser Händedruck auf eine genau festgelegte Art und Weise ausgeführt wird, sich also an einem bestimmten sozialen Code orientiert. Läuft diese Interaktion dagegen auf unkonventionelle Art ab, fühlen wir uns überrumpelt und werden dadurch empfänglicher für eine Hypnoseeinleitung. Diese Technik ist sehr kompliziert; Sie sollten nicht versuchen, sie ohne Anleitung durch einen professionellen Hypnotiseur auszuführen. Und Sie sollten sie auch nicht ohne Wissen Ihres Gegenübers praktizieren, weil die Sache sonst für beide Seiten rasch sehr unangenehm werden könnte. Deshalb beschreibe ich diese Methode hier nicht weiter, sondern überlasse es Ihnen, eigene Recherchen dazu anzustellen.

Und schließlich gibt es noch die *Gleichgewichtsverlust*-Technik, die mit ihrer wiegenden Bewegung auch wieder an das Einlullen eines Babys erinnert. Ich habe bereits erwähnt, dass Sie mit Ihrem Hypnotisanden genauso sprechen sollten wie eine Mutter oder ein Vater, der versucht, ein Kind zum Einschlafen zu bewegen. Die Gleichgewichtsverlust-Technik arbeitet mit dem physischen Aspekt dieses Prozesses: sanften, rhythmischen, wiegenden Bewegungen, die den Hypnotisanden aus dem inneren Gleichgewicht bringen und für eine Hypnose empfänglicher machen.

Außer diesen Induktionstechniken gibt es noch weitere Möglichkeiten, jemanden in Hypnose zu versetzen. Wie bereits erwähnt, fallen wir in unserem Alltagsleben immer wieder in Trance, ohne dass jemand die oben beschriebenen Techniken mit uns praktiziert.

In Episode 5 der 1. Staffel der Serie *The Mentalist* (»Beste Freundinnen«) rüttelt Patrick Jane eine Frau innerlich auf, von der er nicht weiß, ob sie ihre Freundin ermordet hat oder selbst Opfer eines Verbrechens geworden ist, indem er mit ihr genau die Straße entlangfährt, an der der Mord passiert ist. Er spielt auch die gleiche Musik ab, die die Frau und ihre Freundin in der Nacht des Verbrechens gehört haben. So bringt er sie dazu, sich an die Ereignisse der Tatnacht zu erinnern, und hilft ihr dabei mit seinen Kommentaren immer wieder auf die Sprünge.

Patrick hat dazu vermutlich weder die Taschenuhr- noch die Händedruck-Induktionstechnik eingesetzt. Trotzdem können Sie sicher sein, dass diese Frau sich während der Autofahrt in einem Trancezustand befand und die Ereignisse der Tatnacht noch einmal aufs Neue durchlebte. Auch das ist ein eindrucksvolles Beispiel dafür, was man mit Hypnose erreichen kann.

ALLES HÄNGT VON DER KOOPERATION DES HYPNOTISANDEN AB

Wie lange es dauert, jemanden zu hypnotisieren, hängt zu einem großen Teil von der Bereitschaft und Kooperation der betreffenden Person ab. Viele Menschen möchten ihren bewussten Verstand gerne beiseiteschieben. Solche Leute werden Ihre Kommandos bereitwillig befolgen und sich von Ihrer beruhigenden Stimme leicht in Trance versetzen lassen. Andere werden zurückhaltender und schwieriger zu hypnotisieren sein. Wenn alles gut läuft, dauert es also nur ein paar Minuten, jemanden zu hypnotisieren.

Egal, wen Sie vor sich haben – Sie sollten nicht sofort mit der Hypnose beginnen. Stellen Sie dem Hypnotisanden stattdessen erst einmal ein paar Fragen, um sich einen Eindruck davon zu verschaffen, wie empfänglich er wohl für die Hypnose sein wird. Fordern Sie ihn zum Beispiel auf, sich vorzustellen, dass er durch die Luft schwebt, und beobachten Sie seine Reaktion. Bitten Sie ihn, die ganze Energie aus seinen Armen herausströmen zu lassen. Wie reagiert er darauf? Sie sind bereits geübt in der Kunst, Lügen auf die Spur zu kommen, also sollten Sie auch erkennen, ob Ihr Gegenüber sich das wirklich vorstellt oder nur so tut, als ob.

Bei diesem Ratschlag gehe ich davon aus, dass Sie Hypnose als eine Art Show auf Partys oder unter Freunden praktizieren wollen. Patrick Jane hat in der Serie *The Mentalist* natürlich nicht immer Gelegenheit zu beurteilen, ob sein Gegenüber sich bereitwillig hypnotisieren lassen wird oder nicht. Trotzdem ist er in der Lage, seine Induktionstechnik auf die jeweilige Person und Situation abzustimmen. So etwas kann jahrelange Übung erfordern.

Ich habe ihn hypnotisiert. Was nun?

Was tun Sie mit einem Menschen, nachdem Sie ihn hypnotisiert haben?

Denken Sie daran: Sie können ihn nicht dazu bringen, Ihre Feinde umzubringen oder das Finanzamt mit Eiern zu bewerfen. Erstens wäre das unverantwortlich und zweitens ignorieren Menschen ihre Moralvorstellungen nicht, nur weil sie sich im Zustand der Hypnose befinden.

In Episode 18 der 1. Staffel von *The Mentalist* (»Hypnose«) sucht das CBI-Team nach jemandem, der Menschen hypnotisiert, damit sie seine schmutzige Arbeit für ihn erledigen. Im Lauf dieser Episode wird Agent Rigsby, ein Partner von Patrick Jane, selbst hypnotisiert. In diesem Trancezustand knallt Rigsby den Kopf eines Tatverdächtigen während eines Verhörs mit voller Wucht auf die Tischplatte.

»Ich dachte, man kann niemanden dazu hypnotisieren, gegen seine Moralvorstellungen zu handeln?«, fragt ein anderer CBI-Agent, der Rigsbys Wutausbruch mitangesehen hat, Patrick Jane daraufhin.

»Rigsby hat eine brutale Ader«, antwortet Patrick. »Wenn du das bisher noch nicht bemerkt hast, dann weißt du es jetzt. Dieser Charakterzug ist bei Menschen, die zur Polizei gehen, übrigens gar nicht so selten.«

Mit Hypnose kann man uns also nicht zwingen, gegen unsere Moralvorstellungen oder Überzeugungen zu handeln, aber wir neigen in diesem Zustand eher dazu, Überzeugungen oder Charaktereigenschaften auszuagieren, die wir sonst vor unseren Mitmenschen verborgen halten.

»Im Zustand tiefer Hypnose sind Menschen äußerst leicht zu beeinflussen und haben sehr wenige Hemmungen«, erklärt Patrick Jane weiter.

Als Nächstes fordert er Rigsby auf, die Augen zu schließen und sich vorzustellen, was er in diesem Augenblick am liebsten tun würde. Dann bittet er ihn, die Augen wieder aufzuschlagen und seine Wunschvorstellung in die Tat umzusetzen. Daraufhin geht Rigsby zu einer Kollegin hinüber und küsst sie.

Mit seinen Kommandos hat Patrick Jane Rigsby zu nichts veranlasst, was dieser im Grunde seines Herzens nicht wirklich tun wollte. Auch die Hypnose hat also ihre Grenzen. Aber sie verleiht uns eine gewisse Macht über andere Menschen, indem sie deren Bewusstsein »in den Schlaf wiegt« und das Unterbewusstsein zum Vorschein kommen und sich austoben lässt – genauso, wie wenn wir im Bett liegen und tief schlafen.

Wie ich bereits erwähnt habe, kann man Hypnose auch zur Schmerzlinderung einsetzen oder man kann Menschen damit (wie wir schon oft genug im Fernsehen gesehen haben) von Lastern und unschönen Angewohnheiten wie beispielsweise Rauchen oder Nägel-Kauen abbringen.

Am Beispiel der Gewichtsabnahme lässt sich sehr gut beobachten, wie unser Bewusstsein und unser Unterbewusstsein miteinander kämpfen, wenn wir uns überlegen, ob wir das dritte Stück Pizza essen sollen oder nicht oder ob wir uns noch ein Stück Kuchen nehmen. Wir wissen, dass die Entscheidung zum Essen letzten Endes in unserem Bewusstsein fällt – aber welche Inhalte unseres Unterbewusstseins beeinflussen uns dabei? Bewegen frühere enttäuschende Erlebnisse uns dazu, Trost im Essen zu suchen? Und was würde geschehen, wenn jemand Sie im Zustand der Hypnose darauf umprogrammiert, Essen künftig nicht mehr mit Trost zu assoziieren? Würde er Ihnen damit das Abnehmen erleichtern? Ich denke schon.

■ ■

FAKTEN FÜR MENTALISTEN
Hypnose und Rauchen

Im Jahr 1992 führten Wissenschaftler an der Universität von Iowa die Ergebnisse von mehr als 600 Studien zusammen, in denen Erfahrungen von über 72 000 Rauchern analysiert worden waren. Diese Probanden, die alle versucht hatten, sich das Rauchen abzugewöhnen, stammten aus den unterschiedlichsten Ländern der Welt – von Amerika bis hin zu Skandinavien und anderen Teilen Europas.

■ ■

■ ■

Die Wissenschaftler stellten fest, dass Hypnose die wirksamste Therapiemethode gegen das Rauchen darstellt. Sie war dreimal wirksamer als das Nikotinpflaster und 15-mal wirksamer als der bloße Einsatz der Willenskraft des Rauchers.

■ ■

POSTHYPNOTISCHE SUGGESTION

Um einem Klienten bei der Gewichtsabnahme zu helfen, kann der Hypnotiseur ihm eine posthypnotische Suggestion eingeben, damit er zum Beispiel beim nächsten Mal, wenn er ein Stück Kuchen sieht, nicht mehr so leicht in Versuchung gerät.

Posthypnotische Suggestionen sind gewissermaßen Gedächtnisstützen, die der Hypnotiseur seinem Klienten einprogrammiert, um zu erreichen, dass dieser nach seinem Erwachen aus der Trance in bestimmten Situationen etwas Bestimmtes empfindet oder ein bestimmtes Verhalten an den Tag legt.

In diesem Zusammenhang möchte ich noch einmal auf die Episode »Romeo und Julia« zurückkommen, in der Patrick Jane eine Zeugin hypnotisiert, um sie zu mehr Kooperation zu bewegen. Während dieser Hypnosesitzung nutzt Patrick eine Visualisierung als Induktionstechnik: Er bittet die Frau, an ihn zu denken, wenn sie an diesem Abend einschläft, und sich vorzustellen, sie fühle sich vollkommen schwerelos. Sie kann »davonfliegen und alle Belastungen, Ängste und Sorgen hinter sich lassen«. Dann versetzt er ihr einen leichten Klaps auf die Schulter und gibt ihr dabei eine posthypnotische Suggestion ein: »Wenn ich Sie das nächste Mal begrüße, werden Sie die Wahrheit sagen, denn das wird Ihnen das gleiche Gefühl der Ruhe und Gelassenheit schenken.« Das ist zwar nicht unbedingt eine Methode, die die Polizei befürwortet, aber Patrick bringt die Zeugin mit seinem Hypnosetrick tatsächlich zum Reden.

In diesem Fall arbeitet er mit einer emotionalen Suggestion. Er möchte der Frau ein Gefühl des inneren Friedens einflößen, damit sie sich bei ihrem nächsten Gespräch mit ihm nicht wieder von ihrer Angst beherrschen lässt. Er gibt ihr also gewissermaßen das Werkzeug in die Hand, das sie braucht, um die Wahrheit zu sagen.

Ein Hypnotiseur kann einem anderen Menschen aber auch suggerieren, etwas Bestimmtes zu tun. Damit sind wir wieder bei dem berühmten Beispiel von dem hypnotisierten Zuschauer, der bellt wie ein Hund. Um die Show perfekt zu machen, kann der Hypnotiseur ihm vielleicht sogar suggerieren, jedes Mal zu bellen, wenn er seinen Namen hört – selbst wenn er die Bühne bereits verlassen hat und wieder auf seinem Platz sitzt.

In der Hypnotherapie kann man posthypnotische Suggestionen auf verschiedene Art einsetzen. Vielleicht suggeriert der Hypnotiseur seiner schüchternen Klientin, dass sie jedes Mal, wenn sie ihren Chef sieht, ein großes Selbstvertrauen empfinden soll. Eine der häufigsten posthypnotischen Suggestionen dient dazu, den Hypnoseprozess bei der nächsten Sitzung zu erleichtern: Zu diesem Zweck suggeriert der Hypnotiseur dem Hypnotisanden, bei der nächsten Hypnoseeinleitung ganz ruhig und gelassen zu sein.

Doch in diesem Buch besprechen wir die Hypnose im Zusammenhang mit Mentalismus und den Fähigkeiten von Patrick Jane. Hin und wieder überschreitet Patrick die Grenzen des Zulässigen, und die CBI-Agenten sind ohnehin nicht begeistert von der Idee, auf einem Polizeipräsidium mit posthypnotischen Suggestionen zu arbeiten. Denn das gehört nicht gerade zu den subtilsten (oder gesetzlich zulässigen) Methoden.

Am häufigsten setzt Patrick Jane jedoch eine andere Form der Hypnose ein: die Gesprächshypnose.

WERDEN SIE EIN JEDI-RITTER

Die meisten von uns erinnern sich sicher noch an die Szenen aus den *Star-Wars*-Filmen, in denen ein Jedi-Ritter jemanden einzig und allein durch den Klang seiner Stimme dazu bringt, seine Meinung zu ändern. Er stimmt den Menschen, mit dem er konfrontiert ist, einfach dadurch um, dass er das Gegenteil behauptet.

Ist es wirklich so einfach? Kann man tatsächlich die Meinung eines Menschen ändern, indem man ihm widerspricht? Wahrscheinlich nicht – es sei denn, Ihr Gegenüber ist ein ziemlich einfältiger Mensch.

Aber das bedeutet nicht, dass an der Gesprächshypnose nicht doch etwas dran ist. Manchmal erinnert diese Technik tatsächlich an die Methoden, die von den fiktiven Jedi-Rittern eingesetzt wurden.

Bei der Gesprächshypnose handelt es sich um eine Reihe genau einstudierter Schritte, mit denen Sie die Meinung eines anderen Menschen manipulieren können, um Ihrem Ziel näherzukommen.

Die Idee der Gesprächshypnose wurde erstmals von dem umstrittenen Psychotherapeuten Milton Erickson eingeführt. Wie bereits erwähnt, war Erickson der Ansicht, dass eine hypnotische Trance kein seltenes Ereignis ist und auch nicht zwingend von einem Hypnotiseur eingeleitet werden muss. Er glaubte, dass jeder Mensch tagtäglich mehrmals in einen Trancezustand verfällt: zum Beispiel, wenn er lange Zeit auf einen Computerbildschirm starrt oder auf den Bus wartet und sich dabei auf nichts anderes konzentriert als auf die Zeitung, die nur ein paar Zentimeter von seinem Gesicht entfernt ist.

Erickson war der Meinung, man könne durch Gesprächshypnose Widerstände von Menschen umgehen, die nicht sonderlich kooperativ sind. Statt mit solchen Personen in Konflikt zu treten, baute er eine Beziehung zu ihnen auf und versetzte sie mit indirekten Suggestionen und Verwirrungstaktiken in Trance.

Wie macht man das?

EINE BEZIEHUNG ZUM HYPNOTISANDEN AUFBAUEN

Wenn Sie zum Zweck der Hypnose eine Beziehung zu einem anderen Menschen aufbauen möchten, müssen Sie so ähnlich vorgehen wie bei den Gesprächsmustern, die ich in Kapitel 4 dieses Buches beschrieben habe, als es darum ging, Lügen zu entlarven.

Sie wollen erreichen, dass Ihr Gegenüber sich in Ihrer Gegenwart wohl-fühlt, und Sie möchten eine ruhige, vertrauensvolle Gesprächsatmosphäre schaffen. Wie geht das?

Die einfachste und schnellste Methode, dieses Ziel zu erreichen, besteht darin, einfach allem zuzustimmen, was diese Person sagt. Wenn sie zum Beispiel meint, dass das Wetter schrecklich sei, pflichten Sie ihr bei. Wenn sie eine Situation positiv oder negativ einschätzt, erklären Sie ihr, dass Sie ganz ihrer Meinung sind.

Dadurch bringen Sie diesen Menschen dazu, Vertrauen zu Ihnen aufzu-bauen, und lullen gleichzeitig seinen bewussten Verstand ein, weil er es nicht für nötig hält, über einen Widerspruch nachzudenken – Sie stim-men ihm ja ständig zu.

Denken Sie an die Spiegelungstechniken, die ich in Kapitel 5 als Mög-lichkeit beschrieben habe, eine Beziehung zu anderen Menschen auf-zubauen. Wenn Sie Zeit dazu haben, spiegeln Sie das Verhalten Ihres Gesprächspartners und wiegen Sie ihn in einem Gefühl der Ruhe und Sicherheit. Anschließend können Sie zum nächsten Hypnoseschritt übergehen.

VERWIRRUNGSTAKTIKEN

Nachdem Sie eine Beziehung zu Ihrem Gesprächspartner aufgebaut haben, müssen Sie ihn als Nächstes verwirren. Das geht am leichtes-ten, indem Sie ihm blitzschnell eine Frage stellen, die ihn durcheinan-derbringt. Wenn er zum Beispiel sagt, eine Situation sei hoffnungslos, können Sie behaupten, dass die nächste Person, die ihm auf der Straße entgegenkommt, die Lösung seiner Probleme sein könnte, oder Sie ge-hen auf Konfrontationskurs und erklären, Sie wüssten, dass die Situati-on hoffnungslos ist, und verstünden gar nicht, wie Ihr Gesprächspartner jemals auf die Idee kommen konnte, dieses Ziel zu erreichen. Niemand könne es erreichen.

Schon nach einer Minute wird Ihr Gesprächspartner dadurch vielleicht so verunsichert sein, dass er plötzlich einen sehr viel optimistischeren Standpunkt einnimmt. Dann werden Sie Äußerungen zu hören bekommen wie: »So schlimm ist die Sache doch gar nicht. Wir schaffen das schon.«

Sie können aber auch mithilfe von Kauderwelsch Kontrolle über eine Situation erlangen. Diese Technik habe ich von Fantastic Fig gelernt, einem berühmten Anwalt, der später Profi-Illusionist wurde. Der Trick besteht darin, einfach »scateramus harsbar« zu sagen. Ja, Sie haben richtig gehört: scateramus harsbar.

Hinter diesen beiden Wörtern (sofern man sie überhaupt als Wörter bezeichnen kann) verbirgt sich kein geheimnisvoller Sinn, der nur Mentalisten bekannt ist. Das ist lediglich eine Methode, Kontrolle über einen Menschen zu gewinnen, indem man seinen Denkprozess umgeht.

Gehen Sie einfach auf jemanden zu und sprechen Sie die magischen Worte – oder das Kauderwelsch – im Kontext eines ansonsten ganz normalen Satzes oder Gesprächs aus. Zum Beispiel folgendermaßen:

»Scateramus harsbar«, rufen Sie jemandem zu.

»Was?«, antwortet die Person, während sie auf Sie zukommt.

»Hast du schon scateramus harsbar?«, fragen Sie mit leiserer Stimme. Sie können es auch mit folgender Frage versuchen: »Haben wir uns nicht in der Scateramus-Hars-Bar getroffen?«

Mit diesem einfachen Wortwechsel haben Sie die andere Person inzwischen wahrscheinlich dazu gebracht, näher an Sie heranzukommen und verstehen zu wollen, was Sie sagen möchten und was Sie überhaupt von ihr verlangen. Sie versucht aus Ihnen schlau zu werden, und während sie das tut, hat sie keine Zeit, Ihr Verhalten genau zu beobachten. Wenn Sie sie also mit ein paar der mentalistischen Tricks, die Sie inzwischen gelernt haben, verblüffen möchten, dürfte Ihnen das jetzt leichter fallen, weil Sie sie vorher aus dem Konzept gebracht haben.

SUGGESTION

Wenn Ihr Gesprächspartner seine Meinung inzwischen nicht sowieso schon zu Ihren Gunsten geändert hat, können Sie an diesem Punkt der Gesprächshypnose eine Suggestion einbauen.

Durch Ihre Verwirrungstaktik und dadurch, dass das Gespräch eine neue Wendung genommen hat, haben Sie nun immerhin schon erreicht, dass Ihr Gesprächspartner die Lage nicht mehr für katastrophal hält, sondern sagt: »Keine Sorge, ich schaffe das schon.« Jetzt können Sie noch einmal nachhaken und sagen: »Du findest die Situation inzwischen also nicht mehr ganz so schlimm, oder?«

Wahrscheinlich wird Ihr Gesprächspartner diese Frage positiv beantworten.

Nun kennen Sie die wichtigsten Grundzüge der Gesprächshypnose. Falls Ihnen diese Technik einfach erscheinen sollte: Täuschen Sie sich nicht! Sie erfordert Erfahrung auf verschiedenen Ebenen. Sie müssen sich dazu beispielsweise in der Fähigkeit üben, einem anderen Menschen auf dessen Persönlichkeitsniveau entgegenzukommen oder ihm zuzustimmen – egal, worum es geht. Das ist gar nicht so leicht, wie Sie denken. Außerdem müssen Sie Fragen einüben, mit denen Sie jemanden aus dem Konzept bringen oder verwirren können. Wie können Sie jemandem begegnen, indem Sie genau das Gegenteil von dem behaupten, was er sagt? Dazu müssen Sie schon ziemlich schnell denken können.

Auslöser

Ein anderer wichtiger Aspekt des Hypnoseprozesses, auf den ich bisher noch nicht eingegangen bin, sind die Auslöser.

Mit einer Auslöser-Aussage oder -Handlung können Sie jemanden in Hypnose versetzen oder wieder aus diesem Zustand zurückholen.

Das kann zum Beispiel ein Schlüsselwort sein, das Sie für den Hypnotisanden mit Entspannung oder Hemmung assoziieren, während dieser sich in Trance befindet, oder auch einfach nur ein Klaps auf den Arm, mit dem Sie ihn aus seiner Trance herausholen.

Beide Beispiele kommen auch in der Serie *The Mentalist* vor.

In der bereits besprochenen Episode, in der Agent Rigsby hypnotisiert wird, bittet man Patrick Jane, Rigsby wieder aus seiner Trance zurückzuholen. Patrick erklärt, dass er das nicht kann, weil er nicht derjenige ist, der ihn hypnotisiert hat, und das auslösende Wort daher nicht kennt.

Auf die Frage, ob er dieses Wort denn nicht herausfinden könne, antwortet Patrick: »Das wäre so, wie wenn wir beide versuchen würden, im Atlantik Marco Polo zu spielen.«

Aber Hypnose muss nicht zwingend immer so kompliziert sein. In einer anderen Episode hypnotisiert Patrick Jane einen Tatverdächtigen blitzschnell, einfach nur mithilfe eines Feuerzeugs und seiner ruhigen Stimme. Um ihn wieder aus seinem Trancezustand zu befreien, schlägt er ihn einfach zweimal leicht auf den Arm, und der Mann kommt wieder zu sich.

Welchen Auslöser Sie benutzen, um eine Person aus dem Hypnosezustand zurückzuholen, hängt von deren Persönlichkeit ab und davon, wie tief sie in ihrer Trance versunken war.

Selbsthypnose

Zum Schluss möchte ich Ihnen ein paar Techniken zur Selbsthypnose vorstellen. Dabei gehen Sie ganz ähnlich vor, wie wenn Sie jemand anderen in Hypnose versetzen.

Genau wie bei der Hypnose einer anderen Person müssen Sie auch sich selbst zunächst einmal in einen Trancezustand versetzen. Dazu benutzen Sie die gleichen Techniken wie bei einem anderen Menschen: Sie eliminieren alle Gedanken aus Ihrem Kopf und konzentrieren sich ausschließlich auf einen Fleck an der Wand oder ein Objekt, das sich vor Ihren Augen sanft hin- und herbewegt. Sie murmeln die Silbe »Om« vor sich hin, zählen von 100 rückwärts bis 1 oder stellen sich vor, wie Sie langsam eine lange Treppe hinuntersteigen. Dabei spüren Sie, wie Sie allmählich immer ruhiger und entspannter werden und immer tiefer in einen Trancezustand versinken.

Sich in diesen Zustand zu versetzen ist nicht leicht. Es erfordert Übung – genau wie alles andere auch. Aber ebenso, wie wenn Sie jemanden in Trance versetzen, werden Sie auch Ihrem eigenen Unterbewusstsein bestimmte Suggestionen eingeben können. Nachdem Sie vorher eine Liste von Affirmationen und Aussagen vorbereitet haben, können Sie sich diese im Trancezustand nun immer wieder vorsagen, bis sie sich in Ihrem Unterbewusstsein verankert haben. Das wird Sie in bestimmten erwünschten Verhaltensweisen bestärken und Ihnen helfen, Selbstvertrauen aufzubauen.

Zur Selbsthypnose brauchen Sie nur einen ruhigen Raum, in dem Sie ungestört sind, und genügend Zeit. Im Anschluss an die Hypnosesitzung stellen Sie sich vor, wieder aus Ihrem Trancezustand aufzusteigen, und suggerieren sich, dass Sie in erquicktem, energiegeladenem Zustand aufwachen werden.

■ ■

»DREHBUCH« FÜR EINE HYPNOSESITZUNG

Bei der Hypnose einer oder mehrerer Personen können Sie sich an folgendem Text orientieren. Sie können ihn auch für die Selbsthypnose benutzen.

Bitte nehmen Sie ein Blatt Papier und einen Kugelschreiber oder Bleistift zur Hand und konzentrieren Sie sich auf einen bestimmten Wunsch.

Schreiben Sie diesen Wunsch auf. Zum Beispiel: »In den nächsten 30 Tagen werde ich ...«

■ ■

■ I

Aber formulieren Sie Ihre Absicht nicht zu allgemein. Schreiben Sie nicht »... werde ich schlanker sein« oder: »Ich will abnehmen«. Drücken Sie sich ganz präzise aus: »In 30 Tagen werde ich nur noch 68 Kilogramm wiegen« – oder wie auch immer Ihr Ziel aussehen mag.

Und nun denken Sie darüber nach, wie und warum Sie dieses Ziel erreichen möchten.

Was müssen Sie dafür tun, und wozu?

Sie sollen bei dieser Übung nicht das Bewusstsein verlieren und es wird auch nicht so sein, dass Sie sich hinterher an nichts mehr erinnern können – also haben Sie keine Angst.

Ich bitte Sie nun, ein paar leichte Dehnübungen zu machen und sich dann hinzusetzen. Atmen Sie tief ein und schließen Sie die Augen. Hören Sie auf den Klang meiner Stimme und versinken Sie noch tiefer in Ihren Zustand der Entspannung. Atmen Sie aus. Gut. Nun atmen Sie wieder tief ein und halten den Atem an. Ihre Augen sind immer noch geschlossen. Atmen Sie langsam wieder aus. Sie werden spüren, dass Sie jetzt ein bisschen müde werden ... und schläfrig ... Sie fühlen sich ganz entspannt ... Atmen Sie noch einmal tief ein ... und wieder aus.

Gut. Und jetzt öffnen Sie langsam die Augen. Hören Sie weiter dem Klang meiner Stimme zu, ohne den Kopf zu bewegen, und richten Sie Ihren Blick auf einen kleinen Fleck an der Wand. Bitte bleiben Sie regungslos sitzen und konzentrieren Sie sich auf diesen Punkt, während Sie einatmen ... und wieder ausatmen.

Sie werden nun bald merken, dass Ihre Augen müde werden und zu tränen beginnen, und Ihre Augenlider werden immer schwerer.

■ I

Halten Sie Ihre Augen in dieser Position fixiert und spüren Sie, wie nun auch Ihr Kopf immer schwerer wird, während Sie wieder einatmen. Atmen Sie tiefer ein und konzentrieren Sie sich weiterhin auf den Punkt an der Wand.

Ihre Augen sind jetzt wirklich sehr, sehr müde, und Sie möchten sie gerne schließen; aber es geht nicht. Es macht nichts, wenn Ihre Augenlider ein bisschen zu flattern beginnen. Ja, Ihre Augenlider flattern, aber gleichzeitig sind sie ganz schwer. Sie versinken immer tiefer in Ihren Zustand der Entspannung. Es wäre so friedlich und entspannend, wenn Ihnen jetzt einfach die Augen zufallen könnten.

Ich werde jetzt rückwärts von 10 bis 1 zählen; und bei jeder Zahl werden Sie sich entspannter fühlen.

10 – Sie werden immer schläfriger.

9 – Bei jeder Zahl, die ich ausspreche, spüren Sie, wie Ihr Körper schläfriger und schwerer wird. Wenn ich bei 1 angelangt bin, lassen Sie Ihre Lider sinken und schließen die Augen.

8 – Entspannen Sie sich weiterhin. Spüren Sie, wie Ihr Körper sich schwerer und schwerer anfühlt und Ihr Kopf sich langsam vornüberneigt, weil er von seinem Gewicht nach vorn gezogen wird.

7 – Ihre Augenlider flattern jetzt noch stärker – Sie zwinkern, weil Sie versuchen, die Augen offen zu halten und wach zu bleiben ... Und jetzt gestatten Sie sich, einzuschlafen.

■ ■

6 – Wir kommen der Zahl 1 jetzt immer näher. Sie beginnen nun das Gefühl für Ihren Kopf und Ihren Körper zu verlieren. Sie sind nicht mehr da – Ihr Geist schwebt einfach schwerelos in der Luft.

5 – Atmen Sie wieder tief ein, sinken Sie noch weiter in Ihren Sessel hinein und stellen Sie sich vor, dass jeder Zentimeter, jedes Kilo Ihres Körpers von dem Sessel aufgesaugt wird.

4 – Sie sind hier völlig in Sicherheit und werden nun gleich die Augen zumachen. Ich sehe schon, wie Ihre Augen sich schließen. Schmelzen Sie einfach in den Sessel hinein – und mit Ihrem Körper lassen Sie gleichzeitig auch Ihren Stress dahinschmelzen.

3 – Sie schließen jetzt langsam Ihre Augen.

2 – Sie entspannen sich immer mehr.

1 – Und nun machen Sie die Augen ganz zu und atmen Sie.

Beginnen Sie, vor Ihrem geistigen Auge ein Licht zu sehen und beobachten Sie, wie dieses orangefarbene Licht immer näher kommt.

Die Wärme dieses Lichts hat eine sehr heilende Wirkung und gibt Ihnen ein Gefühl der Geborgenheit. Spüren Sie, wie es Ihrem Körper immer näher kommt, sodass Ihnen immer wärmer wird. Beginnen Sie nun, sich vor allen äußeren Geräuschen, die Sie hören, abzuschirmen, und bleiben Sie in Ihrem Sessel sitzen: glücklich, zufrieden und entspannt.

Jetzt haben Sie die Hypnoseeinleitung beendet und können Suggestibilitätstests und Suggestionen ins Unterbewusstsein Ihres Hypnotisanden eingeben.

■ ■

■ ■

Aufwecken des Hypnotisanden

Ich werde nun von 1 bis 10 zählen. Wenn ich bei 10 angelangt bin, werden Sie sich wach und lebendig fühlen – und erfrischter als je zuvor.

1 – Sie beginnen sich nun allmählich wacher und lebendiger zu fühlen.

2 – Sie spüren, wie Ihre Augäpfel sich bewegen. Auch Ihre Augenlider sind nicht mehr so bleischwer.

3 – Sie fahren auf einer Rolltreppe nach oben und atmen dabei tief ein und aus.

4 – Sie fahren mit der Rolltreppe immer weiter nach oben.

5 – Beginnen Sie nun die Augen zu öffnen.

6 – Sie werden sich erstaunlich wohl fühlen ... und glücklich.

7 – Und nun beginnen Sie langsam aufzuwachen – Sie spüren jetzt, wie ihr Köper ganz leicht wird ... immer leichter und immer wacher.

8 – Sie beginnen jetzt wieder in die Gegenwart zurückzukehren und die Augen zu öffnen.

9 – Sie kommen zurück und ...

10 – ... schlagen langsam die Augen auf. Willkommen zurück!

■ ■

Sobald Sie solch eine Hypnosesitzung einmal durchgeführt haben, werden Sie unter Umständen Ihr eigenes Drehbuch dafür schreiben wollen. Welche Methode Ihnen zusagt, finden Sie am besten heraus, indem Sie es ausprobieren.

Nun werden wir uns wieder aus dem Unterbewusstsein unserer Mitmenschen zurückziehen und uns der Hauptaufgabe eines Mentalisten zuwenden: andere Menschen zu lesen. Sie werden staunen, wie viel Sie über eine Person erfahren können, auch ohne sich zu diesem Zweck erst Zugang zu ihrem Unterbewusstsein verschaffen zu müssen.

KAPITEL 7

Readings

Alle Menschen sind fasziniert von Dingen, die sie sich nicht erklären können. Deshalb fühlen wir uns so sehr zu Handlesern, Personen mit übersinnlichen Fähigkeiten und Medien hingezogen, die angeblich mit den Seelen Verstorbener kommunizieren können.

Besitzen diese Menschen, die auf Jahrmärkten ihre Dienste anbieten und in Filmen oder im Fernsehen zu bewundern sind, wirklich telepathische Fähigkeiten? Sind sie zu außersinnlicher Wahrnehmung in der Lage?

Natürlich nicht!

Viel eher handelt es dabei um Mentalisten, die die Techniken des Hot Readings und Cold Readings einsetzen, um Sie glauben zu machen, dass sie mit einer anderen spirituellen Ebene in Kontakt stehen.

In diesem Kapitel möchte ich Ihnen ein paar Geheimnisse verraten, die hinter »übernatürlichen« Informationsquellen stecken, und Ihnen zeigen, wie Sie praktisch von einer Minute auf die andere magische und mentalistische Tricks erlernen können.

Übernatürlich?

Bevor wir Demonstrationen von Telepathie und »außersinnlicher« Wahrnehmung des Schwindels überführen können, müssen wir uns zunächst einmal darüber klar werden, welche Fähigkeiten solche Menschen eigentlich für sich in Anspruch nehmen. Diesen Showtalenten kann man auf jedem Jahrmarkt begegnen, manchmal bieten sie ihre Künste sogar an Straßenecken feil. Aber das sind nicht die einzigen Orte, an denen wir solche »Fähigkeiten« bewundern können.

Man findet sie auch in Comicheften, im Fernsehen (in Filmen ebenso wie in Reality-Shows) und einigen unserer berühmtesten literarischen Werke.

Es wird so häufig behauptet, dass jemand zu Telepathie oder außersinnlicher Wahrnehmung in der Lage ist, dass selbst Polizeipräsidien sich immer wieder auf die Suche nach solchen Medien begeben – ebenso wie Kristina Frye in der Serie *The Mentalist* zu einem Verhör dazugebeten wurde.

Aber in Wirklichkeit sind das keine Medien, die mit dem Jenseits kommunizieren können, sondern Menschen wie Patrick Jane.

Unsere tägliche außersinnliche Wahrnehmung gib uns heute ...

Von der Grundschule bis hin zur Welt des Profisports finden Begriffe wie »außersinnliche Wahrnehmung« und »übersinnliche Fähigkeiten« immer häufiger Gebrauch. Doch was bedeuten sie eigentlich?

Wenn einem Basketballspieler ein außergewöhnlicher Pass gelingt, verkündet der Sportkommentator daraufhin oft lauthals: »Dieser Mann hat Augen im Hinterkopf. Er muss übersinnliche Fähigkeiten besitzen.« Beim Hockey hört man solche Sätze ebenfalls ziemlich oft.

Und was ist, wenn jemand einen unvollendeten Satz von Ihnen zu Ende führt oder Ihnen »das Wort aus dem Mund nimmt«? Ist das auch übersinnlich?

Im Fachjargon ist mit »außersinnlicher Wahrnehmung« die Fähigkeit gemeint, nicht mithilfe seiner physischen Sinnesorgane, sondern auf geistigem Weg zu bestimmten Informationen zu gelangen. Vielleicht haben Sie dafür auch schon einmal die Bezeichnung »sechster Sinn« gehört.

»Übersinnliche Wahrnehmung« ist ein Oberbegriff für eine ganze Reihe sogenannter übersinnlicher Fähigkeiten, zu denen unter anderem auch Telepathie und Hellsichtigkeit gehören. Wenn jemand erklärt, etwas getan zu haben, weil seine Vorahnung oder sein Bauchgefühl es ihm eingegeben hat, behauptet er damit im Grunde genommen nichts anderes, als einen sechsten Sinn zu haben (also die Gabe der außersinnlichen Wahrnehmung zu besitzen) – auch wenn ihm vielleicht gar nicht bewusst ist, wie weit er sich damit aus dem Fenster lehnt.

Ein bekanntes Beispiel für außersinnliche Wahrnehmung ist im Film *Ghostbusters* in der Szene zu beobachten, in der einer der Wissenschaftler eine Karte mit einer Figur in die Höhe hält und seinen Probanden (an dessen Kopf zahlreiche Sensoren befestigt sind) auffordert, sich zu konzentrieren und die Figur auf der Karte zu erraten. Jedes Mal, wenn er falsch rät, bekommt er einen elektrischen Schlag.

Die in dieser Szene verwendeten Karten wurden nach Karl Zener, dem Mann, der sie entwickelt hat, »Zenerkarten« genannt.

Zener entwickelte diese Karten, auf denen Figuren wie Sterne, Kreise und Wellenlinien zu sehen sind, Anfang der 1930er-Jahre, um zusammen mit seinem Kollegen J. B. Rhine Experimente zu übersinnlichen Fähigkeiten durchzuführen.

Bei diesen Experimenten ist eine Person der »Sender« und die andere der »Empfänger«. Der Sender konzentriert sich auf das Bild, in der Hoffnung, dass die Gedanken, die er dem Empfänger über den Tisch hinweg zusendet, bei diesem ankommen.

Jeder Zenerkartensatz enthält fünf verschiedene Figuren. Der Empfänger hat also eine Chance von 20 Prozent, die Figur richtig zu erraten. Eine Erfolgsrate von über 20 Prozent würde darauf hindeuten, dass er übersinnliche Kräfte besitzt – oder einfach nur großes Glück hat.

Rhine behauptete, dass manche seiner Probanden auch nach vielen, vielen Wiederholungen dieses Experiments eine deutlich höhere Trefferzahl erreicht hatten als diese 20 Prozent. Daraus schloss er, dass diese Personen

eine gewisse übersinnliche Begabung besaßen. Doch schon damals waren Kritiker der Ansicht, dass einige Probanden während der Tests betrogen und Rhine getäuscht hatten.

Inzwischen deuten verschiedene Studien darauf hin, dass Wissenschaftler die Existenz solcher paranormaler Fähigkeiten mit einer gewissen Skepsis betrachten. Die anerkanntesten Studien zu diesem Thema haben sogar ergeben, dass ein Großteil der Wissenschaftler (über 90 Prozent) solchen Menschen und deren Behauptungen *äußerst* skeptisch gegenübersteht.

Aber wie funktioniert so etwas? Wie kann ein Empfänger die Botschaft seines Senders lesen?

Das große Geheimnis

Nun will ich Ihnen verraten, wie Sie Ihre Mitmenschen glauben machen können, dass Sie paranormale Fähigkeiten besitzen. Damit können Sie Ihre Freunde beeindrucken, Ihre Feinde in Panik versetzen und Ihre Kollegen verwirren.

Es gibt zwei Methoden, mit deren Hilfe selbst ernannte Medien angeblich alles über ihre Klienten wissen bzw. herausfinden können: Hot Reading und Cold Readings.

Bei Hot Readings greift der Mentalist auf Informationen über Sie zurück, die er bereits besitzt. Normalerweise werden diese Informationen von seinen Mitarbeitern gesammelt, bevor das Reading auf der Bühne stattfindet. Hot Readings sind bei Fernsehmedien und Geistheilern besonders beliebt, denn diese haben normalerweise mehr Zeit, sich auf das Reading vorzubereiten.

Die andere Technik bezeichnet man als Cold Reading.

Cold Readings sind für Mentalisten und Medien sehr viel schwieriger, weil sie in die Sitzung gehen müssen, ohne sich vorher Informationen über Sie beschafft zu haben. Trotzdem werden Sie sich am Ende der Sitzung so durchschaut fühlen, als kenne der Mentalist Sie schon Ihr Leben lang.

KEINE MAGISCHEN FÄHIGKEITEN

Bevor ich näher auf das Thema Cold Readings eingehe, möchte ich Ihnen deutlich machen, dass ich keine übersinnlichen Fähigkeiten besitze und auch *nicht das geringste Interesse* daran habe, mediale Sitzungen zu veranstalten! Ich lese weder aus Tarotkarten noch aus Händen und fertige keine Horoskope an. Und auch mit sonstigen paranormalen Aktivitäten habe ich nichts zu tun.

Allerdings setze ich bei meinen mentalistischen Darbietungen ab und zu Cold Readings ein. Denn eine mentalistische Show kann sehr viel eindrucksvoller werden, wenn ich dabei persönliche Informationen über einen Zuschauer verkünde, den ich unmöglich vorher gekannt haben kann, da er mir noch nie im Leben begegnet ist.

Ich möchte Ihnen in diesem Kapitel keine Methode erläutern, wie man Séancen veranstaltet oder mit Verstorbenen spricht. Ebenso wenig will ich Ihnen hier Material an die Hand geben, mit dem Sie andere Menschen davon überzeugen können, dass Sie übernatürliche Fähigkeiten besitzen. Aber ich möchte Ihnen eine wirksame, erprobte und bewährte Technik vermitteln, mit der sich professionelle mentalistische Darbietungen noch eindrucksvoller gestalten lassen. In diesem Kapitel zeige ich Ihnen ein paar Tipps und Tricks, damit Ihnen nicht die gleichen Fehler unterlaufen wie mir, als ich anfing, Cold-Reading-Techniken in mein Repertoire aufzunehmen.

Ich gehe das Thema Cold Readings also aus der Perspektive eines professionellen Mentalisten an. Ich setze diese Art von Readings bei meinen Darbietungen ein, um mein Publikum noch ein bisschen besser täuschen zu können. Wenn Sie Ihre Show mit einem eindrucksvollen Trick beginnen, bei dem nichts schiefgehen kann, und dann noch ein paar Cold-Reading-Methoden einfließen lassen, wagen Sie sich damit gewissermaßen auf neues, noch unerforschtes Terrain vor – und das kann eine sehr aufregende Erfahrung sein.

Ich kombiniere Cold-Reading-Techniken stets mit der »Leading Reading«-Methode (auf die ich später noch näher eingehen werde). Auf diese Weise bin ich meinen Zuschauern bereits meilenweit voraus, ehe ihnen überhaupt zu Bewusstsein kommt, dass das Reading begonnen hat.

Nun beschäftigen wir uns etwas näher mit dem Thema Cold Readings.

Cold Readings

Beim Cold Reading handelt es sich eigentlich nicht um einen »Trick« im illusionistischen Sinn, sondern eher um eine Reihe von Methoden, Techniken und Konzepten, mit deren Hilfe der Mentalist sich geheime Informationen über einen Zuschauer verschafft und die Illusion erweckt, übersinnliche Fähigkeiten zu besitzen.

Diese Techniken erfordern eine scharfe Beobachtungsgabe, nur so kann der Mentalist sich auf Anhieb ein Bild von dem betreffenden Zuschauer machen. Auf diese Fähigkeiten bin ich bereits eingegangen.

Auf diesem ersten Eindruck aufbauend kann er mit Aussagen weitermachen, die auf einer grundlegenden Kenntnis der menschlichen Psyche und bestimmter Eigenschaften beruhen, die die meisten Menschen gemeinsam haben.

Zum Beispiel so etwas wie: »Sie haben sich als Kind das rechte Knie schlimm aufgeschlagen.« Natürlich. Wem ist so etwas in der Kindheit nicht irgendwann passiert?

Sobald Sie das Cold Reading einigermaßen beherrschen, werden Sie selbst darüber erstaunt sein, um wie viel eindrucksvoller sich damit ein offizieller oder inoffizieller mentalistischer Auftritt gestalten lässt.

DER RICHTIGE EINSTIEG

Wenn Sie ein Reading beginnen, müssen Sie bereits eine genaue Vorstellung davon haben, wo es hinführen soll.

Dazu müssen Sie Ihr Gegenüber genau studieren. Lassen Sie die Person aber nicht merken, wie konzentriert Sie sie beobachten! Deshalb ist es sinnvoll, im Hintergrund Musik abzuspielen, Kerzen anzuzünden, mit einer Assistentin zu arbeiten oder für irgendeine andere Ablenkung zu sorgen, während Sie mit Ihrer Versuchsperson zu arbeiten beginnen. Studieren Sie ihre Kleidung, ihre Schuhe, ihre Sprechweise, ihre Körperhaltung und ihren Dialekt. Ist sie tätowiert?

Was verrät Ihnen das Make-up und das Parfüm über diese Person? Was versucht sie dahinter zu verbergen? Will sie vielleicht irgendetwas vertuschen? Sind Parfüm oder Make-up zu dick aufgetragen?

Was können Sie aus dem Schmuck Ihres Gegenübers ablesen? Was möchte dieser Mensch seiner Umwelt mit diesen Schmuckstücken wohl sagen?

Das sind natürlich nur die allerersten Ausgangspunkte für ein »richtiges« Cold Reading, in das Sie nach und nach alle Techniken einfließen lassen sollten, die Sie in diesem Buch gelernt haben. Denken Sie daran: All diese Strategien müssen nahtlos ineinandergreifen.

Sie müssen sich die Kunst des Readings in allen Bereichen aneignen, um den Eindruck zu erwecken, als würden Sie die Lebensgeschichte Ihres Gegenübers genauestens kennen.

WIE COLD READINGS FUNKTIONIEREN

Wodurch wird eine Person für ein Cold Reading empfänglich?

Wir Mentalisten bezeichnen das als »Forer-Effekt«, der nach dem Psychologen Bertram Forer benannt wurde, oder auch als »Barnum-Effekt«, der sich natürlich von dem berühmten Zirkusgründer P. T. Barnum herleitet.

Solche Aussagen scheinen genau auf die Person zugeschnitten zu sein, die vor Ihnen sitzt; in Wirklichkeit treffen sie jedoch auf sehr viele Menschen zu. So wie der bereits weiter oben zitierte Satz: »Sie haben sich als Kind das rechte Knie aufgeschlagen.«

Oder wie sieht es mit folgenden Aussagen aus?

- »Sie haben Probleme mit einem Familienmitglied oder Angehörigen.«

- »In Ihrem Haus befinden sich mehrere Kisten mit alten Fotos.«

- »Sie sind manchmal unsicher.«

Haben Sie sich bei einigen dieser Aussagen persönlich angesprochen gefühlt?

Natürlich.

Mit solchen Äußerungen versucht der Mentalist seinem Gesprächspartner Reaktionen zu entlocken. Und mit diesen Reaktionen verrät der Klient weitere Emotionen und Probleme, die er möglicherweise hat. Vielleicht reagiert er auf diese einleitenden Aussagen mit einem glücklichen Lächeln oder einem bekümmerten Gesicht. Oder er platzt spontan mit weiteren Informationen heraus, zum Beispiel: »Sie haben recht, ich verstehe mich tatsächlich nicht mit meinem Vater!«

Und warum funktioniert dieser Trick? Das liegt am Forer-Effekt.

Man weiß schon seit Langem, dass Menschen begierig darauf sind, Zusammenhänge zwischen den Aussagen eines anderen Menschen und ihrem eigenen Leben herzustellen. Sicherlich wissen Sie, wovon ich rede.

Wir alle kennen jemanden, der dieses Bedürfnis bis zum Extrem auslebt: Egal, welches Thema wir anschneiden – diese Person muss ständig Parallelen zu ihrem eigenen Leben finden und sagen: »Oh Gott, das ist mir auch schon passiert.«

Bei einem Reading wird Ihr Gegenüber also von Natur aus das Bedürfnis haben, Ihre Worte in irgendeiner Weise auf sein eigenes Leben zu beziehen. Und wenn er diesen Zusammenhang nicht auf Anhieb herstellen kann, wird er so lange nach Interpretationen Ihrer Aussage suchen, bis sie auf ihn passt. Und die Tatsache, dass es so lange dauert, bis er diesen Zusammenhang gefunden hat, wird er vollkommen ignorieren.

Aus diesem Phänomen hat Bertram Forer sehr interessante Gesetzmäßigkeiten abgeleitet.

WELCHES PERSÖNLICHKEITSPROFIL HABEN SIE?

Im Jahr 1948 führte Forer mit einer Gruppe von Studenten einen Persönlichkeitstest durch. Anschließend erklärte er ihnen, dass er aufgrund dieses Tests für jeden von ihnen ein individuelles Persönlichkeitsprofil erstellen würde. Dieses Profil sollten sie dann mit einer Note von 0 bis 5 bewerten. 0 bedeutete, dass Forer mit seinem Persönlichkeitsprofil völlig danebenlag, 5 besagte, dass er damit völlig richtiglag.

Nachdem Forer die Benotungen von seinen Studenten erhalten hatte, gab er bekannt, dass die Durchschnittsnote bei 4,26 lag – was bedeutete, dass die Studenten sich durch ihr Profil in der Regel ganz gut getroffen gefühlt hatten. Sie wussten nur nicht, dass Forer für jeden Studenten genau dasselbe Persönlichkeitsprofil erstellt hatte, und zwar folgendes:

Einige Ihrer Ziele und Ambitionen scheinen ziemlich unrealistisch zu sein. Manchmal sind Sie extrovertiert, gesellig und umgänglich, dann wieder introvertiert, vorsichtig und reserviert. Sie haben die Erfahrung gemacht, dass es unklug ist, anderen Menschen gegenüber zu offen zu sein. Sie sind stolz darauf, selbstständig zu denken, und akzeptieren die Meinung anderer nicht ohne überzeugende Beweise. Sie haben gern etwas Abwechslung in Ihrem Leben und werden unzufrieden, wenn Sie sich durch Zwänge oder Einschränkungen eingeengt fühlen. Manchmal kommen Ihnen ernsthafte Zweifel daran, ob Sie die richtige Entscheidung getroffen oder das Richtige getan haben. Nach außen hin wirken Sie beherrscht und diszipliniert, doch innerlich neigen Sie zu Unsicherheit und machen sich häufig Sorgen. In sexueller Hinsicht hatten Sie bereits einige Probleme. Sie haben zwar ein paar persönliche Schwächen, können diese aber normalerweise ganz gut kompensieren. In Ihnen steckt noch eine Menge ungenutztes Potenzial. Sie neigen dazu, sich selbst ziemlich kritisch zu betrachten. Andererseits haben Sie ein starkes Bedürfnis danach, von anderen Menschen gemocht und bewundert zu werden.

Forer soll die einzelnen Elemente dieses Persönlichkeitsprofils angeblich aus verschiedenen Horoskopen zusammengestellt haben. Später wurden diese Aussagen von P. T. Barnum verwendet, von dem der berühmte Ausspruch stammen soll: »Jede Minute wird ein Trottel geboren.«

Tatsächlich kommt jede Minute ein Dummer auf die Welt; gerade deshalb ist es so wichtig, diese Cold-Reading-Technik zu beherrschen und die Barnum-Aussagen zu kennen. Denn in Wirklichkeit sind die meisten Menschen leichtgläubiger, als sie denken.

Das ist zwar eine interessante Tatsache und es wäre wichtig, einmal darüber nachzudenken, aber daran lässt sich auch das Wesen des Cold Readings demonstrieren, um Menschen, denen möglicherweise eingeredet wurde, bei ihrem Reading sei es mit übernatürlichen Fähigkeiten zugegangen, vom Gegenteil zu überzeugen. Hat das Medium in Wirklichkeit vielleicht nur den Forer-Effekt ausgenutzt, als es angeblich mit den Seelen von Verstorbenen kommunizierte oder seinem Klienten seine Zukunft voraussagte?

In den letzten Jahren haben wir erlebt, wie Derren Brown, James Randi, Penn & Teller und viele andere Mentalisten genau diese Technik in umstrittenen Demonstrationen einsetzten. Wenn Sie an der Wirkung von Forers »Allzweck-Persönlichkeitsprofil« zweifeln, machen Sie doch einmal ein paar Ausdrucke davon, verteilen Sie sie unter Ihren Freunden und bitten Sie jeden Einzelnen, zu bewerten, wie gut Sie seine Persönlichkeit beschrieben haben. Wahrscheinlich werden Sie von den überwältigend positiven Reaktionen schockiert sein.

SELBSTBETRUG

Ich habe Ihnen nun demonstriert, wie leicht man Menschen täuschen kann, wenn man nur ein paar Statistiken kennt. Wenn wir zum Beispiel wissen, dass die meisten Leute sich für starke Führungspersönlichkeiten halten, ist es ein todsicherer Trick, diese Aussage im Rahmen eines Cold Readings einzusetzen.

Wir wissen also, dass die Meinung, die die Menschen von sich haben, sich gar nicht so sehr voneinander unterscheiden. Und wir wissen auch, dass wir uns diese Erkenntnis zunutze machen können. Aber uns fehlt noch etwas Wichtiges.

Das Phänomen des Selbstbetrugs. Nur weil 70 Prozent aller Menschen sich für starke Führungspersönlichkeiten halten, muss das noch lange nicht stimmen.

Diese Menschen glauben einfach das, was sie gerne glauben möchten – und das ist im Grunde nichts anderes als Selbstbetrug. Sie versuchen die falschen Vorstellungen, die sie von sich selbst haben, auf irgendeine Weise zu rechtfertigen.

Als Mentalisten müssen wir uns klarmachen, dass fast jeder Mensch bis zu einem gewissen Grad diesem Selbstbetrug verhaftet ist.

Dieses Konzept haben Justin Kruger und David Dunning, zwei Psychologen der Universität von Cornell, treffend beschrieben:

»Die meisten Menschen haben von ihren Fähigkeiten in vielen sozialen und intellektuellen Bereichen eine übertrieben hohe Meinung. Diese Selbstüberschätzung ist teilweise darauf zurückzuführen, dass in sozialer oder intellektueller Hinsicht unbegabte Menschen gleich doppelt belastet sind: Sie treffen nicht nur falsche Schlussfolgerungen und Entscheidungen, sondern haben aufgrund ihrer Inkompetenz auch nicht die metakognitive Fähigkeit, das zu erkennen.«

Nun ist uns klar, mit welchen Kernaussagen wir anderen Menschen das Gefühl vermitteln können, sie zu kennen, und wir wissen auch, dass diese

Leute solchen Aussagen mit offenen Ohren begegnen werden, weil sich nun einmal jeder gern selbst betrügt.

Wie können wir uns diese Erkenntnisse zunutze machen?

MIT SCHMEICHELEIEN ERREICHT MAN FAST ALLES

»Sie sind bei den meisten Menschen beliebt.«

Wer würde einer solchen Aussage widersprechen? Selbst Leute, die gar nicht so beliebt sind, glauben, von ihren Mitmenschen gemocht zu werden.

Auch ansonsten sind positive Aussagen essenziell für ein Cold Reading. Das klingt zwar so logisch, dass ich es eigentlich gar nicht zu erwähnen bräuchte, doch Studien, die im Anschluss an das Forschungsprojekt von Forer durchgeführt wurden, haben gezeigt, dass Menschen umso empfänglicher für ein Reading werden, je mehr positive Aussagen es enthält.

Außerdem möchte die Person, die Sie lesen, das Gefühl haben, bedeutend und einzigartig zu sein. Wenn sie den Eindruck hat, dass es in diesem Reading tatsächlich nur um sie geht, wird sie auch versuchen, darin eine Beziehung zu ihrer eigenen Person zu finden, und die äußersten Winkel ihres Gehirns durchforsten, um wenigstens einen kleinen Zusammenhang zu entdecken.

Manchmal grenzt Schmeichelei in einem Reading fast schon an einen Flirt. Patrick Jane hat diese Technik schon bei mehreren weiblichen Tatverdächtigen eingesetzt. In der Episode »Die schöne Witwe« geht er sogar so weit, mit Rigsby zu wetten, dass er es schafft, eine trauernde Witwe zu verführen. Anfangs scheint seine Dreistigkeit die Frau zwar ein bisschen zu konsternieren, doch sie fasst schnell Vertrauen zu ihm. Patrick nutzt die anziehende Wirkung, die er auf sie hat, aus, um sie zum Reden zu bringen, und kommt im Verlauf des Gesprächs zu dem Schluss, dass sie ihren Mann umgebracht hat.

Auch ich habe in meinen Shows schon mit Frauen geflirtet, aber es ist wichtig, dabei professionell zu bleiben, damit Sie nicht wie ein Widerling wirken. Um diese Art der Verführung angemessen einsetzen zu können, warte ich, bis die Frau mit dem Flirt beginnt. Wenn das Geplänkel von ihr ausgeht, antworte ich ihr darauf in gleicher Weise, um eine positive Beziehung zu ihr aufzubauen. Das kann zu einer ganz besonderen, sehr dynamischen Darbietung führen.

GEMEINSAME INTERESSEN

Eine weitere sichere Methode, ein Reading besonders eindrucksvoll zu gestalten, besteht darin zu wissen, für welche Themen sich die meisten Menschen interessieren. Viele Leute mögen zum Beispiel Magie und Mentalismus, aber nur wenige befassen sich intensiv mit dieser Thematik oder üben sie auf professioneller Basis aus, während beispielsweise viele Menschen Baseball spielen oder segeln.

Gemeinsame Interessen zu entdecken, die Sie mit Ihrem Gesprächspartner verbinden, ist gar nicht so schwierig, wie Sie vielleicht denken. Es gibt viele Themen und Gebiete, für die wir Menschen uns einfach interessieren *müssen*.

Ich merke mir diese Themen anhand des Akronyms SÄRGE (SAERGE).

- **Sex und Romantik** – Dazu gibt es eigentlich nicht viel zu sagen. Jeder Mensch ist an seinem Sexualleben interessiert – egal, wann oder in welcher Situation. Manche Menschen haben mehr Sinn für Romantik als andere, aber dem Interesse an Sex kann sich kaum jemand entziehen. Mehr brauche ich dazu nicht zu sagen.

- **A**usbildung und Weisheit – Dieses Thema ist für jüngere Leute sicherlich besonders wichtig, berührt allerdings sehr viele Menschen. Selbst diejenigen, die zurzeit keine offizielle Ausbildung absolvieren, müssen für ihren Beruf etwas lernen oder haben Kinder, die zur Schule gehen, usw.

- **Ehrgeiz und Karriere** – Fast jeder Mensch auf der Welt ist ehrgeizig. Häufig werden diese Ambitionen nicht in die Praxis umgesetzt. Ob es nun der Traum vom meisterhaften Gemälde oder vom eigenen Roman ist – die meisten Menschen haben den Ehrgeiz, etwas zu tun, das von ihrer alltäglichen Arbeit meilenweit entfernt ist und was sie für kreativ und interessant halten. Außerdem halten sich die meisten Leute für intelligenter als die Menschen in ihrem näheren Umfeld. Wenn man ihnen das im Rahmen eines Readings bestätigt, werden sie das garantiert mögen. Menschliche Ambitionen haben häufig etwas mit einer beruflichen Karriere zu tun. Jeder Mensch wünscht sich einen Job, der sicher und interessant ist und Spaß macht. Außerdem ist jeder von uns daran interessiert, in seinem Beruf auf der Karriereleiter nach oben zu klettern.

- **Reisen und Reiseziele** – Jeder lernt gerne neue Länder und Städte kennen. Der eine macht einfach eine Urlaubsreise, um von seiner Arbeit abzuschalten, der andere wirft kurzerhand alles, was er besitzt, in einen Rucksack und reist um die Welt. Fast jeder Mensch interessiert sich fürs Reisen.

- **Geld und Finanzen** – Ob es Ihnen nun gefällt oder nicht: Geld regiert die Welt. Alle Menschen interessieren sich für Geld und für die Rolle, die es in ihrem Leben spielt. Ich glaube, das ist das Interesse, das die meisten Menschen miteinander verbindet.

- **Energie und Gesundheit** – Man kann wohl behaupten, dass jeder sich für sein eigenes Wohlbefinden und das Wohlbefinden der Menschen interessiert, die ihm nahestehen. Sie können also getrost davon ausgehen, dass das Thema Gesundheit im Denken des Menschen, der Ihnen gegenübersitzt, eine wichtige Rolle spielt.

Innerhalb dieser allgemeinen Gebiete gilt es nun speziellere Themen herauszufinden, die Ihr Gegenüber interessieren. Eine 50-jährige Frau wird zum Beispiel ganz andere Anliegen in den Themenbereichen Geld, Gesundheit und Ausbildung haben als eine 24-Jährige. Wenn die Person vor

Ihnen steht, werden Sie wahrscheinlich schon ein paar Vermutungen darüber anstellen können, wofür sie sich interessiert.

DER VATER DES COLD READINGS

Ray Hyman, Professor für Psychologie an der Universität von Oregon und früherer Mentalist, gilt als moderner Vater des Cold Readings, weil er dessen Auswirkungen auf das Publikum wissenschaftlich untersucht hat. Ein paar einfache Richtlinien dafür hat Hyman in seinem Buch *The Elusive Quarry: A Scientific Appraisal of Psychical Research* dargelegt.

Im Folgenden will ich Ihnen auf der Basis von Hymans Buch einen Leitfaden mit 13 Punkten für ein Cold Reading vermitteln. Lesen Sie sie genau durch und verblüffen Sie Ihre Freunde mit Ihren neu entdeckten übersinnlichen Fähigkeiten.

1. *Treten Sie selbstsicher auf.* So auszusehen, als wüssten Sie, was Sie tun, ist fast wichtiger, als es tatsächlich zu wissen. Wenn Sie es glauben, wird die Person, die Ihnen gegenübersitzt, es umso eher ebenfalls glauben. Wenn Sie dagegen kein Selbstvertrauen haben und an Ihren Fähigkeiten zweifeln, wird Ihr Gegenüber das ebenfalls tun.

2. *Seien Sie stets über die neuesten statistischen Erkenntnisse informiert.* Ein Cold Reading hängt zum großen Teil davon ab, ob Sie in der Lage sind, das Eis zu brechen, und die neuesten Statistiken und Umfrageergebnisse können Ihnen dabei helfen. Wenn Sie beispielsweise die Möglichkeit haben, sich Informationen über Religion, Beruf oder Wohnort einer Person zu verschaffen, können Sie Ihre »übersinnlichen« Fähigkeiten vielleicht dazu nutzen, ihr (aufgrund der Statistiken, die Sie vorher auswendig gelernt haben) auf den Kopf zuzusagen, für welche Partei sie bei der letzten Wahl gestimmt hat.

3. *Seien Sie bescheiden.* Verwechseln Sie Selbstvertrauen nicht mit Bescheidenheit! Man kann durchaus selbstbewusst und doch gleichzei-

tig bescheiden sein. Wenn Sie Ihrer Versuchsperson den Eindruck vermitteln, dass Sie ein bescheidener Mensch sind, werden Sie sie hinterher umso mehr mit der Treffsicherheit Ihres Readings in Erstaunen versetzen.

4. *Kooperation ist der Schlüssel zum Erfolg.* Noch ehe Sie die erste Aussage im Rahmen Ihres Readings formulieren, müssen Sie dafür sorgen, dass Ihr Gegenüber auch kooperativ ist. Um das zu erreichen, sollten Sie betonen, dass ein erfolgreiches Reading von der Fähigkeit des Probanden abhängt, Ihnen seine Gedanken zu übertragen. Damit haben Sie auch gleich ein Alibi für den Fall, dass das Reading danebengehen sollte: Sie können dann einfach behaupten, dass Ihr Gegenüber sich nicht intensiv genug konzentriert hat. Indem Sie ihn gewissermaßen schon vorher in die Pflicht nehmen, zwingen Sie ihn, genau darüber nachzudenken, ob es zwischen Ihren Aussagen und seinem Leben nicht doch irgendeinen Zusammenhang gibt. Wie ich schon gesagt habe: Die Menschen *wollen* solche Zusammenhänge finden. Sie möchten Sie zufriedenstellen.

5. *Requisiten sind immer gut.* Ich möchte mich hier zwar keineswegs zu der Behauptung versteigen, dass Gegenstände wie Tarotkarten oder Kristallkugeln bei einem Reading helfen können, aber Sie gewinnen dadurch Zeit zum Formulieren Ihrer Fragen. Außerdem schaffen solche Objekte eine gewisse mystische Atmosphäre und lenken die Aufmerksamkeit von Ihnen – dem Mentalisten – ab. Aber denken Sie daran, dass solche Requisiten der Entwicklung Ihrer eigenen Beobachtungsgabe auch im Weg stehen können!

6. *Legen Sie sich Floskeln für Notfälle zurecht.* Überlegen Sie sich einige Sätze oder Redewendungen für brenzlige Situationen, die Sie immer im Hinterkopf behalten sollten, wenn Sie um Worte verlegen sind oder bei Ihrem Reading einmal danebengegriffen haben. Solche Standardredensarten helfen Ihnen auch, Ihren ganz persönlichen Stil zu entwickeln. Denken Sie sich etwas Kreatives aus.

7. *Halten Sie die Augen offen.* Bei einem Reading dürfen Sie nicht nur auf die Aussagen Ihres Klienten reagieren. Die Beobachtung seiner Körpersprache, seiner Kleidung und anderer persönlicher Eigenheiten kann für ein effektvolles Reading von entscheidender Bedeutung sein.

8. *Fischen Sie im Trüben.* Bei einem Klienten im Trüben zu fischen, bedeutet, dass Sie etwas, das er Ihnen erzählt hat, umformulieren und es ihm dann als Frage oder Bestätigung präsentieren. Viele Menschen werden Ihnen daraufhin noch weitere Informationen liefern und Ihnen damit bei Ihrem Reading helfen. Und zum Glück vergessen sie in den meisten Fällen, dass sie Ihnen diese Information selbst gegeben haben.

9. *Hören Sie zu, bevor Sie reden.* Nein, ich gebe Ihnen hier keine Tipps für Ihre Ehe. Wenn Sie im Gespräch mit Ihrem Gegenüber den richtigen Ton treffen, wird diese Person von sich aus Informationen preisgeben. Also streuen Sie genügend Pausen in Ihr Reading ein, damit Ihr Gesprächspartner auch wirklich Gelegenheit hat, Ihnen alles zu erzählen, was er gerne loswerden möchte. Oft reden Menschen, die von einem »Medium« gelesen werden, mehr als die Person, die das Reading veranstaltet.

10. *Bauen Sie dramatische Effekte ein.* Manchmal werden Sie zu Beginn eines Readings nur sehr wenige Anhaltspunkte haben, mit denen Sie etwas anfangen können. Deshalb müssen Sie Ihr Reading so effektvoll wie möglich gestalten und aus den wenigen Informationen, die Ihnen zur Verfügung stehen, das Beste machen. Also tragen Sie ruhig dick auf und schmücken Sie das, was Sie gelesen haben, mit großartigen Formulierungen und verbalen Szenen aus.

11. *Geben Sie vor, mehr zu wissen.* Waren Sie schon einmal beim Arzt und hatten das Gefühl, dass er Ihnen etwas verschweigt? Als Mentalist müssen Sie genauso agieren. Wenn es Ihnen gelingt, Ihren Klienten davon zu überzeugen, dass Sie etwas über ihn wissen, was er nie

für möglich gehalten hätte, wird er auch glauben, dass Sie in Wirklichkeit über noch mehr geheimes Wissen verfügen.

12. *Mit Schmeicheleien erreicht man (fast) alles.* Wie ich bereits erwähnt habe, kann es einem Reading niemals schaden, Ihrem Klienten zu schmeicheln und Komplimente zu machen. Manche Menschen werden Ihnen widersprechen, wenn Sie positive Aussagen über sie machen. Dann kontern Sie einfach folgendermaßen. »Manchmal stehen Sie Personen, die Sie loben, zu skeptisch gegenüber.«

13. *Sagen Sie ihnen das, was sie hören wollen.* Bei einem Cold Reading ist das die goldene Regel. Menschen reagieren automatisch positiv auf Dinge, die sie gerne hören möchten. Also ist es Ihre Aufgabe, herauszufinden, welche Erwartungen Ihr Gegenüber hat.

WEITER IM TRÜBEN FISCHEN

An dieser Stelle möchte ich noch einmal auf einen der 13 obigen Punkte zurückkommen, den ich für ein besonders wichtiges Element eines Cold Readings halte.

Im Trüben zu fischen ist eigentlich eine Form des Verhörs, das in diesem Fall aber natürlich außerhalb des Polizeipräsidiums stattfindet. Dadurch gewinnen Sie Informationen und entlocken Ihrem Gesprächspartner gleichzeitig bestimmte Reaktionen, die Ihnen noch mehr über ihn verraten. Je nachdem, ob er auf eine bestimmte Aussage positiv oder negativ reagiert, wissen Sie, wie Sie weiter vorgehen müssen.

Die Technik des Im-Trüben-Fischens ist bei Menschen, die behaupten, mit Verstorbenen kommunizieren zu können, sehr beliebt. Wenn Sie schon einmal eine Fernsehsendung gesehen haben, in der ein solches »Medium« auftrat, haben Sie diese Technik sicherlich bereits beobachtet; doch erst jetzt wissen Sie, dass es sich dabei in Wirklichkeit lediglich um einen mentalistischen Trick handelt.

Dieser Trick funktioniert folgendermaßen:

Sie sagen zu Ihrem Klienten: »Ich sehe, dass es in Ihrem Leben jemanden gibt, dessen Name mit R anfängt.«

Falls er darauf bestätigend reagiert, haken Sie weiter nach: »Vielleicht ein Rolf oder Rainer. Ich sehe ein R vor mir ...«

Denken Sie daran: Wenn Sie bei Ihrem Cold Reading psychologisch geschickt vorgehen, wird Ihr Gegenüber bemüht sein, den Zusammenhang herzustellen, nach dem Sie suchen. Es wird ihm gar nicht auffallen, wie sehr er sich den Kopf zerbrechen muss, um ihn zu finden und wie weit hergeholt er ist.

Während Sie also weiterhin auf Ihrem »R« herumreiten, wird Ihr Klient vielleicht irgendwann erleichtert rufen: »Ja! Ich hatte eine Großtante namens Ruth!«

Im Trüben fischen zu können, ist für ein Medium – pardon, ich meine natürlich: für einen Mentalisten – eine ungeheuer wertvolle Fähigkeit.

Dabei ist es wichtig, dass Sie Ihrem Gesprächspartner jedes Mal eine Bestätigung geben, wenn er Ihnen auch nur das leiseste – entweder verbale oder physische – Signal dafür gibt, dass er Ihre Aussagen akzeptiert.

Wenn Sie zum Beispiel sagen: »In Ihrer Familie gibt es jemanden, der es nicht leicht hat«, und Ihr Gegenüber daraufhin nur leicht mit dem Kopf nickt, geben Sie ihm sofort ein positives Feedback: »Danke für die Bestätigung.«

Dieses Feedback verführt Ihren Gesprächspartner dazu, noch mehr Informationen preiszugeben, mit denen Sie dann weiterarbeiten können.

■ ■

WICHTIGER TIPP FÜR MENTALISTEN: NUTZEN SIE DEN NAMEN IHRES KLIENTEN ALS AUSGANGSPUNKT

Ich wende bei meinen Readings gern eine Technik an, bei der ich den Namen des Probanden und seiner Angehörigen benutze. Nichts macht Menschen eine größere Freude, als ihren Namen zu hören. Nachdem Sie gelernt haben, wie man ein Reading durchführt, werden Sie auch in der Lage sein, den Namen Ihres Klienten zu wiederholen und daraus ein Akronym zu entwickeln, das natürlich auf dem Barnum-Effekt beruht. Ein solches Reading könnte sich zum Beispiel folgendermaßen anhören: »Ich frage mich, was der Name Simon wohl bedeutet ...«

■ »S. Ich glaube, das S steht für das sonnige Gemüt, das Sie im Grunde Ihres Wesens haben.«

■ »Das I in Ihrem Namen hat mehrere verschiedene Bedeutungen. Es bedeutet, dass Sie *innerlich* ein sehr liebevoller, warmherziger Mensch sind – aber Sie geben dieses Innenleben nicht gerne preis. Sie sind eher ein introvertierter Mensch, der seine Gefühle nicht zeigt.«

■ »Das M steht für materielle Dinge und für die magische Anziehungskraft, die Sie auf Geld haben, sodass Sie all Ihre finanziellen Ziele erreichen werden.«

■ »Das O steht in meinen Augen für den endlosen Kreislauf in Ihrem Leben. Sie sind ungeheuer fleißig und wollen immer alles perfekt machen. Deshalb begeben Sie sich immer wieder in Situationen, in denen Sie bisher kein besonderes Glück hatten, um es aufs Neue zu versuchen. Dabei fällt mir unwillkürlich das Sprichwort ein, dass nur ein Narr immer wieder das Gleiche probiert in der Hoffnung, dass dabei irgendwann etwas Besseres herauskommt. Aber zu diesen törichten Leuten gehören Sie nicht. Sie versuchen Ihre Mitmenschen einfach nur immer wieder aufs Neue in Erstaunen zu versetzen.«

■ ■

■ ■

■ »Das N steht für die Tatsache, dass niemand der (oder die) Richtige für Sie ist. Leider haben Sie es in der Liebe nicht immer leicht, und weil Sie so ein Perfektionist sind, werden Sie unter Umständen die ganze Welt absuchen müssen, um den richtigen Partner zu finden.«

■ ■

MENSCHEN SIND WIDERSPRÜCHLICH

Wenn Sie jemanden lesen möchten, sollten Sie zunächst einmal an Ihre eigene Persönlichkeit denken. Wie könnte jemand *Sie* lesen?

Gibt es wirklich einen einzigen Persönlichkeitszug, der Sie absolut treffend charakterisiert, oder liegt bei Ihnen nicht eher eine Kombination verschiedener Charaktereigenschaften vor? Widersprechen sich diese Eigenschaften nicht teilweise? Geben Sie sich zum Beispiel extrovertiert, wenn Sie sich in einer großen Gruppe von Menschen befinden, während Sie im engen Familienkreis eher still und in sich gekehrt sind? Haben Sie in beruflicher Hinsicht großes Selbstvertrauen, sind im Hinblick auf Ihre persönlichen Fähigkeiten und Talente im Grunde Ihres Herzens aber eher skeptisch?

Solche Faktoren sollten Sie berücksichtigen, wenn Sie jemanden lesen. Reihen Sie dabei ruhig widersprüchliche Aussagen aneinander! Viele Menschen glauben, dass diese Widersprüche tatsächlich auf ihr Leben zutreffen. Außerdem: Wenn Sie zwei einander widersprechende Aussagen machen, muss zwangsläufig eine davon zutreffen. Die meisten Menschen werden sich wünschen, einen Sinn in Ihrem Reading zu erkennen, sodass sie die nicht zutreffenden Aussagen einfach ignorieren.

Ein solches Reading mit widersprüchlichen Aussagen könnte sich zum Beispiel folgendermaßen anhören:

»Sie sind eine ziemlich komplexe Persönlichkeit. Einerseits gehen Sie gerne aus sich heraus; auf Partys sind Sie häufig sehr lebhaft und stehen im

Mittelpunkt des Gesprächs. Andererseits sind Sie aber auch gerne zu Hause, entspannen sich und genießen die Ruhe und Gemütlichkeit zusammen mit einem Menschen, den Sie mögen. Manchmal sind Sie ein ausgesprochen häuslicher Typ. Ich sehe, dass diese beiden Aspekte bei Ihnen vertreten sind. Vielleicht ist eine davon besonders stark ausgeprägt.«

Wenn jemand in einem Reading eine solche Aussage über Sie machen würde – fänden Sie sie zutreffend? Und würden Sie Ihrem Gegenüber nicht sehr rasch verraten, welche der beiden genannten Eigenschaften bei Ihnen stärker ausgeprägt ist – und ihm damit eine wertvolle Information geben, mit der er weiterarbeiten kann?

Ich glaube schon!

DREHBUCH FÜR EIN COLD READING

Ich möchte Ihnen nun ein klassisches Drehbuch für ein Cold Reading vorstellen. Dabei handelt es sich um eine Persönlichkeitsbeschreibung des Menschen, der vor Ihnen sitzt und den Sie lesen wollen. Achten Sie einmal auf die vielen »Barnum-Aussagen« in diesem Drehbuch. Und achten Sie auch darauf, wie sehr diese Aussagen auf Ihr eigenes Leben zutreffen.

Stellen Sie sich bei dem nun folgenden Persönlichkeitsprofil vor, jemand würde *Sie* damit beschreiben. Wie würden Sie darauf reagieren? Vielleicht würden Sie tatsächlich glauben, dass es bei diesem Reading nicht mit rechten Dingen zugegangen ist und dass Ihr Gegenüber übernatürliche Fähigkeiten besitzen muss. Aber jetzt wissen Sie, dass dabei lediglich ein cleverer Mentalist am Werk war.

>Einige Ihrer Ziele und Ambitionen scheinen ziemlich unrealistisch zu sein. Manchmal sind Sie extrovertiert, gesellig und umgänglich, dann wieder introvertiert, vorsichtig und reserviert. Sie haben die Erfahrung gemacht, dass es unklug ist, anderen Menschen gegenüber zu offen zu sein. Sie sind stolz darauf, selbstständig zu denken, und akzeptieren die Meinung anderer Leute nicht ohne überzeugende Beweise. Sie haben gern etwas Abwechslung in Ihrem Le-

ben und werden unzufrieden, wenn Sie sich durch Zwänge oder Einschränkungen eingeengt fühlen. Manchmal kommen Ihnen ernsthafte Zweifel daran, ob Sie die richtige Entscheidung getroffen oder das Richtige getan haben. Nach außen hin wirken Sie beherrscht und diszipliniert, doch innerlich neigen Sie zu Unsicherheit und machen sich häufig Sorgen.

In sexueller Hinsicht hatten Sie bereits einige Probleme. Sie haben zwar ein paar persönliche Schwächen, können diese aber normalerweise ganz gut kompensieren. In Ihnen steckt noch eine Menge ungenutztes Potenzial. Sie neigen dazu, sich selbst ziemlich kritisch zu betrachten. Andererseits haben Sie ein starkes Bedürfnis danach, von anderen Menschen gemocht und bewundert zu werden.

Sie wurden schon einmal von Ihnen nahestehenden Personen ausgenutzt. Manchmal sind Sie sich mit Ihrer Ehrlichkeit selbst im Weg. Sie mussten bereits viele Chancen, die sich Ihnen in der Vergangenheit geboten haben, ausschlagen, weil Sie Ihrerseits nicht bereit sind, andere Menschen auszunutzen. Sie lesen gern Bücher und Artikel, um Ihren geistigen Horizont zu erweitern. Wenn Sie nicht bereits in einem Dienstleistungsberuf tätig sind, wäre eine solche Tätigkeit für Sie optimal geeignet. Sie sind unendlich verständnisvoll und können die Probleme anderer Menschen gut nachempfinden. Doch wenn Sie mit Sturheit oder Dummheit konfrontiert werden, kennen Sie kein Pardon. Auch im Justizvollzug oder bei der Polizei wären Sie gut aufgehoben, denn Sie haben einen ziemlich ausgeprägten Gerechtigkeitssinn.«

Sie werden staunen, wie viele Menschen glauben, dass Sie in sie hineinschauen können, wenn Sie ihnen dieses Reading präsentieren. Damit können Sie Menschen, die Sie gerade erst kennengelernt haben, davon überzeugen, dass Sie genauso viel über sie wissen wie sie selbst.

Nun kennen Sie die Geheimnisse der besten »Medien« der Welt. Cold Reading hat nichts mit magischen Fähigkeiten oder Telepathie zu tun. Dazu brauchen Sie nur ein paar allgemeine, auf fast alle Menschen zutreffende Prinzipien und die neuesten Statistiken zu kennen und sich vom Feedback Ihres Gegenübers leiten zu lassen.

Mithilfe dieser Tricks können Sie ein zweiter Patrick Jane werden – oder zumindest die Freunde in Ihrem Stammlokal mit Ihrer Darbietung unterhalten und sich dafür ein paar Drinks spendieren lassen.

Hot Readings

Zu Beginn dieses Kapitels habe ich erwähnt, dass es zwei Hauptkategorien von Readings gibt: Cold Readings und Hot Readings.

Hot Readings werden von Profis durchgeführt, die in der Lage sind, sich vor der Sitzung Informationen über ihre Versuchsperson zu beschaffen. Wie machen sie das?

Die einfachste Methode besteht darin, vorab einen Termin für die Sitzung mit ihrem Klienten zu vereinbaren. Auf diese Weise hat das Medium eine Menge Zeit, etwas über ihn in Erfahrung zu bringen.

Dafür gibt es verschiedene Möglichkeiten. Vielleicht erwähnt jemand im Gespräch etwas Interessantes über diese Person. Zum Beispiel: »Simon ist Skorpion und fährt einen roten Porsche.« Aufgrund dessen, was Sie über Skorpione wissen, und auf der Basis allgemeiner Persönlichkeitsprofile von Menschen, die teure, protzige Autos fahren, können Sie in Ihrem Reading dann Rückschlüsse auf den Charakter Ihres Klienten ziehen.

Sie können die betreffende Person aber auch eine Zeit lang beobachten und sich einen Reim auf ihre Bewegungen und ihr äußeres Erscheinungsbild machen. Bei einem Hot Reading haben Sie mehr Zeit für Beobachtungen als bei einem Cold Reading, bei dem Sie gewissermaßen ins kalte Wasser springen müssen. Vielleicht fällt Ihnen auf, dass Ihr Klient zwischendurch immer wieder nach draußen geht, um eine Zigarette zu rauchen, oder eine Armbanduhr am rechten Handgelenk trägt, was darauf hindeutet, dass er wahrscheinlich Linkshänder ist.

Vielleicht haben Sie auch die Möglichkeit, Gespräche dieser Person mit Dritten zu belauschen. Womöglich hören Sie sie sagen: »Ja, wir sind ganz begeistert von Hawaii. Wir reisen jedes Frühjahr hin, weil meine Schwägerin dort ein Haus hat.« Auch diese Information können Sie nutzen, um daraus Schlussfolgerungen über Ihren Klienten abzuleiten.

Mein Zeitplan ermöglicht leider keine Hot Readings. Ich habe normalerweise nur sehr wenig Zeit zwischen meiner Anreise und dem Auftritt. Daher kann ich mir vorab keine Informationen über meine Klienten verschaffen. Wenn ich es trotzdem versuchen würde, stünde ich dabei unter so großem Zeitdruck, dass meine Informationen nicht sehr zuverlässig wären.

Aber ich halte Cold Readings ohnehin für effektiver. Wenn Sie sich auf Ihre eigenen Instinkte und Ihre Beobachtungsgabe verlassen, können Sie die Informationen nutzen, die Sie direkt vor sich haben. Solche Readings sind spontaner und oft auch treffsicherer.

Leading Readings

In diesem Kapitel habe ich bereits erwähnt, dass ich meine Cold Readings mit einer Technik kombiniere, die ich »Leading Reading« nenne.

Was ist ein Leading Reading?

Cold Readings und Hot Readings sind Methoden, mit denen Sie einer Person etwas über ihr jetziges Leben erzählen und vielleicht auch noch einen Blick in ihre Vergangenheit werfen. Beim Leading Reading dagegen schauen Sie in die Zukunft Ihres Gegenübers.

In einem Leading Reading geht es also um Zukunftsszenarien, die sich im Leben dieser Person wahrscheinlich ergeben werden: Sie »prophezeien« Ihrem Klienten künftige Ereignisse und Erlebnisse, die dann schon allein dadurch, dass Sie ihn psychisch darauf programmiert haben, eher eintreten werden.

Der Klient wird in seinem Leben nämlich von nun an auf Schritt und Tritt nach diesen Zukunftsszenarien suchen.

IHNEN WIRD SICH EINE CHANCE BIETEN ...

Wie hört sich ein Leading Reading an?

Wenn Sie schon einmal bei einem Medium waren oder eine mediale Sitzung miterlebt haben, wissen Sie, wie ein Reading abläuft, bei dem es um zukünftige Ereignisse geht. Das könnte sich zum Beispiel folgendermaßen anhören:

> »Sie werden einer Frau in schwarzem Geschäftskostüm begegnen, die eine schwarze Tasche trägt. Diese Frau wird Ihnen ein geschäftliches Projekt vorschlagen. Lehnen Sie es ab. Denn dieselbe Frau wird Sie noch einmal kontaktieren und Ihnen einen viel besseren Deal anbieten. Und den sollten Sie dann annehmen.«

Das soeben beschriebene Leading Reading enthält zwar ziemlich spezifische Informationen, doch wenn Sie die Person, um die es geht, kennen, ist das gar nicht so beeindruckend, wie es auf den ersten Blick wirkt.

Vielleicht wurde diese Prophezeiung im Rahmen eines Cold Readings für einen Manager in einem großen Unternehmen gemacht. Es ist ziemlich wahrscheinlich, dass es in dieser Firma eine weibliche Führungskraft gibt, mit der unser Klient zu tun hat, und es ist auch nicht gerade unwahrscheinlich, dass diese Frau ein schwarzes Geschäftskostüm und eine schwarze Tasche trägt. Wenn man dem Klienten diese Information gibt, wird er von nun an automatisch nach dem »Projekt« Ausschau halten, das diese Frau ihm angeblich vorschlagen wird.

Eine alte Spruchweisheit besagt: »Wenn Sie ein Hammer sind, werden Sie überall nur Nägel sehen.«

Das Gleiche gilt auch für Leading Readings. Wenn Ihr Klient nach einer geschäftlichen Chance Ausschau hält, wird er wahrscheinlich überall, wo er hinsieht, Chancen entdecken. Würde er diese beruflichen Möglichkeiten wohl auch erkennen, wenn das »Medium« ihn bei dem Reading nicht ausdrücklich darauf hingewiesen hätte? Oder würden diese Chancen dann einfach kommen und wieder verstreichen, ohne dass er besonders darauf achtet? Das wird auch für uns Mentalisten wahrscheinlich ewig ein Geheimnis bleiben.

Wie führt man ein Leading Reading durch?

Der Trick besteht darin, im Rahmen eines Cold Readings möglichst viele Informationen aus seinem Klienten herauszulocken und den Blick dann aufgrund dieser zutreffenden Beobachtungen in die Zukunft zu richten.

Leidet Ihr Klient an einer Depression? Dann prophezeien Sie ihm, dass ein Mensch in sein Leben treten wird, der gut zuhören kann. Dieser Person soll er seine Probleme anvertrauen, dann wird es ihm besser gehen. Von nun an wird Ihr Klient garantiert ständig nach einer solchen Person Ausschau halten – und sich auch tatsächlich besser fühlen, wenn er mit ihr gesprochen hat.

Gestalten Sie Ihre Voraussagen so spezifisch wie möglich – je nachdem, was Sie über Ihren Klienten in Erfahrung bringen konnten.

Nun, da Sie auch die Kunst des Readings in Ihren Werkzeugkasten integriert haben – wie können Sie all diese Fähigkeiten miteinander kombinieren, um ein echter Mentalist zu werden?

Ratespiele

Trotz allem, was ich Ihnen beigebracht habe, gibt es eine Strategie – das letzte noch fehlende Teil im mentalistischen Puzzlespiel –, die zwar fast schon zu einfach wirkt, die Sie aber trotzdem niemals vernachlässigen sollten: Haben Sie keine Angst davor, hin und wieder einfach zu raten!

Natürlich sollten Ihre Vermutungen auf statistischen Ergebnissen basieren (beispielsweise haben die meisten Menschen eine Narbe am rechten Knie), es handelt sich dabei aber trotzdem um Spekulationen.

Patrick Jane macht häufig Aussagen, die auf sehr viele Menschen zutreffen (siehe Anhang dieses Buches) und kombiniert diese Aussagen dann mit seinen Beobachtungen. Dabei stützt er sich teilweise auf seinen psychologischen Scharfblick, teilweise rät er dabei aber auch einfach nur.

In fast allen Episoden der Serie *The Mentalist* äußert Patrick Jane solch fundierte Vermutungen. Die Kunst des Cold Readings basiert tatsächlich zum größten Teil auf klugem Raten. Der Schlüssel zum Erfolg besteht darin, dass Sie hundertprozentig hinter Ihren Aussagen stehen, auch wenn Sie nicht sicher sind, ob sie stimmen. Tun Sie einfach so, als ob! Die Fähigkeit, andere Menschen zu lesen, beruht zwar in erster Linie auf genauer Beobachtung, doch wenn Sie aufgrund bestimmter statistisch erwiesener Tatsachen fundierte Vermutungen äußern, werden Sie damit garantiert auch einen oder zwei Treffer landen – und schon haben Sie Ihren Klienten in der Hand.

Vielleicht müssen Sie bei Ihren Vermutungen erst einmal aussortieren, bevor Sie sie Ihrem Klienten präsentieren. Beginnen Sie mit der wahrscheinlichsten Vermutung! Vielleicht erhalten Sie auf diese Weise Feedback, das Ihnen verrät, ob auch Ihre nächste Vermutung stimmt oder nicht.

Patrick Janes Gehirn ist ständig aktiv, in Gedanken geht er immer mögliche Theorien und Szenarien durch, überlegt sich aber genau, welche er seinen Kollegen beim CBI preisgeben soll und welche nicht. Einmal fragt Teresa Lisbon ihn, weshalb er ihr nichts von der Vermutung erzählt hat, die er im Hinblick auf einen bestimmten Fall hatte. »Wenn ich alle meine Vermutungen mit Ihnen bespräche, würde Sie das furchtbar nerven«, antwortet er ihr daraufhin.

Ich kenne keinen besseren und schnelleren Einstieg in ein erfolgreiches Reading, als sich einfach auf sein Glück zu verlassen und eine Vermutung zu äußern, die sich dann im Nachhinein als zutreffend erweist. Wenn wir von Anfang an die richtigen Beobachtungen machen und daraus auch die richtigen Schlüsse ableiten, wird der Klient unsere nächsten Beobachtungen viel eher akzeptieren oder zumindest bereit sein, sich in seinen Antworten klar auszudrücken. Und daraus können wir dann weitere Schlussfolgerungen ziehen. So führt die Illusion des Erfolgs, die wir unserem Gegenüber vorgaukeln, häufig zu echtem Erfolg, indem wir eine Information einfach erraten.

Sie glauben nicht, dass diese Raterei tatsächlich funktioniert?

Dann gehen Sie auf die Webseite http://www.mysticalball.com oder www.kristallkugel.de/kristallkugelora.html und stellen Sie der virtuellen Kristallkugel dort eine Frage. Oder probieren Sie das Gleiche mit dem Magic 8 Ball (http://web.ics.purdue.edu/~ssanty/cgi-bin/eightball.cgi). Menschen, die behaupten, in Kristallkugeln lesen zu können, tun in Wirklichkeit nichts anderes, als Cold Readings durchzuführen – nur mit dem Unterschied, dass sie eben eine Kugel vor sich haben. Aber das Prinzip ist genau das gleiche.

Als ich auf die Webseite mit der virtuellen Glaskugel ging, wurde ich zunächst aufgefordert, eine Ja-Nein-Frage zu stellen. Also fragte ich: »Bin ich ein Mann?«

Darauf antwortete die Glaskugel: »Ja.«

Doch schon nach ein paar weiteren Fragen lag die Kugel mit ihren Antworten total daneben. Die Webseite generiert ganz offensichtlich Ja-, Nein- und Vielleicht-Antworten nach dem Zufallsprinzip. Doch für mich – einen Mentalisten – hat sie bei der ersten Antwort richtig geraten.

Daran können Sie sehen, wie einfach es ist, die richtige Antwort zu erraten und Ihren Klienten damit von Ihren Fähigkeiten zu überzeugen!

KAPITEL 8

Mit allen Wassern gewaschen ...

Nun habe ich Ihnen alle hilfreichen mentalistischen Techniken und Strategien vermittelt. Sie wissen jetzt, wie Sie Ihr Gehirn darauf programmieren können, möglichst clever und effizient zu denken. Sie haben ebenfalls gelernt, wie Sie sich auf Ihre Umgebung einstimmen und sie mit all Ihren Sinnen genau beobachten können. Sie haben die besten Methoden zur Verbesserung Ihres Gedächtnisses erlernt und besitzen jetzt ein erstaunliches Erinnerungsvermögen. Und Sie sind inzwischen auch in der Lage, Ihre Lügendetektionstechniken so geschickt einzusetzen, dass Ihnen die Wahrheit so gut wie nie verborgen bleibt. Sie wissen genau, wie Sie aussehen, sich fühlen und sich verhalten müssen, um ein Publikum oder eine Situation unter Kontrolle zu bekommen. Sie können andere Leute in Trance versetzen und ihnen posthypnotische Suggestionen eingeben. Sie sind auch in der Lage, einen Ihnen völlig fremden Menschen so genau zu durchschauen, dass er das Gefühl hat, als könnten Sie in ihn hineinsehen.

Nun, da Sie all diese Techniken und Strategien beherrschen, sollten Sie noch ein paar spezielle Tricks lernen. Wenn Sie diese mentalistischen Fähigkeiten üben und weiterentwickeln, werden Sie Ihre Freunde mit Ihren unglaublichen Kunststücken unterhalten und in Erstaunen versetzen können. Jetzt ist es Zeit, Ihre neu erworbenen Fähigkeiten in der Praxis einzusetzen!

Verborgene Gegenstände finden oder erraten

In Episode 16 der 1. Staffel von *The Mentalist* (»Schwarz wie die Nacht«) erblindet Patrick Jane durch einen Unfall vorübergehend und muss während der gesamten Episode eine Augenbinde tragen. Das beeinträchtigt ihn jedoch nicht in seiner geradezu unheimlichen Fähigkeit, Menschen zu lesen und Situationen zu durchschauen.

In blindem Zustand besitzt Patrick womöglich sogar eine schärfere Beobachtungsgabe als normale Menschen, die im Besitz ihres Gesichtssinns und aller anderen Sinne sind.

In der Episode »Schwarz wie die Nacht« verliert Patrick Jane also vorübergehend sein Augenlicht, ist aber trotzdem immer noch fähig, alles, was um ihn herum geschieht, genau zu beobachten und zu analysieren. Dies ist übrigens ein Kunstgriff, den Mentalisten aus aller Welt gern einsetzen, um ihr Publikum zu verblüffen: Sie lassen sich die Augen verbinden und lesen die Person und Situation, um die es geht, in blindem Zustand.

Das ist ein ziemlich beliebter mentalistischer Trick.

Ich erinnere mich noch an die *Tonight Show,* in der Johnny Carson ein berühmtes Medium zu Gast hatte. Das Medium ließ sich die Augen verbinden und forderte Johnny dann auf, einen Gegenstand im Raum zu verstecken. Als Nächstes sollte der Illusionist erraten, wo sich dieser Gegenstand befand. Doch da sagte Johnny einfach: »Das ist schon okay, Sie brauchen sich nicht die Augen verbinden zu lassen. Ich glaube Ihnen, dass Sie nicht hinschauen. Drehen Sie sich einfach um«, oder so etwas Ähnliches.

Ich brauche wohl nicht zu erwähnen, dass das Experiment danebenging, denn dieser Vorschlag brachte den Illusionisten total aus dem Konzept. Er war nicht darauf vorbereitet gewesen – und er hatte auch keine Ahnung, dass Johnny Carson Profi-Zauberer war und somit genau wusste, dass das »Medium« durch seinen Augenverband hindurchsehen konnte. Und nicht nur das: Johnny war auch klar, dass der Illusionist dem Publikum mithilfe seiner ruhigen Ausstrahlung und seiner Macht über Menschen das Gefühl vermitteln würde, dass bei seiner Darbietung alles mit rechten

Dingen zuging und dass es sich dabei tatsächlich um ein wundersames Ereignis handelte.

Das bedeutet natürlich nicht, dass Sie jedes Mal, wenn ein Mentalist oder Zauberer diesen Trick vorführt, an seiner Rechtmäßigkeit zweifeln sollten. Nicht alle Mentalisten arbeiten mit durchscheinenden Augenbinden. Ehrlich nicht. Die meisten verzichten auf solche Tricks.

Ich will Ihnen hier einen weiteren Kunstgriff verraten, für den Sie allerdings einen Assistenten brauchen. Bitten Sie einen Freund, Ihnen dabei zu helfen. Es muss aber unbedingt ein vertrauenswürdiger, verschwiegener Mensch sein. Denn wenn Ihr Freund nach der Show all Ihre Geheimnisse verrät, werden die Wirkung des Tricks und die Aura des Geheimnisvollen, mit dem Sie sich umgeben, sehr schnell verpuffen.

Sie müssen diesen Trick vorher allerdings mit Ihrem Assistenten üben. So etwas klappt nicht, wenn man es erst in allerletzter Minute einstudiert. Legen Sie sich dafür eine Strategie zurecht und vereinbaren Sie einen Code.

Nehmen wir an, Sie verbinden sich die Augen und Ihr Assistent hält Ihnen eine Tüte Eis vors Gesicht und fordert Sie auf: »Ich halte einen Gegenstand in der Hand. Was ist es? Errate ihn – sofort!«

Nach ein paar Sekunden – und einigem dramatischen, geheimnisvollen Getue – verkünden Sie, dass es sich bei dem Gegenstand um ein Eis handelt. Wie konnten Sie das mit verbundenen Augen erraten? Weil Sie und Ihr Assistent vorher miteinander vereinbart hatten, dass der erste Buchstabe jedes Wortes in seinem letzten Satz den Gegenstand bezeichnen soll.

Das ist ein ziemlich einfacher Trick, der sich auf verschiedene Objekte anwenden lässt. Mit etwas Übung werden Sie und Ihr Assistent ihn perfekt beherrschen – natürlich nur, solange Ihre Zuschauer dem Assistenten keinen Elefanten und auch keine Landkarte des Bundesstaates Mississippi zum Erraten in die Hand drücken! Denken Sie daran: Je komplizierter Ihr Code ist, desto weniger wahrscheinlich ist es, dass Ihr Publikum Ihnen auf die Schliche kommt. Um Ihre Zuschauer wirklich in Erstaunen zu versetzen, sollten Sie sich also einen guten Assistenten suchen und diesen Trick mit einem äußerst komplizierten Code so oft wie möglich üben.

DER VERBORGENE GEGENSTAND

Nun zeige ich Ihnen einen weiteren fantastischen Trick, mit dem Sie einen verborgenen Gegenstand finden oder erraten können, wer ihn versteckt hält.

Nehmen wir an, Sie nehmen Ihre Armbanduhr ab und geben sie jemandem aus dem Publikum. Sagen Sie dieser Person, dass Sie sich nun in ein Hinterzimmer zurückziehen werden. Währenddessen soll sie die Uhr an einen anderen Zuschauer weitergeben. Wenn Sie wiederkommen, werden Sie wissen, wer die Uhr hat.

Eine scheinbar unmöglich zu lösende Aufgabe, oder?

Dabei ist sie eigentlich gar nicht so schwierig.

Ich habe bereits beschrieben, wie viele Informationen Sie über einen anderen Menschen gewinnen können, indem Sie einfach nur seinen Gesichtsausdruck studieren. Sie wissen auch, dass die Körpersprache eines Menschen Ihnen verrät, ob er lügt oder die Wahrheit sagt.

Aus meinen Ausführungen zum Thema Cold Reading haben Sie inzwischen außerdem gelernt, dass Sie am äußeren Verhalten einer Person ablesen können, wie ihr innerlich zumute ist.

Mithilfe dieser Techniken können Sie den verborgenen Gegenstand finden.

Sie haben die Uhr also jemandem gegeben mit der Aufforderung, sie an jemand anderen weiterzureichen, und dann das Zimmer verlassen.

Was tun Sie, wenn Sie wiederkommen? Ich kann Ihnen garantieren, dass die Person, die den Gegenstand jetzt versteckt hält, sich verraten wird. Höchstwahrscheinlich wird sie sich so sehr bemühen, einen möglichst harmlosen, unbefangenen Eindruck zu machen, dass ihr Verhalten gekünstelt und unnatürlich wirkt.

Vermutlich wird sie den Blickkontakt mit Ihnen vermeiden und versuchen, sich lässig und ungezwungen zu geben. Die meisten Menschen können aber nicht lässig und ungezwungen wirken, ohne es auch tatsächlich zu sein. Wer etwas vorzuspielen versucht, was nicht seinem natürlichen Verhalten entspricht, wirkt komisch, und das werden Sie wahrscheinlich bemerken.

Der Schlüssel zum Erfolg besteht bei dieser Nummer darin, die Zuschauer nicht unverhohlen zu mustern, sondern lediglich mithilfe Ihres peripheren Blicks zu beobachten, wie sie sich verhalten, wenn Sie sie nicht direkt anschauen. Denn wenn Sie jemandem direkt in die Augen sehen, wird dieser Mensch gezwungenermaßen zurückstarren. Wenn Sie dagegen ein paar Meter von der Person, die den Gegenstand versteckt hält, entfernt stehen, und sie aus den Augenwinkeln beobachten, wird Ihnen vermutlich auffallen, dass sie versucht, Ihren Blick zu vermeiden, oder sich vielleicht sogar von Ihnen abwendet.

Aber nicht nur die Person, die den Gegenstand versteckt, wird sich irgendwie verraten. Sie können auch die Körpersprache der Menschen interpretieren, die um diese Person herum sitzen.

Nutzen Sie dazu wieder Ihre periphere Sicht und achten Sie darauf, ob die Zuschauer einer bestimmten Person verstohlene Blicke zuwerfen oder sich von ihr abwenden. Ein noch wichtigerer Hinweis: Wirken diese Personen normal, wenn Sie sie ansehen? Oder versuchen sie sich betont lässig und unbefangen zu geben? Wenn sich jemand ganz normal verhält, scheidet er als »Tatverdächtiger« von vornherein aus. Wenn Sie all diese Beobachtungen noch durch andere verräterische Hinweise ergänzen, werden Sie der Person, die den Gegenstand versteckt hält, garantiert ziemlich rasch auf die Schliche kommen.

Der Trick mit dem verborgenen Gegenstand macht Spaß und ist nicht allzu schwierig zu erlernen; Sie müssen sich nur Zeit zum Üben nehmen. Je länger Sie Menschen und die Signale, mit denen sie sich verraten, beobachten, umso besser werden Sie den Trick beherrschen.

DER VERSCHLOSSENE UMSCHLAG

Soll ich Ihnen noch einen Trick von Johnny Carson verraten?

Zu Johnnys beliebtesten Shownummern gehörten seine Auftritte als »Carnac, der Großartige«. Bei diesen Darbietungen hielt Johnny gern einen verschlossenen Umschlag an seinen Kopf und beantwortete eine unbekannte Frage. Dann öffnete er den Umschlag und las die Frage vor – die im Zusammenhang mit der Antwort natürlich urkomisch war –, und das Publikum lachte sich kaputt.

Hier ein Beispiel:

Johnny hält einen Umschlag an seinen Kopf und sagt: »Über 105 in Los Angeles.«

Dann öffnet er den Umschlag und liest die Frage vor: »Wie alt musste jemand zu Ronald Reagans Regierungszeit sein, um Sozialhilfe zu bekommen?«

Zugegeben, in den 1980er-Jahren war das wahrscheinlich lustiger als heute.

Offensichtlich weiß Johnny, welche Frage in dem Umschlag steckt (das gehört zu der Nummer dazu), doch auch Mentalisten kennen diesen Trick. Er leitet sich aus einem Gedankenlese-Akt namens »Billet Reading« her. Dabei weiß der Zauberer oder Mentalist bereits, was sich in dem Umschlag befindet, oder errät es mithilfe eines Tipps, den ihm jemand gibt.

Meistens sitzt ein Assistent im Publikum, der ihm bei diesem Trick hilft. Einige Zuschauer werden gebeten, etwas auf ein Blatt Papier zu schreiben, diesen Zettel dann in einen Umschlag zu geben und den Umschlag zuzukleben. Zu den Personen, die diese Aufforderung erhalten, gehört auch der heimliche Gehilfe. Beim Einsammeln der Umschläge achtet der Mentalist darauf, dass der Umschlag seines Assistenten ganz unten zu liegen kommt.

Natürlich haben der Mentalist und sein Assistent sich schon vorher darauf geeinigt, was auf den Zettel geschrieben werden soll. Angenommen, der Assistent hat geschrieben: »Ich habe Angst vor Clowns.« Der Mentalist nimmt nun den ersten Umschlag zur Hand und hält ihn sich an die Stirn, um mithilfe seiner »übernatürlichen« Kräfte zu erraten, was darin steht.

»Hmmm ... Ich spüre, dass es irgendetwas mit Angst zu tun hat ... Bei dieser Angst geht es um ein Kinderspielzeug oder so etwas Ähnliches ... Ein Clown! Ja, das ist es. Diese Person hat Angst vor Clowns!«

Dann reißt er den ersten Umschlag auf (in dem in Wirklichkeit der Zettel eines anderen Zuschauers steckt) und tut so, als lese er die Aufschrift laut vor: »Ich habe Angst vor Clowns.« Inzwischen liest er die Antwort dieses anderen Zuschauers und prägt sie sich ein. Beim Öffnen des zweiten Umschlags gibt er den Satz zum Besten, den er vorher gelesen hat, und tut so, als lese er ihn tatsächlich von dem Zettel in diesem Umschlag ab. Der Zuschauer, von dem der Satz stammt, wird erstaunt bestätigen, dass er richtig ist. Dabei muss der Mentalist natürlich darauf achten, dass seine Zuschauer nicht sehen, was tatsächlich auf den Zetteln steht, sonst fliegt der Trick auf!

Das ist eine ziemlich komplizierte Nummer, die einer gewissen Vorbereitung bedarf, und das Publikum muss auch relativ groß sein, sonst kann man diesen Trick nicht effektiv vorführen. Doch mithilfe der Techniken, die Sie in dem Kapitel über Cold Readings gelernt haben, können Sie auch andere eindrucksvolle Tricks mit verschlossenen Umschlägen vorführen. Machen Sie es einfach so wie die bereits erwähnte Kristallkugel im Internet: Bitten Sie die Person, ihre Frage auf einen Zettel zu schreiben, die sich mit Ja oder Nein beantworten lässt, und geben Sie dann vage Antworten, die Ihrem Gesprächspartner so plausibel vorkommen, dass er das Gefühl hat, als bestehe tatsächlich eine geheimnisvolle geistige Verbindung zwischen Ihnen beiden.

Ich werde an späterer Stelle noch einmal auf diese Internet-Kristallkugeln zurückkommen, aber ist es nicht erstaunlich, wie oft sie mit ihren Antworten richtig liegen? Natürlich sind die Antworten vage – aber sie stimmen. Und Sie sind schließlich cleverer als eine Kristallkugel im Internet.

Bevor dieser eine Ja-Nein-Frage auf ein Blatt Papier schreibt und den Zettel in einen Umschlag steckt, können Sie bereits eine ganze Menge Informationen aus Ihren Beobachtungen und Ihrem kurzen Gespräch mit dem Zuschauer entnehmen. Das dürfte Ihnen eine gute Vorstellung davon vermitteln, welche Frage diese Person wahrscheinlich stellen wird oder nach was für einer Antwort sie sucht.

Scheint sie eher eine positive Lebenseinstellung zu haben, wirkt sie aktiv und energiegeladen? Wenn ja, dann wird ihre Frage wahrscheinlich eine positive Antwort erfordern – also sagen Sie Ja!

Oder ist sie negativ und skeptisch? Dann werden Sie wohl eher richtig liegen, wenn Sie mit Nein antworten. Aber das ist nur eine ganz einfache Faustregel. Wenn Sie auf die Barnum-Aussagen zurückgreifen, die Sie bereits kennen, sind Sie für alle Situationen gewappnet.

DIE NASE VERRÄT ALLES

Bei dieser Nummer geben Sie vor, ein menschlicher Lügendetektor zu sein – genau wie Patrick Jane.

Bitten Sie einen Freund, einen zusammengefalteten Geldschein hinter seinem Rücken zu halten, und zwar entweder in der rechten oder linken Hand. Dann fordern Sie ihn auf, beide Hände vor sich auszustrecken, während er den Geldschein immer noch in der Hand hält – natürlich mit fest geballten Fäusten, damit niemand sieht, in welcher Hand sich der Schein befindet.

Als Nächstes fordern Sie den Freund auf, all Ihre nun folgenden Fragen mit Ja zu beantworten. Eine dieser beiden Ja-Antworten wird eine Lüge sein, prophezeien Sie ihm, und dass Sie die Lüge erkennen werden.

Fragen Sie zuerst: »Befindet sich der Geldschein in deiner rechten Hand?«, und dann: »Befindet sich der Geldschein in deiner linken Hand?«

Ihrer Aufforderung entsprechend wird die Person beide Fragen bejahen. Und obwohl Sie nicht wissen können, in welcher Hand der Geldschein liegt, werden Sie ihn trotzdem jedes Mal mit unfehlbarer Sicherheit entdecken.

Woher wissen Sie, welche Hand die richtige ist? Die Antwort auf diese Frage ist so einfach, dass Sie wahrscheinlich nie von allein darauf kommen würden.

Das Erfolgsgeheimnis eines Mentalisten besteht darin, genau auf die Körpersprache seines Gegenübers zu achten, ohne dass die betreffende Person etwas davon merkt. Dies tun Menschen mit scharfer Beobachtungsgabe in unserem Alltagsleben ständig.

Hatten Sie schon einmal das Gefühl, etwas zu wissen, ohne sich erklären zu können, woher diese Gewissheit kam? Wahrscheinlich hatten Sie, ohne es zu merken, nonverbale Signale von Ihrem Gegenüber empfangen.

Wir alle lesen tagtäglich die Gedanken unserer Mitmenschen. Anders könnten wir in dieser komplizierten Welt gar nicht überleben. Mit einem Achselzucken übermittelt unser Gegenüber uns eine ganz andere Botschaft als mit einem Lächeln. Das ist zwar ein ziemlich einfaches Beispiel, doch wenn wir tiefer unter die Oberfläche schauen, werden wir feststellen, dass es unendlich viele nonverbale Signale gibt.

Paul Ekman, der die Gesichtsausdrücke von Menschen aus verschiedenen Kulturkreisen studierte, hat es in dieser Kunst zur Perfektion gebracht. Seine Nachforschungen haben ergeben, dass alle Menschen bestimmte Verhaltensweisen gemeinsam haben – unabhängig von ihrem Alter oder Geschlecht, ihrer ethnischen Zugehörigkeit und ihrem kulturellen Hintergrund. Mehr über Ekmans Forschungsergebnisse erfahren Sie in seinem Buch *Gefühle lesen*.

Dem Trick, den ich gleich beschreiben werde, liegt eines dieser »universalen« Gesetze der menschlichen Körpersprache zugrunde. Dieser einfache Trick beruht auf evolutionspsychologischen Erkenntnissen – und auf einer ganz einfachen Tatsache: Die Nase verrät alles.

Ich weiß, dass diese Aussage für Sie momentan noch keinen Sinn ergibt. Also geben Sie mir einen Augenblick Zeit, Ihnen zu beweisen, dass ich recht habe.

Nehmen Sie einen Gegenstand und verbergen Sie ihn hinter Ihrem Rücken in Ihrer Hand – genau wie Ihr Gegenüber es in dem beschriebenen Trick mit dem Geldschein macht. Und nun halten Sie Ihre Fäuste wieder vor sich. In einer dieser Fäuste ist der Geldschein versteckt.

Atmen Sie tief ein und achten Sie darauf, in welche Richtung Ihre Nase zeigt. Sie weist genau auf die Hand, in der der Schein liegt. Ein kinderleichter Trick, nicht wahr?

Bitten Sie einen Freund, das ein paarmal zu wiederholen, und achten Sie dabei genau auf seine Nase. An diesem subtilen nonverbalen Signal werden Sie sofort erkennen, in welcher Hand er den Gegenstand verborgen hält.

In Ihrem Stammlokal werden Sie bestimmt jemanden finden, der Ihnen ein paar Runden Bier ausgibt, wenn Sie darauf wetten, dass Ihnen dieser Trick gelingt.

Obwohl die Nase im Grunde genommen bereits alles verrät, ist es sinnvoll, auch auf die geballten Fäuste Ihres Gegenübers zu achten. Diese Beobachtung wird Sie wahrscheinlich in Ihrer auf der Richtung der Nase beruhenden Hypothese bestätigen. Die Hand, die den verborgenen Gegenstand umklammert, wird nämlich etwas röter oder rosiger aussehen als die andere. Das liegt daran, dass das versteckte Objekt fest umschlossen wird, während die andere Hand leer ist. Deshalb ist die Hand, die das Objekt hält, stärker durchblutet.

Wenn Sie dieses Phänomen kennen, brauchen Sie die Sache nur noch etwas geheimnisvoll machen.

Ein echter Mentalist lässt sein Publikum im Ungewissen. Statt also einfach zu sagen: »Ich weiß es, weil Ihre Nase in diese Richtung zeigt«, verleihen Sie Ihrer Show lieber eine Aura des Theatralischen, indem Sie behaupten, eine Vielzahl anderer nonverbaler Signale lesen zu können. Verkaufen Sie sich Ihrem Publikum als menschlicher Lügendetektor!

Lesen Sie die Beschreibung dieser Nummer ein paarmal durch und überlegen Sie sich, wie Sie sie möglichst geheimnisvoll gestalten können. Behaupten Sie beispielsweise, in den Augenbewegungen Ihres Gegenübers lesen zu können – oder vielleicht liegt der Trick in der Art, wie Sie Ihre Frage formulieren? Egal, für welches Erklärungsmodell Sie sich entscheiden – verleihen Sie der einfachen Demonstration mentalistischer Fähigkeiten Ihren persönlichen Stil und etwas Theatralik.

FREIER WILLE?

Beim nächsten Trick schreiben Sie zunächst eine schriftliche Prophezeiung auf ein Blatt Papier. Dann kündigen Sie Ihrem Gesprächspartner an, dass Sie jetzt einen »Persönlichkeitstest« mit ihm durchführen werden. Bitten Sie ihn, drei Fragen zu beantworten – und zwar ganz spontan, ohne lange darüber nachzudenken. Anschließend wird die schriftliche Prophezeiung verlesen – und dabei stellt sich heraus, dass Sie darin tatsächlich genau die Gedanken dieser Person vorausgesagt haben!

Auch diese Übung basiert auf dem einfachen, aber doch hintergründigen Wissen um die Natur des Menschen. Bei dieser Demonstration machen wir uns eine normale statistische Tatsache zunutze: Jede Entscheidung, die wir treffen, wird in irgendeiner Weise von unserer Psyche beeinflusst. Und oft kann man jemanden dazu bewegen, die Entscheidung zu treffen, die man sich wünscht, indem man für seine Frage eine bestimmte Formulierung wählt.

Im mentalistischen Fachjargon bezeichnet man dieses Phänomen als »psychische Kräfte«. Wir nutzen bei dieser Nummer drei Fragen, die auf solch psychischen Kräften basieren.

Sagen Sie die Zukunft voraus

Beginnen Sie die Shownummer mit der Formulierung einer Prophezeiung. Sie können diese Prophezeiung mit einer witzigen oder interessanten Bemerkung einleiten, um sie für Ihren Klienten zu personalisieren, aber das ist nicht unbedingt notwendig.

In dem nun folgenden Beispiel muss die Prophezeiung, die Sie niederschreiben, folgende Kernaussage enthalten:

> »Wenn ich an diesem Abend auf der Höhe meiner Fähigkeiten bin, haben Sie keine
> andere Chance, als an die Farbe Blau, die Zahl Sieben und eine Rose zu denken.«

Schreiben Sie diese Prophezeiung auf ein Blatt Papier, das so dick ist, dass
die Tinte nicht auf der anderen Seite durchscheint, und verschließen Sie
sie dann in einem Behälter oder stecken Sie sie in Ihren Geldbeutel.

Sobald der Zeitpunkt für die Demonstration Ihrer Fähigkeiten gekommen
ist, legen Sie das Portemonnaie beiseite und erklären Sie dem Zuschauer,
der vor Ihnen sitzt, dass Sie gern einen Persönlichkeitstest mit ihm durchführen möchten. Erwähnen Sie zu diesem Zeitpunkt aber bitte weder die
Prophezeiung noch Ihre Absicht, die Antworten Ihres Gegenübers vor-
auszusagen. Der Zuschauer muss bei der Auswahl seiner Antworten ganz
entspannt und unbefangen sein, nur so können Sie sich das Phänomen
der psychischen Kräfte zunutze machen.

Wenn Sie in diesem Zusammenhang eine Prophezeiung oder Ihre Absicht
erwähnen würden, die Gedanken Ihres Gegenübers in eine bestimmte
Richtung zu lenken, würde diese Person ihre Denkweise ändern und damit wahrscheinlich den Erfolg Ihrer Darbietung zunichtemachen.

Erklären Sie Ihrem Gegenüber zunächst:

> »Wir werden jetzt ein Spiel spielen. Ich stelle Ihnen gleich ein paar Fragen und
> bei jeder Frage schnippe ich mit den Fingern. Das sind ganz einfache Fragen –
> also beantworten Sie sie bitte, ohne darüber nachzudenken. Geben Sie einfach
> ganz spontan die Antwort, die Ihnen als Erstes einfällt.«

Nach einer kurzen Pause sagen Sie:

> »Eine Farbe.«

… und schnippen gleichzeitig mit den Fingern. Das wird den Zuschauer,
der vor Ihnen sitzt, dazu bringen, blitzschnell zu antworten und seine Ent-

scheidung nicht erst lange zu überdenken. Wenn man jemanden auf diese Art und Weise nach einer Farbe fragt, lautet die Antwort in 99 Prozent aller Fälle »Blau«.

Und nun stellen Sie die nächste Frage:

>Eine Zahl zwischen 1 und 10.«

Wieder schnippen Sie mit den Fingern, um eine rasche Antwort zu erhalten. Die Sieben ist mit 95 Prozent aller Fälle die häufigste Zahl, die in so einem Fall genannt wird.

Für fortgeschrittene Mentalisten gibt es auch noch eine etwas kompliziertere Variante dieser Frage:

>Nennen Sie eine Zahl zwischen 1 und 100 mit zwei ungeraden Ziffern, die beide verschieden sind. Das könnte also zum Beispiel eine 15 sein, aber keine 11. Ich konzentriere mich gerade auf diese Zahl!«

Erraten Sie die Zahl? Die Leute nennen auf diese Frage fast immer die 35 oder 37!

Und zum Schluss erfragen Sie von Ihrem Gegenüber:

>Eine langstielige Blume.«

… und schnippen dabei wieder mit den Fingern, damit er möglichst schnell antwortet. Die meisten Menschen (mindestens 99 Prozent aller Befragten) nennen daraufhin eine Rose.

Und nun informieren Sie das Publikum über Ihre Prophezeiung und erklären dem Zuschauer, der vor Ihnen sitzt:

>Ich habe mich die ganze Zeit über darauf konzentriert, Ihre Gedanken zu kontrollieren. Dabei habe ich einiges über Ihre Denkweise erfahren. Ich habe die Zielgedanken, also diejenigen, bei denen ich Ihr Denken zu beeinflussen versuchte, vorher auf diesem Zettel notiert, der in meinem Geldbeutel liegt.«

Holen Sie den Zettel mit Ihrer Prophezeiung hervor und sonnen Sie sich in Ihrem Ruhm als Experte auf dem Gebiet der Gedankenkontrolle.

Ich besitze tatsächlich mentalistische Fähigkeiten. Und deshalb weiß ich auch genau, was Sie denken, während Sie das hier lesen: »Und was ist, wenn der Zuschauer nicht die Farbe, die Zahl und die Blume nennt, die ich vorher aufgeschrieben habe?«

Genau deshalb sollten Sie dem Zuschauer zu Beginn dieser Shownummer ja auch erklären, dass Sie einen Persönlichkeitstest mit ihm durchführen werden. Auf diese Weise steht Ihnen, falls er die gewünschten Gegenstände nicht nennen sollte, immer noch ein Hintertürchen offen:

> »Das ist interessant. Die Menschen unterscheiden sich doch sehr in ihrer Denkweise. Aufgrund der Antworten, die Sie bei diesem Persönlichkeitstest gegeben haben, weiß ich nun ein bisschen mehr darüber, wie Sie denken. Ich glaube, ich habe nun genügend Informationen, um einen ganz speziellen Test mit Ihnen ausprobieren zu können.«

In diesem Fall lesen Sie Ihre Prophezeiung natürlich nicht vor, sondern machen gleich mit dem nächsten Trick weiter. Auf diese Weise ersparen Sie sich eine Blamage und Ihr »Persönlichkeitstest« behält seine Aura des Geheimnisvollen. Jetzt können Sie entweder den »Die Nase verrät alles«-Trick anschließen, den ich Ihnen bereits erklärt habe, oder Sie leiten zu einer anderen Nummer über, die sicher gelingt und mit der Sie Ihrem Publikum den Eindruck vermitteln, als könnten Sie tatsächlich die Gedanken Ihrer Mitmenschen lesen. Dabei steckt hinter dieser Gedankenleserei wie immer nur ein ganz einfacher Zaubertrick.

POKERFACE

Für diesen Trick müssen Sie vier Siebener und den Karokönig ganz oben auf Ihren Kartenstapel platzieren und dann alle Karten zurück in den Karton legen.

Wenn Ihre Freunde kommen, erzählen Sie ihnen, dass Sie im Fernsehen gerade eine Sendung darüber gesehen haben, wie man anhand des Verhaltens von Pokerspielern durchschauen kann, welche Karten sie in der Hand halten. Und jetzt wollen Sie natürlich ausprobieren, ob das auch tatsächlich funktioniert. Nehmen Sie den Kartenstapel zur Hand und legen Sie die obersten fünf Karten verdeckt vor Ihre Zuschauer hin. Dann fordern Sie einen davon auf, eine Karte zu nehmen und die anderen auf den Stapel zurückzulegen, ohne die Karten jedoch anzusehen.

Nun liegt also eine Karte mit dem Gesicht nach unten vor Ihrem Gegenüber und Sie wissen, dass es entweder ein Karokönig oder eine Sieben sein muss. Bitten Sie Ihren Freund, die Karte aufzunehmen und anzuschauen, so wie er es bei einer Lochkarte in einem richtigen Pokerspiel tun würde.

Sagen Sie ihm auf den Kopf zu: »Die Karte hat einen hohen Wert.« Wenn er daraufhin lächelt oder wie aus der Pistole geschossen »Ja« sagt, wissen Sie, dass es nur der König sein kann. Nun ziehen Sie noch eine kleine dramatische Show für Ihre Zuschauer ab und erklären anschließend, dass Ihr Freund den Karokönig in der Hand hält. Bestimmt werden daraufhin alle über Ihre hellseherischen Fähigkeiten staunen.

Die Sieben hat beim Pokerspiel einen mittleren Wert; wenn Ihr Freund also eine Sieben in der Hand hält, wird er wahrscheinlich erst einmal zögern und nicht sofort »Nein« sagen. Wenn Sie ihn zögern sehen, haken Sie weiter nach: »Der Wert ist höher als Fünf.« Diese Frage muss er auf jeden Fall bejahen.

Jetzt müssen Sie nur noch zwei weitere Fragen stellen, um die Farbe der Sieben herauszufinden.

1. Sagen Sie: »Es ist eine rote Karte.« Wenn Ihr Freund mit Ja antwortet, grenzen Sie die Anzahl der Optionen weiter ein: »Es ist eine Karokarte.« Wenn er diese Frage ebenfalls bejaht, können Sie sagen: »Es ist eine Karosieben.« Wenn er Nein sagt, raten Sie weiter: »Es ist eine Herzsieben.«

2. Wenn Ihr Freund die Aussage »Es ist eine rote Karte« verneint, spielen Sie das Gleiche mit der Farbe Schwarz durch. »Es ist eine Kreuzkarte.« Lautet die Antwort Ja, so sagen Sie ihm auf den Kopf zu, dass es die Kreuzsieben ist; lautet sie Nein, so wissen Sie, dass es sich um die Piksieben handeln muss.

Sobald Sie in diesem Trick ein bisschen Übung haben, wird es tatsächlich so wirken, als könnten Sie die Gedanken Ihres Gegenübers lesen und mit unheimlicher Leichtigkeit und Treffsicherheit herausfinden, welche Karte er in der Hand hält. Wichtig ist es, dabei ein Pokerface aufzusetzen. Wenn Sie zu offen zeigen, wie leicht Ihnen dieser Trick fällt, wird er sehr rasch auffliegen.

Nun wissen Sie, wie Sie Ihre neu erworbenen Kenntnisse nutzen können, um Ihre Freunde zu unterhalten. Jetzt erfahren Sie, wie Sie diese Techniken in Ihrem täglichen Leben anwenden können.

KAPITEL 9

Mentalismus im Alltag

Bisher haben Sie in meinem Buch verschiedene mentalistische Techniken und Fähigkeiten erlernt – von der Verbesserung Ihres Gedächtnisses bis hin zu Hypnose, Lügendetektion und Cold Readings.

Doch um diese Fähigkeiten in Ihrem täglichen Leben nutzen zu können und ein echter Patrick Jane zu werden, müssen Sie sie zu einem nahtlosen Ganzen verschmelzen und im richtigen Augenblick anwenden.

Mentalismus bedeutet Macht.

Aber Mentalismus ist auch ein ständiger Kampf, und im Machtkampf des Lebens werden diejenigen siegen, die die richtigen Waffen finden und einsetzen.

Ich habe Ihnen die Waffen in die Hand gegeben, nun liegt es an Ihnen, mit ihnen zu üben und die richtigen davon für die Kämpfe *Ihres* Lebens auszuwählen.

Macht bedeutet nicht nur, einen Menschen zu sich rufen und ihm Anweisungen geben zu können; Macht bedeutet auch, dass Ihre Mitmenschen gerne mit Ihnen Geschäfte machen oder sich mit Ihnen treffen.

Gehören Sie zu den Menschen, die eine Menge über die Welt wissen und ein untrügliches Gespür für Trends haben?

Gehören Sie zu den cleveren Menschen, die eine günstige Chance sofort erkennen? Bekommen Sie verschiedenste Situationen mühelos in den Griff?

Dann werden Sie bei Ihren Mitmenschen gefragt und beliebt sein. Die Leute werden an Ihrem Leben teilhaben wollen und dadurch gleichzeitig empfänglicher für die Macht werden, die Sie über sie auszuüben versuchen.

Sie werden Sie dazu einladen, Urlaub in ihren Landhäusern zu machen; dort werden Sie dann ihre einflussreichen Geschäftspartner kennenlernen und ihren illustren Klubs und Verbänden beitreten. All das wird Ihr Image eines mächtigen Menschen stärken, Ihre Machtbasis erweitern und Ihren Fortschritt im Leben noch unaufhaltsamer machen. Denn je mehr Sie Ihr Macht-Image ausbauen, umso mächtiger werden Sie auch tatsächlich.

Wie können Sie diese Macht in Ihrem täglichen Leben ausüben? Hier ein paar Tipps, wie Sie an alles, was Sie tun, mit der inneren Haltung eines Mentalisten herangehen.

Seien Sie stets vorbereitet

Alle Techniken und Fähigkeiten, die ich in diesem Buch beschreibe, können und sollten regelmäßig geübt werden. Ob es sich um Cold Readings, Gedächtnistricks oder Lügendetektion handelt – Sie können nicht blindlings und schlecht vorbereitet in eine Situation hineinstolpern. Sie müssen Ihre Fähigkeiten permanent verfeinern und weiterentwickeln, um sie mit der nötigen Selbstsicherheit ausüben zu können – und das kostet viele Stunden Arbeit. Denken Sie daran: Selbstbewusstsein ist ein wichtiger Schritt auf dem Weg zum erfolgreichen Mentalisten. Wenn Sie auf Ihre Fähigkeiten vertrauen, werden auch andere Menschen Zutrauen zu Ihnen haben. Sie werden eine Rolle in Ihrem Leben spielen und einen Sinn in den Dingen erkennen wollen, die Sie ihnen erzählen.

Was können Sie noch tun, um das Potenzial Ihrer mentalistischen Kenntnisse und Fähigkeiten vollständig auszuschöpfen?

Sie müssen sich auf jede Situation, die Ihnen bevorsteht, genau vorbereiten. Das funktioniert zwar etwas anders als bei einem Hot Reading, aber es ist trotzdem eine wichtige Vorbereitungsarbeit. Wahrscheinlich werden

Sie beim Betreten eines Raumes von vornherein wissen, welche Menschen Ihnen dort begegnen. In einer Bar herrscht zum Beispiel eine ganz andere Atmosphäre als auf der Geburtstagsfeier eines Kollegen im Büro. Wenn Sie über die Menschen, die Atmosphäre und Ihr Endziel im Bilde sind, werden Sie auch wissen, wie man sich am besten auf die betreffende Situation vorbereitet.

Halten Sie stets die Augen offen und gehen Sie mit wachen Sinnen durch die Welt. Wenn ich die Erfolgsgeheimnisse eines Mentalisten und alles, was ich Ihnen in diesem Buch beizubringen versuche, in einem Begriff zusammenfassen müsste, würde dieses Wort »Beobachtung« lauten. Je genauer Sie die Welt um sich herum beobachten, umso besser werden auch Ihre mentalistischen Fähigkeiten.

Denken Sie daran: Beobachtung bezieht sich nicht nur auf die Menschen und Dinge, die sich unmittelbar vor Ihnen befinden. Nutzen Sie auch Ihre periphere Sicht! Es kann sehr aufschlussreich sein, einen Menschen zu beobachten, ohne dass dieser sich dessen bewusst ist. Und genauso wichtig ist alles, was Sie bei der Beobachtung Ihrer Mitmenschen hören, riechen, schmecken und spüren, wenn diese sich unbeobachtet fühlen.

Aber nur weil Sie alles über einen anderen Menschen in Erfahrung bringen können, bedeutet das noch lange nicht, dass diese Person auch alles über *Sie* wissen sollte.

Lassen Sie Ihre Mitmenschen im Ungewissen

Wahrscheinlich kennen Sie die Redensart: »Lass dir nicht in die Karten schauen!«

Weshalb sagt man das? Und warum ist es so hilfreich, sich daran zu halten?

Wenn Sie sich nicht in die Karten schauen lassen, werden sich Ihre Mitmenschen ständig fragen, was Sie im Schilde führen oder welche Trumpfkarte Sie noch in der Hinterhand haben.

Sobald Sie alles verraten oder alle Ihre Karten auf den Tisch gelegt haben, gibt es nichts mehr, worüber die Leute rätseln könnten. Und dann werden sie sich auch nicht mehr dafür interessieren, woran Sie gerade denken oder was Sie ihnen zu bieten haben.

Wenn Sie sich verschwiegen geben und nicht alles über sich verraten, können Sie aus einer echten Machtposition heraus handeln, denn dadurch halten Sie Ihre Mitmenschen ständig in Atem.

Wie schafft man das, ohne unhöflich, distanziert oder schlichtweg sonderbar zu wirken?

Treffen Sie bewusst die Entscheidung, Ihren Mitmenschen nicht alles über sich zu verraten. Nehmen Sie sich vor: »Ich gebe den Leuten keine näheren Informationen über meinen Beruf oder meine Kindheit.« Sie können trotzdem freundlich und gesprächig sein, Sie sind einfach nur nicht bereit, über *alle* Themen Auskunft zu geben. Am Anfang wird das den Menschen, die Sie kennenlernen, vielleicht nicht einmal auffallen. Die meisten Leute reden sowieso am liebsten über sich selbst. Möchten Sie gern geheimnisvoll wirken? Dann habe ich einen kleinen Tipp für Sie: Wenn Sie regelmäßig mit einer anderen Person zusammen im Taxi nach Hause fahren, bitten Sie den Fahrer, Sie an der Ecke abzusetzen. Nach dem Aussteigen gehen Sie aber nicht nach Hause, sondern in die entgegengesetzte Richtung. Machen Sie das jedes Mal. Mit der Zeit wird Ihr Mitfahrer oder Ihre Mitfahrerin wahrscheinlich anfangen, sich Gedanken über Sie und die Dinge zu machen, die Sie vor Ihren Mitmenschen geheim halten. Diese Aura des Geheimnisvollen, mit der Sie sich umgeben, wird andere Leute verwirren und auf eine falsche Fährte locken.

Seien Sie den anderen immer einen Schritt voraus

Nun, da Sie die Aufmerksamkeit Ihrer Mitmenschen geweckt haben, können Sie es mit ein paar Machtspielchen probieren. Mit folgenden Strategien werden Sie erreichen, dass das Blatt sich in vielen gesellschaftlichen oder geschäftlichen Situationen zu Ihren Gunsten wendet, und dann können Sie auch beginnen, Autorität über andere Menschen auszuüben.

GEFÄLLIGKEITEN

Haben Sie schon einmal einen dieser alten Mafia-Filme gesehen, in denen es heißt, dass man niemals einen Mafioso um einen Gefallen bitten sollte, weil man dann in der Schuld dieses Mannes steht und er einen in der Hand hat?

Oder den Film *Der Pate,* in dem Don Corleones Stellvertreter sagt: »Mr Corleone bittet kein zweites Mal um einen Gefallen, wenn man ihm den ersten verweigert«?

Damit will ich natürlich nicht sagen, dass Sie anderen Menschen nur einen Gefallen erweisen sollen, um Kontrolle über sie zu gewinnen, doch für Alltags-Mentalisten ist das eine sehr hilfreiche Strategie. Gefälligkeiten können ein äußerst wirksames Druckmittel sein. Wenn Sie etwas für einen anderen Menschen tun, wird diese Person sich insgeheim stets fragen, wann Sie wohl eine Gegenleistung dafür verlangen.

Damit meine ich natürlich keine kleinen Gefälligkeiten wie beispielsweise, jemandem einen Euro zu leihen. Und Sie sollten sich auch darüber im Klaren sein, dass die Größe eines Gefallens stets davon abhängt, wie Ihr Mitmensch diesen beurteilt. Eine Gefälligkeit, die Ihnen völlig banal vorkommt, erscheint dem Menschen, dem Sie sie erweisen, vielleicht als enorme Leistung.

Wenn Sie also jemand um einen Gefallen bittet, überlegen Sie sich, was Sie als Gegenleistung dafür erwarten können. Wenn Sie abends länger im Büro bleiben, um jemandem bei einem Projekt zu helfen, wird diese Person Sie vielleicht für eine Beförderung empfehlen. Sie können Gefälligkeiten aber auch schon im Voraus anbieten, noch ehe Sie darum gebeten werden. Mit dieser Strategie können Sie Ihre Mitmenschen ziemlich aus dem Konzept bringen, weil sie sich dann zwangsläufig fragen werden: »Was will diese Person wohl von mir?« Vielleicht werden Sie am Ende gar nicht auf einer Gegenleistung bestehen. Aber die Dankbarkeit und Wertschätzung eines anderen Menschen kann an sich schon sehr wertvoll für Sie sein.

UNTERSCHWELLIGE BEWUSSTSEINSMANIPULATION

Suchen Sie im Internet oder in der Bibliothek nach Informationen zum Thema Bewusstseinskontrolle oder -manipulation. Sie werden garantiert eine Menge Verweise auf »unterschwellige Bewusstseinsmanipulation« finden. Sie werden dort möglicherweise lesen, dass Sie Ihrem Gesprächspartner durch eine einprägsame Wortwahl besser in Erinnerung bleiben und somit eher Kontrolle über ihn gewinnen können. Oder dass Sie versuchen sollten, die Gefühle Ihrer Mitmenschen anzusprechen, indem Sie ihnen eine traurige oder romantische Geschichte erzählen.

Solche Strategien können zwar tatsächlich funktionieren, aber ich würde sie nicht als unterschwellige Bewusstseinsmanipulation bezeichnen, weil Sie das Bewusstsein Ihres Gesprächspartners damit nicht umgehen: Er merkt schließlich genau, dass Sie sich einer eindrucksvollen Sprache bedienen oder ihm eine emotionale Geschichte erzählen, und fühlt sich dadurch wahrscheinlich auf sehr bewusster Ebene angesprochen. Nicht jeder Mensch, der einem anderen eine gefühlsbetonte Geschichte erzählt, möchte damit Kontrolle über sein Bewusstsein ausüben.

Wenn Sie diese Strategien jedoch in der richtigen Situation einsetzen, können Sie damit tatsächlich Kontrolle über andere Menschen gewinnen.

Vermeiden Sie aussichtslose Kämpfe

Wenn Sie es mit einem offenen, aufgeschlossenen Menschen zu tun haben, den Ihre Überzeugungskraft bereits zu Beginn des Gesprächs mitreißt, zeigen Ihre mentalistischen Techniken und Fähigkeiten die gewünschte Wirkung und alles läuft so, wie Sie es möchten.

Aber was ist, wenn Sie jemanden vor sich haben, der sich Ihren Ideen und Ihrem Einfluss von vornherein verschließt oder das Gefühl hat, in Konkurrenz zu Ihnen zu stehen? In diesem Fall müssen Sie ein bisschen anders vorgehen.

Am wichtigsten ist, dass Sie die Situation stets unter Kontrolle haben. Wenn Sie das Gefühl haben, dass Ihnen die Kontrolle entgleitet, bemühen Sie sich, sie wiederzugewinnen. Zu diesem Zweck können Sie etwas tun, das eine sehr dramatische Wirkung hat oder Ihr Gegenüber total verwirrt – zum Beispiel plötzlich anfangen zu schreien oder mit den Fäusten auf Ihren Schreibtisch hämmern. Wenn Ihr Gesprächspartner die Oberhand über Sie zu gewinnen droht, können Sie auch auf einen geheimen Knopf drücken und einen Signalton aktivieren, um einen Assistenten herbeizurufen, der dann hereinkommt und das Gespräch unterbricht.

Lassen Sie sich nie auf einen Machtkampf ein, wenn Sie sich dabei im Nachteil fühlen. Wenn Sie müde sind oder das Gespräch bei einem Thema angelangt, bei dem die andere Person Experte ist, müssen Sie die Notbremse ziehen.

Fokussieren Sie Ihre mentale Energie stets und projizieren Sie Ihre Gedanken ins Bewusstsein Ihres Gesprächspartners. Schauen Sie ihm in die Augen und versuchen Sie sein Vertrauen zu gewinnen. Richten Sie Ihr Augenmerk immer auf einen Sieg, der noch wichtiger und bedeutsamer ist als Ihr unmittelbares Ziel.

Egal, was Sie tun: Sie dürfen niemals als Verlierer dastehen. Wenn Sie merken, dass Sie die andere Person nicht schlagen können, verlassen Sie den Kriegsschauplatz. Es ist besser, auf den Sieg zu verzichten, als eine Niederlage zu erleiden.

Wie kann man das Gelernte anwenden?

Die mentalistischen Techniken, die Sie hier lernen, können Ihnen in verschiedenen Alltagssituationen zugutekommen. Ich werde Ihnen veranschaulichen, wie das geht. Wenn Sie im Verkauf tätig sind, werden Sie besonders davon profitieren. Deshalb will ich als Nächstes auf das Thema »Der Mentalist als Verkäufer« eingehen.

Um Macht über einen anderen Menschen zu gewinnen, müssen Sie ihm häufig genau das sagen, was er hören möchte. Ihr Erfolgsgeheimnis besteht also darin herauszufinden, was das ist. Geben Sie Ihrem Gegenüber zunächst ein paar allgemeine Informationen darüber, welches Produkt oder welche Serviceleistung Sie ihm verkaufen möchten. Was bewirkt dieses Produkt? Wie kann man es sich zunutze machen?

Dann fahren Sie mit Ihren Verkaufsargumenten fort und achten dabei genau auf die Reaktionen Ihres Gesprächspartners. Wenn Sie sehen, dass seine Augen aufleuchten und er sich interessiert vorbeugt, gehen Sie näher auf den Punkt ein, der sein Interesse geweckt hat, auch wenn Ihnen dieses Thema noch so irrelevant vorkommen mag. Und wenn sein Interesse nachlässt, tun Sie genau das Gegenteil: Kürzen Sie diesen Punkt Ihres Verkaufsgesprächs ab und gehen Sie rasch zum nächsten Argument über.

Oft kann man einem Kunden leichter etwas verkaufen, wenn man einen gewissen Gruppendruck auf ihn ausübt: »Mr Brown im Büro schräg gegenüber will zehn Stück davon kaufen. Er findet dieses Produkt sehr nützlich.« Aber überspannen Sie den Bogen nicht, damit Ihr Täuschungsmanöver nicht auffliegt. Lassen Sie sich auf keinen Fall beim Flunkern ertappen!

Nehmen wir an, Ihr Gesprächspartner scheint eigentlich schon von Ihrem Produkt oder Serviceangebot überzeugt zu sein, kann sich aber trotzdem nicht entschließen, Geld dafür auszugeben oder einen Vertrag zu unterschreiben. In diesem Fall können Sie Macht über ihn ausüben, indem Sie andeuten, dass er sich dieses Produkt wohl nicht leisten kann oder in Wirklichkeit gar nicht entscheidungsbefugt ist. Dabei müssen Sie allerdings ziemlich subtil vorgehen. Schließlich wollen Sie Ihren potenziellen Kunden nicht verärgern, sondern in die Defensive drängen – er soll sich gezwungen sehen, Ihnen zu beweisen, dass er *doch* die nötige Autorität besitzt, um eine Entscheidung zu treffen. Sie wissen schon: so wie zwei Widder, die in freier Natur aufeinandertreffen und ihre Hörner gegeneinanderprallen lassen, um ihre Dominanz zu beweisen. Den meisten Menschen ist ihr Stolz sehr wichtig. Unterschätzen Sie das nicht!

Im Grunde müssen Sie alles tun, was notwendig ist, um das Geschäft abzuschließen. Wenn Sie allerdings merken, dass das unmöglich ist, sollten Sie zumindest nicht die Kontrolle darüber aus den Händen geben, wann die Verhandlung beendet ist.

Nehmen wir an, Sie führen ein Bewerbungsgespräch und spüren, dass es nicht gut für Sie läuft. Sie wissen, dass Sie die Stelle nicht bekommen werden; die nächste Viertelstunde des Gesprächs dient dem Personalchef, der vor Ihnen sitzt, nur noch dazu, alle Formulare auszufüllen, um zu beweisen, dass er Ihnen eine faire Chance gegeben hat.

Statt dieses ohnehin gescheiterte Gespräch fortzuführen, könnten Sie eigentlich einfach aufstehen und sagen: »Wir wissen beide, dass ich diese Stelle nicht bekomme. Vielen Dank für Ihre Mühe – ich wünsche Ihnen noch einen schönen Tag!«

Was erreichen Sie damit?

So etwas tun Sie natürlich nur, wenn Sie sich ziemlich sicher sind, dass Sie den Job sowieso nicht bekommen, also haben Sie auch nichts zu verlieren. Aber vielleicht – es könnte ja sein – macht der Personalchef sich jetzt ein paar Gedanken über Sie und sagt sich: »Wenn diese Person so selbstbewusst auftritt, könnte ich sie vielleicht doch in meiner Firma gebrauchen.«

Oder möglicherweise hat er dann zumindest eine so hohe Meinung von Ihnen, dass er Sie für einen anderen Posten vorschlägt.

Wie auch immer die Sache ausgeht: Sie haben mit Ihrem Verhalten erreicht, dass Ihr Gesprächspartner über Sie nachdenkt – und Sie haben die Kontrolle über die Situation behalten.

Jetzt sind Sie bereit!

Nun habe ich Ihnen all meine Geheimnisse verraten.

Wirklich alle?

Was für eine Frage für einen Mentalisten! Natürlich habe ich nicht *alle* meine Geheimnisse preisgegeben. Sonst wäre ich wohl ein ziemlich schlechter Vertreter meiner Berufsgruppe.

Aber ich habe Ihnen zumindest so viel beigebracht, dass Sie Ihre mentalistischen Ziele erreichen können. Alle Fähigkeiten, die Sie dazu benötigen, befinden sich in Ihrer Reichweite. Sie brauchen nur die Hände danach auszustrecken.

Also halten Sie Ihre Waffen griffbereit, verschaffen Sie sich einen Vorsprung vor Ihren Mitmenschen – und sehen Sie zu, dass Sie diesen Vorsprung nicht wieder verlieren. Achten Sie auf alle Hinweise und Anhaltspunkte, die Sie sich bei Ihrer mentalistischen Aktivität zunutze machen können, und geben Sie sich so selbstbewusst wie möglich.

Denn Sie müssen die Macht, die Sie über andere Menschen besitzen wollen, schließlich auch ausstrahlen. Also reden und bewegen Sie sich so wie jemand, der von sich selbst überzeugt ist.

Was am allerwichtigsten ist: Überzeugen Sie auch Ihren Gesprächspartner und vermitteln Sie ihm Ihre Botschaft – egal wie. Wenn Sie das schaffen, ohne dass er etwas davon merkt, sind Sie ein echter Mentalist.

Allgemeine Aussagen, die auf viele Menschen zutreffen

- Die meisten Menschen glauben, irgendwann in ihrem Leben schon einmal eine Vorahnung gehabt zu haben, die dann auch tatsächlich eingetroffen ist.

- Viele Leute behaupten, vor einem Todesfall oder einer Katastrophe eine Vorahnung gehabt zu haben.

- Wenn Frauen einkaufen gehen, betrachten Sie die anderen Käuferinnen in der Regel genauso neugierig wie die Produkte.

- Die meisten Menschen halten sich für nett und ehrlich.

- Der Großteil der Leute hat etwas gegen Unaufrichtigkeit.

- Die meisten Männer glauben, sich in jeder Lebenslage zu helfen zu wissen, und meinen, dass sie gute Kandidaten für ein Survival-Camp wären.

- Die meisten Frauen haben sich, als sie schwanger waren, Gedanken darüber gemacht, was wohl wäre, wenn sie Zwillinge bekämen. Viele Frauen hatten bereits eine Fehlgeburt oder hatten zumindest Angst davor, dass so etwas passieren könnte.

- Die meisten Frauen haben schon einmal mit dem Gedanken gespielt, ein Kinderbuch zu schreiben.

- Der häufigste Geburtstag ist der 5. Oktober.

- Der seltenste Geburtstag ist der 22. Mai.

- Die meisten Menschen vergessen, dass nicht alle über die gleichen Fähigkeiten verfügen wie sie.

- Die meisten Menschen haben eine Narbe am rechten Knie. *Diese Aussage können Sie noch treffsicherer gestalten, indem Sie darauf achten, ob Ihr Gegenüber Rechts- oder Linkshänder ist. Denken Sie daran, dass alle mentalistischen Techniken aufeinander aufbauen: An der Art, wie sich jemand die Krawatte bindet, einen Gürtel umschnallt oder seine Brille zurechtrückt, können Sie erkennen, welche Hand er vornehmlich benutzt. Wenn Ihr Gesprächspartner Rechtshänder ist, wird sich die Narbe höchstwahrscheinlich an seinem linken Knie befinden. Ist er Linkshänder, so hat er die Narbe wohl eher am rechten Knie.*

- Man weiß, dass große, schlanke Menschen besonders häufig unter Rückenschmerzen oder -problemen leiden.

- Die meisten alleinstehenden älteren Männer haben Angst davor, in einer Beziehung nur ausgenutzt zu werden, und geben sich deshalb gern selbstbewusst und unabhängigkeitsliebend, obwohl sie sich insgeheim einsam fühlen.

- Die meisten Leute gehen Dingen aus dem Weg, die sie nicht begreifen.

- Die meisten Menschen wollen das, was sie nicht mögen, auch nicht verstehen.

- Viele Personen geben vor, etwas zu verstehen, nur um in einer bestimmten Situation voranzukommen und nicht zugeben zu müssen, dass sie keine Ahnung haben.

- Die meisten Menschen stimmen der Aussage zu: »Sie hatten in der Kindheit oder im Jugendalter Probleme mit Ihrem Vater.«

■ 81 Prozent aller Erwachsenen haben Probleme mit den Füßen.

■ Frauen, die am Arbeitsplatz High Heels tragen, leiden in der Regel unter diversen Fußproblemen.

■ Die meisten Frauen fragen sich insgeheim, ob sie wohl besser küssen als ihr Mann oder Freund.

■ Viele rothaarige Menschen leiden unter jahreszeitlich bedingten Allergien.

■ Bei den meisten Menschen ist ein Bein kürzer als das andere.

■ Einwohner von Kalifornien halten sich für gesünder als die Bewohner benachbarter Bundesstaaten.

■ Die meisten Autounfälle passieren in einem Umkreis von ein bis zwei Kilometern des Hauses oder der Wohnung der betreffenden Person.

■ Die meisten Leute halten sich in moralischer Hinsicht für integrer als ihre Mitmenschen.

■ Die meisten Day-Trader oder Börsenexperten glauben, ein viel besseres Gespür für Aktien zu haben als ihre Kollegen.

■ Die meisten Frauen sind der Meinung, ihre Füße seien zu groß.

■ Der Großteil der Männer hat Angst vor Zurückweisung.

■ Die meisten Männer lieben Sonntage.

■ Und natürlich freuen sich die meisten nicht besonders auf den Montag.

■ Die meisten Menschen haben Angst davor, einen Vortrag oder eine Rede vor Publikum halten zu müssen.

■ Die meisten Leute hassen den Klang ihrer eigenen Stimme, wenn sie sie auf einer Tonbandaufnahme hören.

- Die meisten älteren Männer leiden ab und zu unter Herzrasen.

- Den meisten Leuten wurde in ihrem Leben schon ein paarmal das Herz gebrochen.

- Die meisten kleinwüchsigen Menschen haben einen Napoleon- oder Minderwertigkeitskomplex.

- Die meisten Prominenten haben insgeheim Angst davor, alles zu verlieren.

- Auch die meisten reichen Leute haben Angst, ihr Geld wieder zu verlieren. Je reicher sie sind, umso größer ist diese Angst.

- Die meisten Menschen kennen jemanden oder stehen jemandem nahe, dessen Name mit »M« beginnt.

- Die meisten Leute fühlen sich übergewichtig.

- Die meisten Männer reagieren überempfindlich oder mit übertriebenen Beschützerinstinkten, wenn es um eine bestimmte Frau geht – entweder ihre Mutter, ihre Freundin, ihre Frau, eine Mentorin oder Lehrerin. Für Frauen gilt übrigens das Gleiche.

- Die meisten Frauen glauben, in einem früheren Leben ein Mann gewesen zu sein (sofern sie an Reinkarnation glauben).

- Die meisten Menschen, die unter Stress stehen, interessieren sich für religiöse Themen oder übersinnliche Phänomene.

- Die meisten Leute glauben in irgendeiner Form an außersinnliche Wahrnehmung oder telepathische Kommunikation: Vielleicht hat ein verstorbener Freund oder geliebter Mensch versucht, aus dem Jenseits Kontakt mit ihnen aufzunehmen, oder sie wussten schon vorher, dass eine bestimmte Person sie gleich anrufen würde.

Danksagung

Ich möchte mich an dieser Stelle herzlich bei Mitchell Winthrop, Mark Sansonette, Susan Winthrop, Ian Leslie, Kim Lionetti, Dorian Winthrop, Paul Fegen (»Fantastic Fig«), Dr. Frank »der Zauberer« Milgrim und Brian Kramer bedanken. Mein ganz besonderer Dank gilt Dr. W von The Lab und allen meinen Klienten, die die eindrucksvollen, magischen Kräfte des Mentalismus am eigenen Leib erlebt haben und die Teil einer faszinierenden Erfahrung waren!

Register

272 Seiten
16,95 € (D) | 17,50 € (A)
ISBN 978-3-86882-213-7

Joe Navarro

Menschen lesen

Ein FBI-Agent erklärt,
wie man Körpersprache
entschlüsselt

Ein solches Buch über Körpersprache hat es noch nie gegeben: geschrieben von einem FBI-Agenten, dessen Aufgabe es 25 Jahre lang war, Spione, Mörder und Verbrecher anhand ihrer Körpersprache zu entlarven. Denn nur 20 Prozent unserer Kommunikation laufen über das gesprochene Wort. Wir kommunizieren also zu 80 Prozent nonverbal und unbewusst. Der international anerkannte Experte Joe Navarro erklärt exakt, wie man sein Gegenüber durchschaut, wie man Gefühle und Verhaltensweisen präzise entschlüsselt, Fallstricken ausweicht und souverän Körperhaltung und Mimik entlarvt, die in die Irre führen sollen. Von Kopf bis Fuß werden Gesten, Haltung und Mimik unter die Lupe genommen und nach dem neuesten Stand der Forschung analysiert.

272 Seiten
16,99 € (D) | 17,50 € (A)
ISBN 978-3-86882-239-7

Joe Navarro

Menschen verstehen und lenken

Ein FBI-Agent erklärt,
wie man Körpersprache
für den persönlichen
Erfolg nutzt

Wüssten wir nicht alle gerne, was andere Menschen wirklich denken, fühlen oder planen? Wie wir sie zu etwas überreden oder beeinflussen können? Wie wir sofort erkennen können, ob sie besorgt oder zufrieden sind? Und wünschen wir uns nicht auch, dass sie uns als jemanden wahrnehmen, der Selbstsicherheit, Autorität und Empathie ausstrahlt? Menschen kommunizieren ständig nonverbal: durch Körpersprache und Gesichtsausdrücke, Tonlage und Aussprache, die Art, wie sie Gefühle zeigen oder sich kleiden, aber auch durch die bewussten und unbewussten Verhaltensweisen und Einstellungen. In diesem Buch zeigt uns der Bestsellerautor und Körperspracheexperte Joe Navarro, wie wir diese universelle Sprache verstehen und anwenden können. Denn wer diesen Code kennt, wird sowohl beruflich als auch privat besser und effizienter kommunizieren, seine Ziele leichter erreichen und erfolgreicher sein.

mvgverlag